物联网时代

新商业世界的行动解决方案

[美] 马切伊·克兰兹（Maciej Kranz）◎著

周海云◎译

BUILDING THE INTERNET OF THINGS

中信出版集团 · 北京

图书在版编目（CIP）数据

物联网时代 /（美）马切伊 · 克兰兹著；周海云译
. -- 北京：中信出版社，2018.1
书名原文：Building the Internet of Things:
Implement New Business Models, Disrupt Competitors,
Transform Your Industry
ISBN 978-7-5086-8151-1

I. ①物… II. ①马… ②周… III. ①互联网络－应
用－经济 ②智能技术－应用－经济 IV. ① F224-39

中国版本图书馆 CIP 数据核字（2017）第 226964 号

物联网时代

著　　者：[美] 马切伊 · 克兰兹
译　　者：周海云
出版发行：中信出版集团股份有限公司
　　　　（北京市朝阳区惠新东街甲 4 号富盛大厦 2 座　邮编　100029）
承 印 者：北京通州皇家印刷厂

开　　本：880mm×1230mm　1/32　　印　　张：11.75　　字　　数：275 千字
版　　次：2018 年 1 月第 1 版　　印　　次：2018 年 1 月第 1 次印刷
京权图字：01-2017-4271　　广告经营许可证：京朝工商广字第 8087 号
书　　号：ISBN 978-7-5086-8151-1
定　　价：59.00 元

献给我的妻子卡西亚（Kasia）

目　录

BUILDING
THE
INTERNET
OF
THINGS

第 7 章 在企业中引入物联网——变革管理

第 8 章 如何避免犯错

第三部分
物联网的当下与未来

第 9 章 物联网安全性

物联网：互联网的下半场

我们所处的这个时代是一个社会不断发展、认知不断迭代、技术不断变革的时代。有人说现在从IT（信息技术）时代进入了DT（数据技术）时代——也就是大数据时代；还有人说移动互联网时代已经结束了，我们已经进入人工智能时代。

我则认为互联网的下半场，是物联网时代。当今天我们很多人感慨互联网的人口红利已经消失了，互联网已经被一些巨头瓜分得差不多的时候，在互联网的下半场，我们所在的制造业跟互联网结合的机会到底在哪里？我个人认为答案就是物联网。

所谓物联网，就是所有我们能看到的物件，小到眼镜、领带、皮鞋、衣服，大到平时用的冰箱、出门开的汽车、坐的飞机，都可能变成智能化的设备。这些设备 7×24 小时连接互联网，未来 5 年，这些设备的数量可能达到 300 亿—500 亿台，那时真正的大数据时代即将来临，甚至会产生真正的人工智能。

物联网给我们的生活打开了一幅新的画卷，带来了新的连接方式。比如苹果公司推出了苹果手表，谷歌推出了谷歌眼镜，包括现在大家都在做的无人驾驶汽车，这都是不同形式的“智能手机”。以后我们出门可能不会再带着手机，甚至智能设备也会植入人体，身边的任何一块平整的东西都能变成屏幕，互联网将万事万物连接。

过去谈“互联网 +”，但也许谈“物联网 +”更现实。因为未来的 5—10 年里，很多设备都会通过传感器把很多的信息传送到云端，这才是真正的大数据时代，那时的数据规模会远远超过现在互联网公司掌握的数据规模。

当然，一般人提及物联网，都会联想到个人消费领域，比如我们更多谈到的是智能手表、智能手环，但其实，经过这两年的不断探索，我们发现物联网真正最大的机会是很多制造业，很多工业企业可以把自己生产制造的产品，包括自己生产制造的设备通过传感器和互联网连在一起。

比如通用电气公司已经开始探索将发动机纳入物联网。通过智能的传感器把发动机的很多实时数据通过卫星传回给通用电气公司的云端中心。当世界上有几百台、几千台甚至更多的航空发动机同时运作时，我们就会得到这个行业的一个最庞大的数据库，对比这些数据，对这些数据进行深度挖掘，通用电气公司可以对很多发动机的运营状况进行监控，甚至提前维修。

在中国，随着物联网已经上升到国家战略层面，以及“第四次工业革命”“人工智能”“智能制造 2025”等概念的出现，物联网已经从“概念”阶段跨步到了“稳步落地”阶段，而且其行业应用也越发凸显，呈现出从琐碎化到系统整体化的发展趋势。

当然，在物联网给中国制造业带来升级转型机遇的同时，我们也不能忽视它带来的网络安全挑战。当我们的企业甚至社会基础设施开始利用物联网采集各种各样的大数据时，大数据的安全问题就变得非常重要。如果数据被泄露，肯定会造成难以估量的损失。如果是被入侵，不法分子即便不窃取数据，只是篡改数据也会造成严重的后果。因为物联网正在把虚拟的网络世界和真实的现实世界连接在一起，网络世界的安全问题会给真实世界带来很大的影响。

因此，物联网时代，网络安全会更加重要，我们要进一步提升 360 公司的研发能力，结合自身在信息安全领域的优势，在现有安全研发的基础上，针对当前市场需求和技术发展趋势，升级及拓展系统安全，加快物联网安全的研发，并且紧跟当前云计算、人工智能、大数据及工业互联网的发展趋势，进一步提升 360 公司在安全方面的自主创新能力和研发实力，继续保持在网络安全领域的技术领先性。利用先进的科学技术，做好的产品，解决社会问题，更好地为大家“守护我爱”。这也是360公司在物联网时代的使命和职责。

《物联网时代》一书是思科集团总经理、战略创新部门副总裁马切伊·克兰兹的作品。思科集团一直在物联网领域耕耘，早在十几年前就开始与物联网资本“勾结”并大肆布局，2013年成立物联网部门，2016年以14亿美元收购Jasper（基于云的物联网平台），还持续发布物联网领域的行业调查，矢志不渝地布局物联网市场，成为全球物联网发展的风向标，也是物联网时代的有力舵手。

该书作者马切伊·克兰兹是一位在物联网领域将理论与实践相结合的专家型高管。他在18个月内就从无到有地建立起了一个2.5亿美元规模的业务，他还竭力在思科公司以及市场上宣传物联网所带来的机会，并最终使物联网成为思科公司主要的优先业务之一。

这本书回答了很多实用的关于物联网的话题。这是一本实用性非常强的图书，相比市场上普及物联网概念的书籍而言，这本书的价值在于无论管理者还是技术人员，都能从中获益，并找到解决自己关于物联网问题的方案。

周鸿祎

奇虎360公司创始人、CEO，著名天使投资人

推荐序二

BUILDING THE INTERNET OF THINGS

近期关于物联网（IoT）的话题一直持续升温，关于物联网的书籍也纷纷面世。这些热议话题把物联网部署上升到国家战略的高度，而这些书籍则把物联网建设描绘成企业生存的路径。很荣幸读到《物联网时代》一书，作者结合自己 11 年来参与思科公司和罗克韦尔自动化公司在上万家客户联合部署物联网解决方案的实践，编写出一本企业物联网建设的使用指南。这本指南不仅有助于人们将关于物联网的传播热度与建设现实区分开来，而且向企业家提供了如何开启物联网之旅的实用建议。可以说它直击了企业家在部署物联网时的痛点，也刺激到了企业家加快建设物联网的神经。

这本书的作者很像一位仁者，几乎在每一个章节都反复强调企业部署物联网的必要性和迫切性，并通过现身说法，列举出物联网能给企业带来的具体好处和现实收益。作者又很像一位智者，通过一系列的实例，告诉企业家应该如何着手物联网建设，在建设过程中应该注意什么样的问题，可能面临什么样的风险。更加令人称道的是，作者把其中的秘诀和要点分别汇编成图表，希望企业家不要继续在何时以及如何部署物联网的问题上犹豫徘徊，而是要立即抓住这个“一生只有一次”的机会，早日跻身“物联网一代”。

在对作者的良苦用心感慨之余，透过作者自认为不乏赘述的反复强调和深情呼吁，我逐步清晰地意识到“融合”才是贯穿全书的主脉络。这是因为物联网实际上不仅是一个先进的通信网络，还是一种新的生活和生产方式，它需要兼容新算法、新模型、新流程，才能提供高效精准的运营和服务。

应该是出于一种巧合，顾名思义，物联网一词就是 IT 和 OT（运维技术）的组合。无论业界和媒体对物联网的定义赋予多大的外延，无论物联网的应用范围随时代发展发生怎样的变迁，物联网都必须融合 IT 和 OT 领域最先进的技术成果，比如 IPv6、大数据、雾计算、区块链和人工智能等。只有这样，硬件和软件的结合才能产生“1+1 ＞ 2”的力量，而原子和比特的融合才能把生产流程的解构和重构演绎到精彩极致。

毋庸讳言，尽管物联网已经在精益制造、物流、交通运输以及智能城市等方面取得巨大的成功，但迄今并没有一个通用的解决方案可以直接购买和实施。在作者看来，企业需要构建的实际上是一个物联网的生态系统，它必须摒弃传统的由一个垂直集成供应商提供端到端解决方案的模式，必须让合作伙伴利用横向可重复使用的模块开发最优化的运营和服务解决方案。也正是基于此，作者一再叮嘱企业家，企业物联网的规划不是一劳永逸的，也不是企业家和 CIO（首席信息官）与 CTO（首席技术官）几个人的事。物联网架构的设计过程必须要倾听专家、管理层、员工和客户的心声，要考虑到全流程环节的现实需求和未来诉求。从这种意义上讲，物联网架构融合是一种集体的智慧。这种融合让架构不再封闭，让应用可以无限扩展。

其实从运用层面来看，建设物联网也不是一家企业自身的事。这是因为物联网联通的不仅是涉及企业生产的各种内部资源，也包括基于云端的各种外部资源。物联网的生态系统就是对全产业链要素实现有机融合，从而支撑起数字化工厂内外各种资源的实时共享。正如作者所呼吁的，物联网建设至少要在一个行业内协同有序地展开才能加速相关标准的制定，推进现实性应用，进而形成巨大的示范效应。

随着 IT 和 OT 的深度融合，物联网概念一定会被重新定义，随着跨界融合的不断演进，物联网商业模式所面临的挑战无疑将会更加复杂，本书所汇聚的操作指南也有可能变得不那么适用，但是书中所弘扬的融合精神永远不会过时，一定会成为指导物联网规划和建设行动的永恒力量。

卢山

中国电子信息产业发展研究院院长

推荐序三

BUILDING THE INTERNET OF THINGS

近年来，新的技术不断登场，争奇斗艳，使人眼花缭乱。经过十多年的发展，物联网也已经逐渐从纸上的概念，成了一个可以落地的新兴产业。虽然不同行业对物联网的发展及其相关技术路线有着不同的解读，但众多企事业单位都不约而同地在物联网领域加大投入并寄予厚望。

这些投入是否能得到期望中的回报呢？高德纳咨询公司最近的研究揭示，到2018年，“80%的物联网实施将浪费转型机会”，也就是说大部分联网投入并没有获得预期的收益。这不仅给用户、技术人员，也给企业决策层带来了困惑，是投资不当，是技术路线不对，还是有其他什么原因？

本书正是要尝试解答这样的困惑。正如邬贺铨院士指出的，物联网是互联网的应用拓展，与其说物联网是网络，不如说物联网是业务和应用。因此，应用创新是物联网发展的核心，以用户体验为核心的创新是物联网发展的灵魂。这样的理念，与本书的内涵和初衷，不谋而合。作者期望能给正在埋头前行的人们提供一个抬头看看前行方向的机会。道路虽蜿蜒曲折，有灯塔指引，总会找到成功的道路。

这本书的作者是思科公司战略创新部副总裁，我的好朋友马切伊·克兰兹，他也是硅谷著名的物联网专家、天使投资人、畅销书作者。

基于其在思科公司的工作视野和在全球物联网行业一线的长期实践经验，作者从企业管理者的角度，探讨了物联网业务究竟应该如何发展。他在书中敏锐地指出，物联网首先必须专注于商业挑战，而不单纯是技术。任何新技术都是市场需求推动的。这本书将引领我们了解物联网当下的实用价值，以及今天我们该如何启动物联网才能确保未来可以获得实实在在的收益。这也是使技术能够立足并长期发展的根本源动力。

作者从三个部分阐述了自己的观点。

首先是物联网的现状，特别是能够落地的商业物联网，这也是企业家最为关注的问题。

作者通过一些实例，比如哈雷－戴维森摩托车公司等揭示物联网是新一轮数字化的驱动力，是关系到相关企业生死存亡的关键。在物联网这样一个革命性的经济机遇下，众多的新技术都会为数字化赋能，从而改变企业的竞争态势。这也是物联网的实质性内容：改变和转换。当前的物联网还处于开始阶段，但其前景是真实的，不是虚幻的，其回报也是看得见摸得着的。作者通过其参与的很多案例，从巴塞罗那的智能城市案例，到加拿大水电公司的市政项目、力拓集团等企业级案例等，介绍了物联网已经带来的商业价值。同时通过建立投资回报模型和合理的评估方法具体分析物联网所带来的回报，并帮助读者建立合理的回报预期。在此基础上，作者结合许多亲身经历的项目，如发那科机电公司、力拓集团以及农业、医疗保健、零售、体育娱乐、公用事业、楼宇自控、教育、航空、军事等领域，来分析如何从物联网获得回报。

本书的第二部分重点讨论了如何处理物联网中人的因素，也就是新的物联网一代的工作岗位。作者在这里不仅探讨了物联网企业中员工的职业定位，也探讨了政府在物联网发展中所扮演的角色，这不仅在中国，在全球都是物联网发展中的一个关键命题。同时，作为企业管理者，如何在物联网大潮下，变革管理以便适应技术、市场和时代的变化？基于此，作者针对客户和供应商提出了构建物联网项目生态圈的 9 项基本原则，并通过分析一些失败的案例，给出避免了一些非常实用的犯错的建议。

本书的第三部分，也就最后一部分，讨论了物联网的当下和未来。对于管理者来说，物联网安全问题是首要问题。作者从 IT 和 OT 的角度分析了物联网安全性的挑战，并从管理层的角度给出了建立物联网安全的三大步骤，即建立完善统一的安全体系架构，标准化和合作共同开发。第一梯队公司做标准，第二梯队公司做产品，作为思科公司的高管，作者也深谙其道。作者从合作共赢的角度出发，从客户的角度介绍了采用标准化的好处，又从厂家的角度讨论了建立物联网标准化的方法。作者还详细介绍了在物联网产业变革演进过程中出现的开放雾计算、区块链和机器学习及其标准化的进程，特别是物联网开放雾计算联盟这一国际化的物联网产业联盟，它将给国内的物联网发展带来有益的参考。最后这本书以客观的态度讨论了物联网会成为未来的主流，并敏锐地指出了目前市场上过度的炒作不会给企业带来真金白银的商业价值，人们应该关注真正的实际结果以及如何获得这些实际的结果。

纵观这本书，作者作为物联网在世界范围内的布道者和建设者，从管理者的角度对物联网的发展提出了真知灼见。

今天，对于正在发生企业转型以及不断思考和探索未来的中国来说，这样一本关于物联网的著作，具有更加重要的现实意义。毫无疑问，只有对物联网保持开放的头脑，同时保持持续的创新，才能真正快速发展，实现其商业价值。无论你是一名创业者、技术控，还是正在寻找好项目的投资人和企业管理者，相信这本书一定会令你获益良多。

曹图强

思科集团全球副总裁、大中华区首席技术官

前言

BUILDING THE INTERNET OF THINGS

今天我们已经被围绕着物联网（IoT）所进行的宣传炒作淹没，所以出版一本能够将现实与炒作区分开来的实用指南就非常有必要了。这本书将引领我们了解物联网当下的实用价值，以及今天我们该如何启动物联网才能确保未来可以获得实实在在的利益。

当下的现实是，在一个人口超过70亿的世界里，每年都会有近7 000万人加入中产阶层。这一不断膨胀的阶层会产生8万亿美元的个人消费，而他们的需求又进一步地要求生产制造商具有更高的生产效率、更长久的可持续性、更高的灵活度以及更强的成本竞争力。此外，制造商还必须确保产品的全球合规，在改善所有业务单元之间关联性的同时还能更有效地管理企业风险。

物联网将极大地影响和改变那些全球性企业开展业务的方法。物联网技术将改变生产制造的环境，未来 10 年，生产环境所发生的变化将远远超出过去 50 年里你已经看到的改变。根据思科公司的估计，仅物联网设备的制造领域就将产生 3.9 万亿美元的产值，而这也正是人们能够从物联网技术中获取最大收益的领域之一。

IT 和 OT 的融合已经把我们带到了一个转折点，在这个转折点上，我们将实现“互联企业”这样一个愿景。这一愿景的基础是我们坚信制造业的未来必将构建在标准的、未经改动的以太网和开放系统之上。将 IT 和 OT 这两个世界中的信息融汇在一起，或者换句话说，无缝并安全地将生产数据与业务数据和信息连接起来，将给企业带来转型升级的好处。物联网将加速互联企业这一愿景的实现。

若要真正实现互联企业所能带来的好处以及全面部署正在快速崛起的物联网，制造商还有很长的路要走。在 2015 年 1 月《工业周刊》对 581 位制造业领域的高层管理人员和经理所做的调查中，只有不到 28% 的受访者认为他们所在的工厂的生产场地已经具备了接入互联网的能力。而仅有 8% 的、销售额超过 10 亿美元的大型企业声称，它们已经完全准备好从新的物联网技术中获益。因此，我们完全有必要加速对物联网技术的应用。

最初，物联网只是一些智能设备在一个开放的、标准的网络（以太网）环境中自我搭建而成的一个独立的网络。通过在这些经由网络连接在一起的智能设备上添加最新的技术，如可扩展计算、信息管理、数据分析、移动性，并且创造出像零停机和低能耗这样的高价值成果，我们就可以实现物联网的完整价值。通过物联网技术提升实力的互联企业在生产效率、可持续性以及全球竞争力等各个方面都将给我们带来前所未有的利益。

从2005年起，罗克韦尔自动化公司就自豪地成为物联网早期开拓者中的一员。我们知道这项新技术将引领产业经历一次重大的转变，而我们也已经做出承诺将与思科公司共同致力于引领这一转变的发生。通过在产品、服务、教育项目上的创新合作，我们正在帮助很多企业将IT和OT成功地融合在一起。

我们的合作是分阶段进行的。在第一阶段，我们提出了共同开发产品的倡议。到目前为止，我们已经共同开发出了50多款产品。我们正在联手推动将网络迁移到以太网/IP（互联网协议）这个平台上。我们积极地参与了标准组织绘制迁移计划路线图的工作，并在这项工作中整合了IT和OT这两个世界中的最佳元素。

在第二阶段，我们的工作是建立联合架构：首先是建立一个能够覆盖整个工厂的合并以太网（CPwE），以及最近刚建成的安全工业网络。在第三阶段，我们会进一步地构建联合解决方案。在后面的阶段，我们将构建全新的商业模式（将企业的资本性支出转变为企业的管理性支出），其中可能包括按生产支付的绩效模式[①]。现在

① 按生产支付的绩效模式是指制造商所使用的生产设备可以不属于他们，制造商将无须对生产设备进行任何投资，而是以类似租赁的形式从生产设备提供商那里租用，设备的维护和保养均由生产设备提供商负责，而租赁费用将按照生产产品的件数进行支付。

我们正一起通过联合颁发培训证书的方式解决因熟练工人的缺乏而出现的劳动力缺口问题。我们参与物联网技术发展这一经历本身就为任何想要接受物联网技术的企业提供了一系列极好的示范和教训。

与马切伊·克兰兹先生在过去 11 年时间里的紧密合作，已经使罗克韦尔自动化公司和思科公司在全球 10 000 家客户那里成功地部署了联合产品、架构以及解决方案。在这本书中，马切伊将把我们在采用物联网技术的过程中所获得的经验和教训与所有读者分享。马切伊是物联网技术的先驱之一，他巧妙地捕捉了最佳实践案例，并将它们与这本实用指南结合在一起，以此帮助读者开启物联网之旅。

现在，我们的客户正不断地被各种关于物联网的讨论淹没。这本实用指南将有助于把人们对于物联网感到的兴奋与现实区分开来，同时还将向你提供如何开启自己的物联网之旅以及如何对未来进行规划的实用建议。我认为来自各个行业的业务经理和技术经理都有阅读这本书的必要，通过阅读这本书他们将明白如何在成功运用物联网技术的过程中实现更快的创新速度和更高的生产效率。

基思·诺斯布什（Keith Nosbusch）

罗克韦尔自动化公司董事会主席

B U I L D I N G

第一部分

T H E I N T E R N E T

一个正处于转变中的物联网

O F T H I N G S

BUILDING THE INTERNET OF THINGS

第 1 章

超越喧嚣——你真正需要了解的商业物联网

无论你是否喜欢，物联网将前所未有地改变你的企业。物联网对于企业的改变将超越企业流程再造、六西格玛[①]、精益生产、敏捷计算或者任何其他突然冒出来的商业概念。所有这些商业概念在兴起以后都会被人追捧一段时间，但当另一个更大的概念出现时它们又会被人彻底地遗忘。确实，大多数当下正在部署的物联网方案都是增量型和进化改善型的，它们要么使原有的流程更为流畅，要么削减了一些成本或者提升了生产效率。而随着物联网的迅速发展、各种标准被广泛地采用，以及安全性不断加强，这一切都将发生改变——其他更多的因素正在影响这种改

① 六西格玛是一种管理策略，由工程师比尔·史密斯于 1986 年提出。——编者注

变。请不要误解我，物联网当然是一件大事——事实上它是一件非常重大的事，但它并不是接下来即将发生的那件大事。物联网是未来——是你所在行业的未来，是你所在企业的未来，也许还是你自己的未来。欢迎来到未来，它的拼写是“I-o-T”。所有这些在现在看来可能像是炒作，但事实终将证明这样的说法还是相当低调的，物联网是非常真实的。

你依然会保持怀疑，围绕着物联网的炒作显然已经震耳欲聋并且使人心神不宁。在过去的数年里，我出差的里程数已经超过了100万英里[①]，而正是如此频繁的旅行才让我能够和全球各地的人们面对面地探讨物联网。他们中的一些人确实利用物联网创造了令人震惊的东西，并急切地想要展示给我看。而其他一些人还纠结于某个尚未完全解决的问题，他们迫切地想要知道自己的同行是如何处理的。坦白地讲，事实表明，并不是所有的商业问题都会有一个物联网的解决方案。

哪些问题是我不建议用物联网的方式加以解决的呢？我能够立刻想到的实例并不多。如果你坚持想要知道的话，对于刚刚进入物联网这一领域的企业或个人而言，其中的一个例子就是互联家庭。在拉斯韦加斯的国际消费类电子产品展览会上，你可以看到从洗衣机到咖啡机，很多不同的家用电器产品都已经接入互联网，而且这些产品之间还能够互联。问题是，尽管我能看到个人家庭设备接入互联网的价值，但是在主流家庭中将所有的家用电器和设备连接在

① 1 英里 ≈1.609 千米。——编者注

一起的商机目前并不存在。确实有一些新兴的应用案例，比如家庭安保以及老人的照料，在这样的场景中，家庭中的一些专用设备确实需要互相连接起来，但这与物联网所能带来的真正好处之间还存在相当大的距离。

事实上，目前大多数物联网的具体实现都发生在 B2B（企业对企业）领域，并且关注的重点仍然是如何改进现有的生产流程以提高效率和生产力。正如我在前面已经说过的，在这一点上，物联网所能带来的影响主要还是增量式的改进。物联网能够带来的真正回报目前只表现为对现有的、需要大量劳动力或大量时间的生产流程进行自动化，并通过各种各样的方法对某些流程加以精简化。由此带来的改进可以通过其对实际业务所产生的影响进行具体的衡量，而绝大多数这样的改进是渐进的。同样地，在你阅读完本书以后，你也应该首先关注如何对现有的业务流程进行精简和改善，这能够为你带来快速的投资回报，并帮助你获得更具革新性的应用、新的商业模式以及增量收入来源。例如，你也许可以利用物联网对目前基于手工的数据采集流程进行自动化，或者远程监控某种原本需要有人在现场进行实际操作的工作。这样的解决方案早已得到验证，并且已经有各种文档可供查阅。实际上，我很希望更多物联网应用上的突破出现在 B2B2C（企业到企业再到消费者）领域，但如今这样的应用还只是刚刚浮现，而且目前主要由那些早期的物联网采用者推进，所涉及的应用有大规模定制、食品安全，还包括无人驾驶汽车、无人机运输和快递（见图 1–1）。

与此同时，包括北美制造业在内的全球制造业正在经历着某种

图 1–1　B2B 和 B2B2C 领域

形式的复兴，而物联网正是导致这种复兴出现的部分原因。通过将原先孤立的各种传感器、机器、元件以及区域汇总在一起，物联网所推动的工厂自动化将帮助企业整合生产系统和业务系统，随后使所有相关的事物在一个网络中互联。企业也因此获得了快速适应各种改变的灵活性，无论这种改变是新产品的引入、计划中的产品线转换，还是其他的调整。每一个受到影响的区域，从业务单元到生产车间再到装运码头，都将通过网络化的移动设备、视频监控设备以及人机界面收到关于这种改变的实时通知。这些实时的信息还将与整个供应链共享，这样生产制造价值链中的每一个环节——从供应到生产再到分销，都能够按需做出快速的反应。

所有这些独立的、进化式的改进汇集在一起为我们提供了真正的商业价值。交通运输、公用事业、农业、楼宇自动化、教育、零售、卫生保健、体育、娱乐等行业——甚至军队都正在从这些改进中获得类似的好处。这些行业中的企业正在跨出物联网旅途的第一步，它们首先要做的就是采摘那些悬挂在物联网这棵大树下最容易被摘取的、已经成熟的果子。流程的改善效果依然是不容置疑的，由此带来的投资回报将体现为银行账户中现金的增加，而我将在第 3 章和第 4 章对此进行详细的阐述。

这并不是什么理论。它是完全真实的，而且目前也正在发挥作用。没有比美国的传奇摩托车制造企业哈雷 – 戴维森摩托车公司（Harley-Davidson Motor Company）更好的例子了。这家企业正面临着激烈的全球竞争，而与此同时，它的核心市场却正在老化，那些更年轻的潜在购买者想要的是一种不同的摩托车。[1] 所以它需要变得更加敏捷，能够快速地应对变化，并具有更高的生产效率。物联网给了它所需要的这些能力。让我们来看一看物联网是如何做到这一点的。

哈雷 – 戴维森摩托车公司所面临的那一长串人们熟悉的问题，也是很多美国企业特别是那些大型的和居于市场领先地位的企业，或是那些有野心想要成为市场领导者的企业当下所面临的问题。劳动力的成本实在太高了，生产与 IT 的运作无法匹配，到处都是各种不兼容数据所导致的孤岛。“无论你指出什么问题，我们肯定也存在着同样的问题。”哈雷 – 戴维森摩托车公司的前任经理曾这样对我说道。

于是，这家公司将来自 IT 部门和 OT 部门的几个关键人物召集在一起。在每一个行业和大多数企业里，众所周知，IT 和 OT 是很难进行合作的两个部门，几乎就像经典书名“男人来自火星，女人来自金星”所说的那样，IT 来自金星，而 OT 来自火星。我们在这里谈论的并不是一场大规模的革命，而是一些来自不同群体的人聚集在一起，开始认真地互相探讨。随后他们又拉进来了一些其他的人，坐在同一个房间里，试图组建一支愿意互相沟通，并乐意与哈雷 – 戴维森摩托车公司其他的业务部门进行合作的一体化团队，这支团队的目标是获得物联网能够提供的那种效率。这家公司随后又将其内部多个不同的网络融合成一个单一的网络，并开始整合各种数据孤岛。当我写作本书时，哈雷 – 戴维森摩托车公司的一家工厂已经完全具备应用物联网的能力，其结果令人印象非常深刻。“之前我们可能会花很长时间进行各种诊断和故障排除，但现在所有这一切只需要一个早上的时间就能完成。”工厂的一位经理这样说道，物联网的应用实现了数量级的提升。单单这一个改变就导致了生产率、效率、灵活性以及敏捷性的提高。这一结果如此令人震惊，以至哈雷 – 戴维森摩托车公司的其他工厂争先恐后想要成为第二家采用物联网的工厂。

上面这些仅仅是这家工厂在日常运营中的改进。哈雷 – 戴维森摩托车公司引入物联网所产生的战略性成果同样令人印象深刻：

- 由于企业员工的支持，决策的速度比以前快了 80%
- 成本和设备的准备时间极大缩短
- 可以对资产进行不间断的管理，使企业有能力做出更好的决策
- 通过对资产进行标签化管理，生产线的生产能力提升了 6.8%
- BTO（按订单加工）的周期比之前改善了 10—25 倍（从原先的 18 个月降低到现在只需两周的时间）
- 由物联网自动化驱动的设备利用率提升了 7%—12%

所有这些导致企业的利润增加了 3%—4%，而这仅仅是一家工厂的数据！

哈雷－戴维森摩托车公司现在已经把关系到企业未来生存的赌注全部压在了物联网身上，而从其第一家具备物联网能力的工厂中，它已经开始收获巨大的回报（见图 1–2）。这种充满可能性的未来已经吸引了无处不在的“物联网一代”。

“物联网一代”将是企业能否生存的关键

如果你仔细地观察过去 25 年的科技产业，你会发现变化一直在发生。每隔 3—7 年，企业就必须对自己进行重塑。那些错过了一次技术转型的公司如果能够迎头赶上的话，那么还有可能恢复过来；而那些错过了两次技术转型的公司，则很有可能现在已经消失了。有趣的是，按照波士顿咨询公司的说法，如果你查看 50 年前标准普尔 500 强公司的名单，会发现只有 19% 的名单上的企业现在依然存在[2]，而其余的公司已经消失了。

正如标准普尔 500 强公司的死亡率所表明的，实际上我们对于改变已经习以为常，以至我们根本不会注意到这种改变的发生。还记得磁带录音机、光盘、家用录影带和电话应答机吗？当初这些东西都非常深刻地改变了我们的社会。当我问我的孩子关于光盘和家用录影带的问题时，他们会一脸茫然地看着我。家用固定电话又如何呢？我最近遇到了一个十几岁的少女，当听到电话中传来忙音时，她居然不知道那是什么声音，她从来就没有碰到过这样的情形。当我解释给她听时，她感到非常困惑。她坚持认为，每个人都

案例研究

哈雷－戴维森摩托车公司

挑战

一些关键的问题影响到了生产的敏捷性和效率：IT 和生产无法匹配；劳动力过于昂贵；而数据互不兼容且无法使用。

关键的挑战：
生产率和效率

行动

哈雷－戴维森摩托车公司将所有内部网络融合成一个单一的网络，然后对数据进行整合，并使其中一家工厂完全拥有了接入物联网的能力。

工厂运营的结果

通过把故障检测的时间从数天减少到数秒，哈雷－戴维森摩托车公司提升了生产率、效率、灵活性以及敏捷性

商务结果

决策的速度：
加快了 80%

生产线的生产能力：
增加了 6.8%

BTO 的周期：
从 18 个月降低到了两周

利润率增加：
3%—4%（在一家工厂）

结果

图 1–2 哈雷－戴维森摩托车公司的案例

一定有语音信箱和呼叫等待。磁带录音机、光盘、家用录影带以及电话应答机，所有这些可能只有 30 年的历史，而现在它们不但已经被淘汰而且被彻底地遗忘了。它们的替代品已经整合进入人们手中的智能手机。社会和企业就是这样不断地向前发展着。

12 年前我还只是思科公司的一个经理，当时我们几个人飞到克利夫兰，开始和罗克韦尔自动化公司一起进行工业以太网交换器项目，也就是从那时起，我开始了自己的物联网之旅。对于我们这个团队来讲，这是一个非常具有挑战性的任务，其中包括一组全新的产品需求和认证，而且我们还要去适应众多经过特别加固的系统版本，但我们还是把事情干成了。几年以后，我们做出了这样一个决定，是时候让思科公司将其注意力集中于工业网络这个细分领域了，为此我们创建了“互联工业集团”，并由我负责运营。同时我们还决定用“IoT”这个名词描绘所有东西都在一个网络上互相连接的情形。不管怎样，我就是这样开始了我的物联网之旅。

从那时起，我们对物联网的计划是，扩展我们已经加固的基础设施配置文件，积累各种垂直解决方案所需要的专业知识，建立一个合作伙伴生态系统并以此增强我们自己的技能，为实时数据分析和各种垂直应用提供一个平台。甚至在那个时候我们就已经认识到物联网将会庞大到不是任何一个单独的企业依靠自己的力量就能实现的。所以我们还在其他行业宣传物联网的基本概念，期望更多人能够因为物联网所具有的潜力而兴奋起来，这样我们就能够一起将物联网这一愿景转变为所有人都能够参与的庞大市场机遇。从最新的独立行业预测数据来看，只需要几年的时间市场上就会有数十亿可供连接的设备，并且还会产生几万亿美元的营业收入。就这一点来看，我们的做法到目前为止还是相当成功的。重要的是，我们已经开始兑现之前所做的承诺。现在，如果你还没有参与进来的话，那么我希望你在读完本书以后，在你的企业中引入物联网，并与我们共同参与到物联网经济中。

今天，变化的步伐已经远不只是一个常态，而是一种新的现实。“千禧一代”在参加工作后知道自己将面临无情的改变。对他们来讲，改变是一种生活方式，而且很有可能会伴随他们一生。事实上，无论我们的真实年龄是多少，我们都已注定属于即将遭遇革命性变革的这一代人。这就是我把正在每一个商业领域经历改变的一代人都称为“物联网一代”的原因。

你的企业如何才能在这样的环境中生存下去呢？你又如何才能避免我们在标准普尔 500 强公司中所看到的那种死亡率呢？在本书中你可能会找到关于这些问题的答案，希望它能使你理解这种刚刚开始影响我们所有人的新兴变革，并帮助你找到一个能够确保你的企业和事业生存下来并且茁壮成长的策略。这个新时代的赢家将能够辨别出发生在我们周围的变化，他们会很愿意为此做出调整，并一遍又一遍地重新学习。他们就是“物联网一代”。

那么我们又该如何发现这些赢家呢？如果你接受开放的标准、开放的合作、开放的通信以及开放和灵活的商业模式，而且你还愿意组建一个广阔的合作伙伴生态系统用以建立和部署敏捷、灵活的商业解决方案，那么你就属于“物联网一代”。而那些输家将坚持使用传统的业务开展方式或者想仅仅靠自己单干。在过去，我们已经看到过很多这样的人，他们依赖于自己的专利技术或者半标准技术进行运营，并且采用锁定客户的商业模式，但最终他们毁掉了原本想要提供的价值。

再举一个物联网带来转变的例子。让我们以福特汽车公司——一家美国的汽车制造商为例。在金融危机期间，这家公司和它的同行们都岌岌可危，这就发生在不久以前。但如今的福特公司已经焕然一新，这家公司已经彻底改变了它的生产流程，在其全球 40 家汽车组装工厂中，目前已经有 25 家使用了物联网技术以期加强工厂内部以及工厂之间的信息沟通。它在世界各地的所有工厂现在都已经和福特的企业网络连接在了一起。另外，它的下一代自动化车辆调度系统也已经实现了对生产的实时管理，目前已经能够处理超过 200 万种不同的生产配置。与以往任何时候相比，福特汽车的销量都要更多。

物联网安全旅程的第一步

影响企业采用物联网技术最终成败的首要因素是物联网有效处理安全威胁的能力。如果物联网不具备这样的能力，那么企业对于采用物联网技术就会非常犹豫，因此，它们将无法从那些正在不断涌现出来的、极具说服力的应用案例中获得好处。

我们已经认识到了这一挑战，并且正在使应对这一挑战成为当前的首要任务。物联网的安全性正渗透于工业和公共基础设施之中，包括运输与物流、输电网络、供水管道、公共安全等领域。但是还有更多的工作需要我们去完成。我们依然缺乏有技能的劳动力，缺乏相关的教育和培训课程，还需要更进一步地提升人们对于物联网的认知。很多企业仍然拒绝使用物联网，继续依赖一个不可信的、通过物理分离确保其工厂和基础设施安全性的方案。OT 和 IT 的分离使得企业无法实施最佳安全解决方案。

那么企业解决物联网安全性的切入点在哪里呢？依据威瑞森电信公司发布的《2015 年数据泄露调查报告》，大多数系统中出现的安全漏洞都是因为有人利用了早就已经众所周知的系统缺陷，而企业却没有及时更新它们手上早已拥有的补丁。因此，企业首先需要做的是依照以下三个准则实现现有的最佳安全解决方案。

- **采用建立在开放、统一平台上的，基于单一政策的安全体系架构**。这一体系架构应该是完全自动化的，而且还应具备基于风险的自我防御能力和自我修复能力。
- **向各种标准靠拢**。供应商和企业都需要充分利用 IT 的行业标准以及 OT 的最佳实践案例，以此填补某个行业细分领域中的标准与横向标准之间的缺口。
- **合作**。OT、IT 以及 CiSO（信息安全团队）应该与供应商和咨询顾问一起在一个通用的架构上进行合作，不但应该将 OT 的需求整合到 IT 供应商的产品组合中，还应该考虑产品的形状和尺寸等因素、设备在线时间要求以及如何与存留下来的旧的工业协议进行集成。安全性不应该是团队之间出现差异化的原因，而应该是团队合作的基础，所以让我们共同学习并一起分享吧。

诚然，物联网和 IT 在很多方面都是不同的：物联网的分布范围更广、更加多样化，而且更有活力。很多新兴的物联网应用场景需要采用全新的安全方案。我们将在第 9 章对它们进行更为细致的探讨。但是，物联网安全旅程的第一步是充分利用 IT 安全系统给我们带来的 30 多年的经验和最佳实践案例，所以我们完全没有必要另起炉灶。

一个革命性的经济机遇

很多人都把物联网看作互联网 / 网页的下一个发展阶段，在这一新的阶段，物联网通过利用基于 IP 的分布式云端把所有的东西都互联起来。弗农 · 特纳（Vernon Turner）是国际数据公司（IDC）的高级副总裁，按照他的说法，“你可以把物联网视为由一些带有独特标识的设备所组成的网络，这些设备相互之间使用 IP 链接进行通信而无须人工交互”。这种说法是不是直截了当？一些人——包括我自己，把这一定义扩展到万联网（IoE，Internet of Everything），甚至更进一步延展到数字化智能设备。万联网这个术语最早是由思科公司提出的。万联网把人、流程、数据以及设备等所有东西都放在了一起，通过将信息转变成行动，万联网使网络连接具有了更加重要的意义。为了便于简单和清晰地阐述，本书将把万联网和物联网统称为物联网，事实上，你完全可以将这两者看成同义词。

我们可以用一种简单的方式观察发生了什么。互联网的第一阶段是将人与网络、数据、流程以及其他人连接起来。而在物联网中，我们现在是将任何东西都连接在一起，或者也可以说，将一切都连接起来。总之，任何能够被数字化的东西都可以成为物联网的一部分。物联网对于企业业务的冲击是革命性的，当一切都能进行通信时，物联网实际上已经重新定义并创造出了新的商业价值链（见图 1–3）。

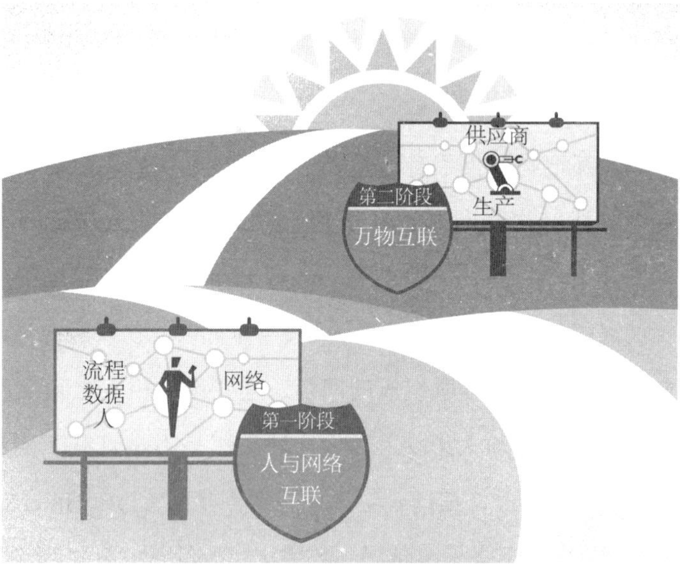

图 1–3　互联网的最初两个阶段

首先，正如特纳指出的，物联网颠覆了传统的价值链。它迫使企业重新思考和重组它们之前所做的一切，包括产品的设计、生产、市场营销以及售后服务，与此同时，物联网还将数据分析与安全性结合在了一起。所有这一切实际上就是发生在哈雷－戴维森摩托车公司的事情。从这些出发，连接在一起的智能产品拓展了传统的B2B渠道并有效地打破了LOB（业务线）的边界（通过物联网可以将原本毫无关联的产品放在一个组合中进行销售）。

10年前，某些有远见的人已经在谈论大规模定制——对批量生产的产品进行定制以满足个体购买者的特定需求。一些公司对此进行了尝试，结果却只是证明有效地实施大规模定制是非常困难的。整个流程包含了太多潜在的不确定因素（也因此导致了流程的拖延），这又进一步增加了生产的成本并延缓了产品的交货时间。而物联网使得大规模定制这样的策略变得更为现实，而且具有更高的成本效率，潜在的不确定因素也不再是一个问题。信息可以实时地在供应链的每一个环节中进行分享。买家可以在网上挑选他们需要的部件或配套件，供应商和物流公司能够立刻看到哪些部件已经有了订单，这样他们就能对自己的系统进行重新设定并有针对性地调整生产和日程安排——如果有必要，他们还可以加快某些过程。随着信息的流动，整个价值链上的不同企业就能确保，无论客户想要的是一辆汽车还是三件套的西装，当某个特定客户的订单在生产线上开始组装时，产品所需要的组件就已经准备好了。客户可以下单购买一辆车、一套西装或者任何其他的东西，同时详细地说明他想要的组件、原料和尺寸等，然后生产商就能按其要求进行制造或组装。大发汽车公司（Daihatsu Motor Company）已经在使用 3D（三维）打印技术为它的汽车买家提供汽车外观的客制化服务，该公司为买家提供了包括 10 种颜色和 15 种基础模式的不同选项，这样买家就能自己组合各个选项，最终创造出具有独特“皮肤特效”的汽车。每一个订单都会按照买家的特别要求在组装线上进行定制。这并不是什么了不起的事情。因为物联网，大规模定制开始出现。

现在请想象一下，当你能够将任何东西都互相连接起来，这样一幅图景将会展示出怎样的可能性——生产线与零部件、生产线与供应商、产品与服务供应商、物流运营与运输企业，所有这些都连接在了一起，而你又能以近乎实时的方式做到这一点。设计师能够创造出人们真正想要拥有和使用的产品，市场营销人员能够以人们期待的方式销售这些产品，而服务和支持团队能够知道潜在的问题会出现在哪里，并在问题产生之前就进行处理。成本将受到控制，而客户的满意度也将获得快速的提升。

或者还可以想象一下，如果你部署在野外的某件设备可以和你的公司连接，当该设备的某个部件开始出现问题，或者某种配置无法正常工作时，它会主动向你发出信号，那么你就能有效地消除计划外的停机检修时间。当产品经理们获悉他们的客户正在以一种连公司市场部都没能想到的全新方式使用产品时，他们又会怎么做呢？各种可能性和机会几乎是无穷无尽的。必须承认的是，并不是所有这些概念和价值诉求在当下就能够大规模地实现，但是我们已经有了足够多的、成熟的、能够获得快速回报的应用。

与此同时，这里并不存在魔法。没错，没有任何魔法在起作用，一点也没有。我们现在正在谈论的依然是原本我们所熟知的那个通过数字化互相连接在一起的世界，只不过数字化的程度得到了进一步加强。本质上，我们正在以众所周知的方式使用着云，只不过新增了一个智能化的基础架构，在这个架构中，每一件设备都已经数字化并且在一个普通的 IP 网络上是可寻址的。事实上，我们有一些创新，比如雾计算，这是一种在网络的边缘服务于实时数据处理的云计算方式；而区块链技术在本质上是一种安全的分布式日志；还有机器学习，这是一种隐藏在实时预测数据分析背后的技术——所有这些都不是什么魔法。这些概念都是整个行业关注并正在实施的，这里没有什么是异乎寻常的，也没有什么是不可思议的。

物联网的背景

对于很多人来讲，第一次听到物联网要么是在商业媒体上，要么就是在某个商业讨论会上。实际上，物联网并不是什么新鲜事物。它已经存在了很多年，只不过表现为不同的形式罢了。所有银行都有大型的 ATM（自动取款机）网络。很多零售商都会部署大型的 POS（销售终端）网络，并且大量使用 RFID（无线射频识别）标签追踪数百万件库存商品的流转。制造商会将数千台不同的设备与监控器相连，并在 M2M（机器对机器）网络上对生产进行管理。公用事业部门则会部署相互连接的传感器和计量设备来对客户进行收费以及完成日常的维护和故障检测。每一个这样的网络都可能涉及成千上万台互相连接在一起的设备。

没有人把这些早期的网络称作物联网，这两者之间存在着非常明显的区别。通常来讲，这些早期的网络只涉及一种设备或者某个特定的应用，其功能非常有限且被严格限定，而且通常使用的是专用协议而不是 IP 或云端，而后者在今天已经成为主流的联网与计算选项。不过这些网络依然是早期进行大规模联网的尝试，人们为了管理一些关键的业务功能已经在设备中内置了一定程度的智能和通信模块。它们就是我们今天所说的物联网的前身。正如人们预期的那样，并不是所有早期受物联网概念驱动的项目都获得了成功。从通用电气公司和思科公司建立的工业以太网合资企业，到基于位置的数字广告平台，再到零售行业积极主动推行的 RFID 技术，还有后来关于智能城市的雄心勃勃的计划，很多概念因为这样或那样的原因在 21 世纪初就已经被孵化出来。但是，随着物联网在接下来的 10 年里不断地成熟，更为扎实的技术、解决方案以及商业模式将被一一开发出来，越来越多地被人们采用。

在我的记忆中，物联网这个术语可能是在 20 世纪 90 年代末为了描述 RFID 网络而被发明出来的。2011 年，当思科公司考虑如何才能更好地描述各种设备、机器等通过 IP 网络连接在一起，并最终接入互联网这一趋势时，没有打算使用一个新的术语。思科公司直接采用了原有的物联网这一概念，并开始用这一术语描述我们当时所看到的现象。实际上我们只是对过去的物联网的定义进行了修改，以此描述今天的物联网，也就是下一个阶段的互联网。

第一代互联网的使用者也没有将物联网一词用于描述当下正在

发生的业务转变。大约在 2011 年，与网络连接相关的所有事物都开始加速发展。随着云计算的兴起以及智能手机和平板电脑被越来越多的人接受，互联网的第一阶段已经全面展开，在这个阶段，互联网的目标就是让我们所有人可以互相连接，与数据连接、与流程连接、与我们正在使用的服务连接。而我们当下所使用的设备实际上早已指向了互联网发展的第二阶段，即今天我们所看到的正在涌现的物联网。

我们现在已经拥有一个建立在坚实标准基础之上的全球网络基础设施以及无数连接在一起的设备，这些设备包括各种传感器、计量仪表、传动装置、小汽车、公共汽车、机器人、油井钻头、核磁共振仪、办公大楼、整座城市，甚至垃圾桶，所有这些事物不但能够相互通信，还能够生成数据并直接处理相关的数据。这些事物还与一系列令人难以置信的应用程序连接在了一起。而人们也已经开始使用物联网一词描述这一现象，包括它所涉及的范围和它的能力。今天，物联网已经变得无处不在。

你可以清楚地看到物联网在汽车行业中所展示的变革力量。最近你有没有购买过一辆新车？现在的汽车正在变成安装在轮子上的智能手机。很长时间以来，汽车都是从一些独立的子系统中搜集数据，并使用嵌入在不同位置上的处理器监控和管理不同的功能。汽车制造商现在正在安装标准的、高速的确定性网络从而连接所有的子系统，以便更有效地处理产生的数据，这一网络的数据处理能力已经相当于一个移动的数据中心。制造商们还将这些移动的数据中心与互联网相连接。不久之后，每一辆新车都将会是一辆接入互联网的智能汽车。

过去当你购买一辆新车时，主要关注的是一辆车的外观、动力或者每公里需要消耗多少升燃油等关键性能指标评级。如果你最近没有购买新车，那么我实在有些不想告诉你的是，你现在的那辆车恐怕是一头正迈着沉重的步伐走向灭绝的恐龙。即使某辆车只是缺少了一个蓝牙接口，这辆车在进行置换时的估价都可能非常低。对于大多数的购买者来讲，购买汽车的标准已经发生了彻底的变化。今天一辆车的电子设备以及这些设备联网的能力将决定这辆车是否具有吸引力。同样的变化也正在横扫其他行业，而这些都是因为物联网的兴起。

现在当我们购入一辆新车时，实际上购买的是一部安装在轮子上的手机（见图 1–4）以及一个移动数据中心。当然，车辆的外观和设计依然很重要，而对于我们大多数人来讲速度和性能是第二位的。我们真正关心的是如何与车辆进行互动，以及如何让一些任务自动化。我们还关心车辆将如何与我们进行互动——比如告诉我们什么时候该更换机油，而这一提示信息将不再是基于车辆的里程数而是基于机油的实际使用量。如果汽车发动机中的某个部件即将损坏，那么汽车就应该在故障发生前警告使用者以及车辆的经销商。在今后的几年时间里，我们可以期望一辆电动汽车会自动来到我们面前并把我们带到任何我们想去的地方。任何其他的东西都将只是浮云。

阿西特·戈尔（Asit Goel）是恩智浦半导体公司（NXP Semiconductors）的高级副总裁和总经理，他负责这家公司的物联

图 1–4　轮子上的智能手机

网解决方案。他对这个新的世界做了一个很好的总结："最终，在一辆智能互联汽车上，技术将会取代或增强人类司机的感官。要做到这一点，你的车上需要有一大堆的传感器、雷达、激光扫描仪、摄像机、计算处理器、无线以及蜂窝通信设备。有了这些东西，你的汽车就能够获得车辆周围 360 度的视野并做出关键性的决策。你的汽车已经不再只是一样东西，它是由一大堆东西组成的系统，它能够在你的个人设备、专业的环境以及其他更多的场合中，用流动性更强的服务为你提供高度互联的体验。"

那么汽车工业是否已经准备好迎接这样一种戏剧性的转变了呢？詹姆斯 · 布奇科夫斯基（James Buczkowski）是福特汽车公司亨利 · 福特技术研究院的研究员以及电气与电子系统研究和高级工程方面的主管，他已经成为车用电子设备（包括互联汽车和自动驾驶汽车）方面的思想领袖。他很确定地告诉我，他所在的这个行业正在全方位地解决智能移动方面的问题，其中包括用户体验、软件、网络安全、数据分析以及他们正致力于研究的新兴移动商业模式。

物联网的今天——用数字化改变这个世界

前面关于智能汽车的讨论是否让你感到有些困惑不安？完全没有必要。这只不过是一场正在席卷整个世界的革命中的最新案例，而且这场革命并不仅仅局限在汽车行业内。从德国当地的一家比萨店到美国的一家全球财富 500 强企业，从印度的一家冰激凌店到中国和韩国的新兴城市，从一台非洲的抽水机到欧洲的风力发电场，这一新的互联网阶段正在改变所有的一切。企业、政府以及非政府组织正竭尽全力，试图弄清楚它们该如何适应这个新的世界并确保自身的发展。而这正是物联网吸引人并且能够让你得到回报的原因。

那么采用物联网技术是不是一个可选项呢？你是否可以跳过它或者完全忽视它呢？在它发展的初期你确实可以这样做，但你也需要承担相当大的风险。你只要回头看一看 20 世纪初的双轮马车就知道了。双轮马车市场只存在了几十年的时间，而今天你只能在一些收藏家以及特殊爱好者那里才能看到它。

物联网正在激起的经济浪潮将吞噬其前进道路上的一切。Ovum 是一家分析和咨询公司，正是这家公司发布了关于 M2M 以及物联网合约跟踪的报告。蒂姆·詹宁斯（Tim Jennings）是这家公司的首席研究官，他告诉我，物联网正在被很多国家采用。制造业、商业服务以及能源和公用事业已经走在了前面，这些行业部署了我们今天能够看到的绝大多数物联网设备。交通运输、零售与批发、公共部门以及健康医疗等紧随其后。詹宁斯这样评论道："随着数字化的转变在各个行业中不断加速，以及数字化开始渗透进入企业内部，物联网现在已经成为数字业务的一个关键推动力量，Ovum 的研究表明，物联网设备的部署正出现在相当广泛的互联网业务流程中。"詹宁斯接着说道："最初那一波采用物联网技术的浪潮主要集中在一些特定的行业应用案例中，但是我们现在所看到的是，构建在物联网平台之上的跨行业应用正在出现。随着商业意识的不断增强，我们期待企业能够采用一种更为系统化的方式数字化它们的业务流程和日常运营，并且从物联网中寻找到新的创造商业价值的机会。"

我们已经通过哈雷 – 戴维森摩托车公司的案例对物联网在工厂中的应用有了一些了解。本书还将讨论其他的行业，但将主要集中在 B2B 领域，因为 B2B 领域的创新正推动我们从当下向物联网过渡。

我们再转向另一个话题，由麦肯锡全球研究院的詹姆斯 · 曼伊卡（James Manyika）和迈克尔 · 崔（Michael Chui）负责的一项研究在 2015 年 7 月得出了这样一个结论：到 2025 年，全球物联网市场的实际价值可能会达到 11.1 万亿美元。[3]

这一波经济浪潮会不会冲击你所在的行业呢？毫无疑问，它迟早将冲击每一个行业和每一个领域。麦肯锡预测了将最早受到冲击的 9 个行业领域，具体可参见图 1–5。

当然，Ovum 和麦肯锡并不是唯一对物联网的现状进行研究并

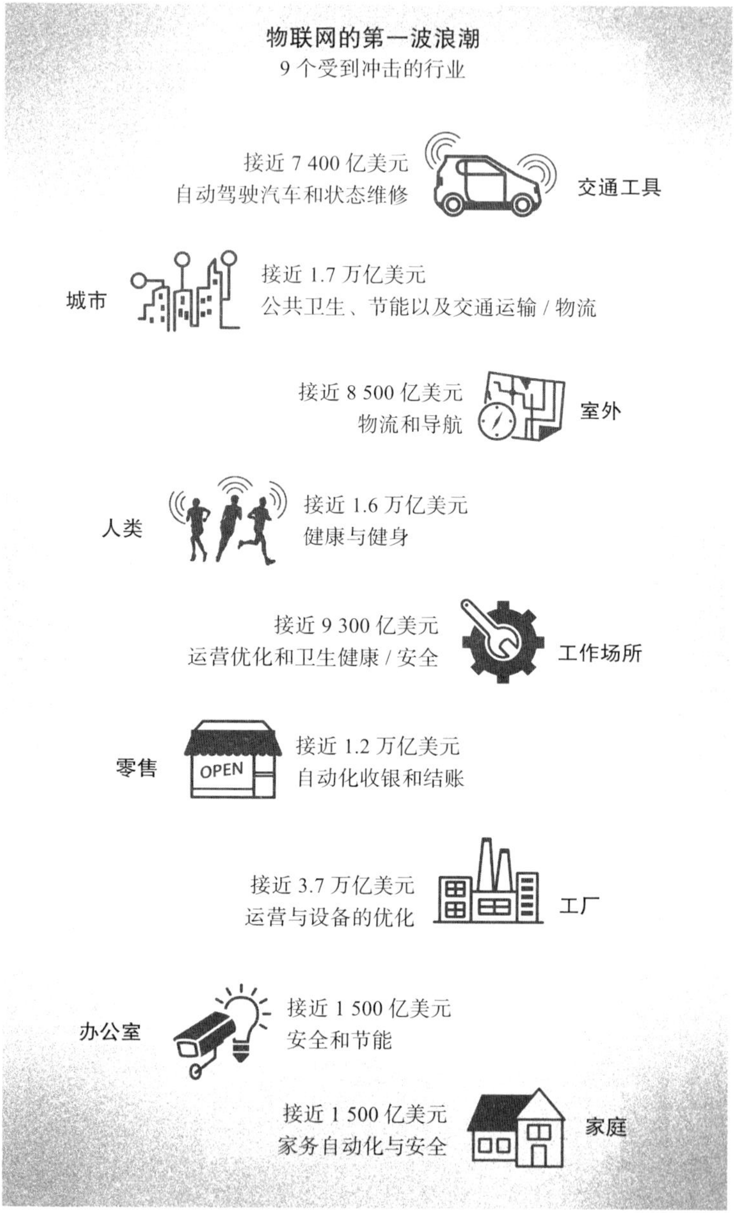

图 1–5　麦肯锡预测的受到冲击的行业领域

做出预测的行业观察者。2016 年 5 月，国际数据公司的弗农 · 特纳预测，全世界在物联网市场上的消费将从 2015 年的 6 926 亿美元增长到 2020 年的 14 600 亿美元，其复合年增长率将达到 16.1%。[4] 此外，特纳还告诉我："我们预计物联网端点的用户基数将从 2015 年的 121 亿增长到 2020 年的超过 300 亿。"[5] 2014 年 7 月，在一份由洪立宏（Hung LeHong）、杰基 · 芬恩（Jackie Fenn）、兰德 · 里氏 – 杜 · 托伊特（Rand Leeb–du Toit）共同撰写，标题为"2014 年新兴技术成熟度曲线"的报告中，高德纳咨询公司将物联网放在了成熟度（炒作度）曲线的顶部。[6] 在报告中，高德纳咨询公司所使用的术语形象地描述了伴随着技术的进步因供应商的炒作而形成的风潮。展望未来，我们将可以看到随着企业开始着手开展一些实质性的物联网项目，这样的炒作会逐渐地平息下来。

为什么是现在：三个正在推动物联网的趋势

正如在前面已经提到的，物联网实际上并不是什么新的发明，它已经以各种不同的形式存在了 10 年以上的时间（比如通过 RFID 技术，零售店售出的每一件商品都能向供应链传递信息）。那么为什么现在它却引发了如此多的关注呢？我认为有三个主要的趋势在其背后起到了推波助澜的作用。

- **由 LOB 经理经营的业务领域正在成为一个主要的技术购买中心。**LOB 经理们关心的主要是他们自己的业务成果，因此他们正积极主动地寻求各种业务解决方案，特别是那些能够降低成本、提升生产效率以及增加利润率（最重要的一点）的方案。他们寻找各种方法改善设备整体效率、生产交货时间、生产线生产能力、资产在线时间以及越来越多针对特定需求的可持续性指标。LOB 经理们并不是互联网第一阶段的主要受益者，第一阶段主要关注的是 IT、服务供应商和消费者。如今，LOB 领袖们正在利用技术推动并获取他们想要的业务成果。因此，与互联网第一阶段不同的是，物联网所带来的并不是由技术引领的转变，而是由业务驱动的转变，在这里技术只是达到特定业务目标的一种工具。确实，LOB 经理们能够制定和使用预算，但是他们所寻求的是如何提升销售收入以及盈亏底线等商业成果。比如，一些制造商的业务报告声称，因为采用了物联网技术，它们获得了 160% 的投资回报率、成本降低了 20%、网络停机时间降低了 75%。对于 LOB 经理们来讲，这样的结果向他们展示了一个非常具有说服力的价值前景，以至他们迫切地想要打开钱包资助这样的项目。

- **IT 和 OT 的融合正在改善通信和效率。**还记得当时有数百万人阅读、由约翰·格雷（John Gray）撰写的《男人来自火星，女人来自金星》这本书吗？在这本畅销书中，作者认为不同性别之间频繁发生的误解使得男人和女人看起来好像来自不同的星球。其实并不只有男人和女人看上去来自不同的行星。今天，每一家已经开始部署物联网的企业都因为 IT 和 OT 之间的完全脱节而经历着阵痛。在很多情况下，对于这两个群体而言，对方就好像来自另一个星球——他们各自有着完全独立的技术堆栈、网络架构、通信协议、标准、控制模型以及组织架构。IT 和 OT 的融合正是我们所寻求的解决方案，但这种做法直到最近才刚刚开始出现。也许想要做到这一点本来就需要较长时间的沉淀，然后才有可能出现一个毫不起眼的回归。另一种可能性是，或许正是物联网的出现再加上人、流程、数据等通过网络建立起来的连接已经达到了这样一种程度，它迫使 IT 和 OT 这两个不同的世界必须向对方靠拢。但在这里，关键的驱动因素依然是数据在工厂、企业的基础架构以及云之间进行流动的需求（我们将在本书的后续章节对相关的应用案例进行讨论）。

这样一种需求迫使 IT 和 OT 在技术、架构和组织层面进行融合。当然，随着这两者的融合必然会出现文化上的冲突。双方都有着一长串针对对方的抱怨，而每一条抱怨的背后都有着完全站得住脚的担忧，所有这一切必须尽快得到解决（哈雷–戴维森摩托车公司解决这一挑战的方法，是将来自这两个团队的代表聚集在同一个房间里，并在他们之间所有的问题都解决了以后才让他们离开）。尽管存在着潜在的文化冲突，在过去 10 年左右的时间里，OT 和 LOB 的一些具体应用已经越来越多地采用了类似 IT 的技术，比如以太网 /IP，甚至还有云服务。2014 年，一份由思科公司的安迪 · 诺罗尼亚（Andy Noronha）、罗伯特 · 莫里亚蒂（Robert Moriarty）、凯西 · 奥康乃尔（Kathy O’Connell）和尼古拉 · 维拉（Nicola Villa）撰写的，标题为“实现物联网的价值：从设备连接到实现突破”的研究报告指出，IT 和 OT 的领袖们现在已经认识到，对于物联网的解决方案他们双方有必要共同承担相关的责任，尽管在方案实施过程中的每一个环节他们可能依然需要针对决策权进行协商。[7] 现在已经有越来越多的 IT 团队开始向 LOB 经理们汇报，这种做法对于促进两者的融合是非常有帮助的，还可以更进一步地在整个企业内部促进技术与商业流程向对方靠拢。

- **专利 / 特有技术正在走向开放标准**。在 20 世纪的最后 20 年里，制造业经历了所谓的“现场总线[①]战争”。在这场战争中，为了将自己的专利技术确立为行业的通信标准或者安全标准，几个不同阵营的供应商展开了非常激烈的竞争。结果，一大堆互相重叠的半标准技术（包括在开放标准基础上衍生出来的专利技术）被植入产品之中，从而将客户锁定在了某些特定的供应商身上。这样一来，尽管最初的规划很不错，这个行业距离通用的标准却越来越远。雪上加霜的是，当时还有很多过去遗留下来的、单一用途的专用或专利协议，其结果是更加混乱的局面、更高的成本、缺乏创新以及市场的巴尔干化。在这场战争后，越来越多的供应商开始接受标准的、未经修改的以太网 /IP，并将这些技术整合进各自的产品中。今天，大多数的终端设备都已经拥有了以太网的界面，而整

① 现场总线是近年来迅速发展起来的一种工业数据总线，它主要解决了工业现场的智能化仪器仪表、控制器等现场设备间的数字通信以及这些现场控制设备和高级控制系统之间的信息传递问题。——译者注

个行业的发展趋势是建立起通用的、真正开放的标准。我们看到同样的转变也开始在其他市场中出现，包括交通运输、医疗保健以及零售市场。客户现在越来越多地要求使用开放标准并强调设备的互操作能力。另外，IT 和 OT 的供应商们正联合起来在原有的基础上制定横向标准以应对 OT 的需求，同时它们正在垂直标准组织和联盟中采用开放标准。按照前面我们引用的思科公司的报告，到 2020 年，市场上将会有多达 500 亿台互联设备。[8] 无论最终的实际数字是 500 亿、300 亿或者只有 70 亿，这些都是极为惊人的数字。就在不久前，在一个普通的生产车间里，每一位工程师的身旁仅有几台互联设备，但现在，每一位在生产车间里工作的工人周围都有数十台这样的设备，而且这个数字很快就可能增加到数百台。将所有这些设备都汇聚到一个基于开放统一标准的网络上，不仅仅是一种能将这些设备连接起来、具有成本效益和规模化运营的方式，还是释放物联网潜在利益的关键。

在本书中，我们将讨论这三个趋势以及一些新的价值诉求，比如互联运营、远程运营、预测分析和预防性维护。由于物联网依然是一门新的学科，在过去的几年时间里，各个细分领域才刚刚开始处理相关的问题。

一场关于技术、经济和文化的完美风暴

物联网正在将三个关键要素——技术、经济和文化——汇集在

一起，从而形成一场人们所描绘的完美风暴。即便与一场危险的风暴相伴而来的通常都是一些孕育着致命威胁的元素，但任何想要参与进来的企业都能在这场风暴中拥抱物联网带来的机会。在这一过程中，我们将经历一次关键的涉及经济、社会、环境、隐私/安全的优先顺序调整。尽管这个领域里有很多重量级的参与者，但目前还没有哪一家已经成功地取得了主导地位。（重要披露：我所服务的企业思科公司也非常想成为物联网领域中一个具有影响力的领导企业。）

事实上物联网为所有的企业提供了一次机遇，而不只是那些被挑选出来的公司，甚至一些中小企业也能抓住这样的机遇。赢家将基于开放的标准改变他们的业务，并通过建立合作伙伴生态系统提供基于横向能力的垂直解决方案。与此同时，那些输家将无视这些改变，并坚持他们基于专利或半专利技术的旧商业模式，同时竭尽全力锁定他们的客户直到这些客户最终逐渐放弃他们。（幸运的话，有些企业将在无可挽回之前认识到这一问题，但可悲的是有些企业将永远不会明白发生了什么。还记得在过去的数十年时间里，标准普尔 500 强公司发生了什么样的变化吗？）

从技术角度讲，物联网正在采用以云为导向的技术，即便物联网正在推动基础架构向雾计算的转变，但这一趋势本身并未发生实质性的改变，因为雾计算在本质上只是云向边缘方向的一种延伸。与此同时，由 IPv6（互联网协议第 6 版）驱动的联网方式以及更为灵活开放的技术正在促使相关应用的爆发。雾计算正在消除延迟并支持实时数据分析和实时响应，而时间敏感网络技术正在对有严格时序要求的通信流量提供确保实时的延迟。很快你就会看到，新技术的演化将非常清晰地把物联网确立为下一阶段的互联网。我把这些新技术称作物联网的原生技术和应用——因为它们从一开始就是围绕着万物互联这一目的被设计出来并进行优化的。

至于经济方面，物联网所带来的引人注目的益处正在让 LOB 经理们欣喜若狂。相关人士预计 2020 年之前物联网将为整个世界的经济带来数万亿美元的价值。

文化方面，作为流行的 DevOps[①] 趋势的一个延伸，OT 和 IT 之间展开的沟通和合作，以及 LOB 经理们的崛起突出地体现了正在发生的改变。

正如你现在已经看到的，技术、经济和文化都已经汇聚在了一场完美风暴之中，对于那些拥抱改变的企业来讲，这场风暴实在是一件好事。和任何大的风暴一样，物联网会给这个世界带来巨大的冲击——同时还将给这个世界的经济带来一次规模巨大的再平衡。一些早期的赢家已经开始出现。

- 灵活的业务经理们以及 LOB 的领袖们，他们能想象出新的商业模式，并带领他们的企业抓住因万物互联和沟通而出现的新的商机。当然，为此他们必须做好准备，充分地利用各种数据、自动化以及数据分析，所有这些都将是物联网资本化的关键。
- 应用程序开发人员和程序员，他们将会在市场上大受欢迎，

① DevOps 就是开发（Development）和运维（Operations）这两个领域的合并，还可以包括产品管理、质量保证，甚至销售等领域。DevOps 的引入能够对产品交付、测试、功能的开发和维护产生深远的影响。——译者注

因为物联网所带来的 API（应用程序接口）经济将消耗数以百万计的应用程序、数字容器以及微服务。物联网还将需要大量的数据科学家、数据经理以及数据分析师来创造、部署、管理和利用自动化的数据分析。他们将确保自动化数据分析所得到的结果是有意义的，而且事实上由相关流程生成、搜集、分析的海量数据也只能由自动化数据分析进行处理或采取相关的行动。

- 一些经济领域将经历某种形式的文艺复兴。制造业和其他正在涌现的“制造商”团体已经是物联网的早期受益者。前所未有的，千禧一代的年轻人正在被吸引到制造业领域。我原先根本不会相信我会写下这样的话：制造业再一次流行起来。3D 打印、无人机、各种各样新的材料以及能够接入网络的电子设备，相信你已经形成了一个大致的概念。其他的行业，如商业服务、能源、公用事业、交通运输、零售、批发、公共部门以及医疗保健等也将从物联网中获得巨大的好处。
- 自动化和数据分析用户是最明显的赢家。信息制造和传播的规模与体量需要自动化和实时数据分析技术。人们会创建算法和规则，然后完全交由自动化进行管理。与那样的模式相比，手工操作的速度太慢了。随着物联网的急速发展，人们将需要自动化和数据分析的帮助，否则他们就没有任何希望能够跟得上物联网产生的数据量。
- 新的行业和机会，包括实时远程运营、智能（互联）城市和社区，以及由数据分析驱动的实时安全服务正在不断地涌现。

这场完美风暴过后，世界将会变成一个以物联网为原生态的、移动互联的、自动化以及由智能数据分析驱动的世界。这个世界还将是一个实时的、开放的、注重安全性的、启用了 API 并且围绕着微服务而建立起来的按需求进行变革的世界。

关键的障碍

不过所有这一切并不意味着物联网已经战无不胜了，或者它的前方已经毫无障碍了。相反的是，在技术、安全、企业以及政府这 4 个非常广泛的领域里，它还面临着非常严重的阻碍。

- **技术（隐私、标准 / 互操作能力）**。为了兑现它的承诺，物联网需要确保隐私，确保各种不同的、互相连接在一起的设备能够无缝地进行自我操作和互操作，由此生成的数据能够以一种流畅和可以理解的方式进行相互交换。想要做到这些需要真正开放的标准、覆盖整个行业的设备间的互操作能力，以及被普遍接受的、整个行业都会采用的协议。传统的 IT 和 OT 标准组织已经开始处理这些问题，与此同时，新的联盟正在建立，老的联盟正在被重新改造。半专利性的标准正在给那些真正开放的标准让出一条路来。这个行业知道该怎么做，在互联网的第一阶段我们就已经这样做过，在云计算出现时也同样如此。不过当下我们手上的工作与之前的相比规模更大、更加复杂，但是我知道物联网社区将会直面挑战。
- **安全**。套用房地产行业关于位置重要性的说法，物联网始终强调安全性，物联网需要拥有某种管理者和用户都能够依赖的、坚固的安全性。很多安全性的部件早已存在，而且通过将现有的 IT 安全架构扩展到 OT 领域，很多这样的部件完全可以直接拿过来加以利用。另外，很多新的应用案例如 V2V（车对车）的身份验证要求、传感器群、不间断系统以及智能安全范例正在被一个又一个的物联网安全初创公司、学术机构以及知名的供应商采用。哈雷–戴维森摩托车公司在部署物联网的过程中并没有出现什么无法接受的风险，但是在安全性上我们还需要进行更多的投入，这不仅仅是为了减少安全上的漏洞，也是为了能够尽早发现网络攻击并降低这些攻击对于业务造成的冲击，同时保护个人的隐私。同样重要的是，我们还必须部署那些甚至在攻击中也能继续安全工作的自主系统和设备。正在物联网内部构建的智能数据分析系统，特别是那些利用雾计算提供实时处理能力的数据分析系统，将会被用来处理一些安全上的漏洞。

- **企业（文化改变）**。这可能是最大的障碍。企业文化的改变是一件很困难的事情，尤其是对那些知名的企业来讲更是如此，因为在过去的数十年里，它们利用现有的商业模式、实践以及流程获得了非常大的成功。让 IT 和 OT 开展合作不容易，让供应商拥抱通用的开放标准就更不容易了，但这样的事情已经有成功的先例，而由此获得的好处也是不可否认的。改变主要还是一个涉及沟通、领导力、再培训以及能否保持一个开放的头脑的问题。像物联网这样巨大的机遇将强烈地激励所有人展开合作。

- **政府**。政府可以通过智能城市这样的形式从物联网获得好处，比如西班牙的巴塞罗那，这座城市可以说是目前地球上最先进的智能城市之一。除了采用物联网之外，政府还可以在管理规范和推进物联网的日程设定中扮演相应的角色。政府可以通过在某些领域建立新的制度，同时在另外一些领域放松制度的限制来鼓励企业创造出基于物联网的新的商业模式，以此促进物联网的发展和成长。

所有这些障碍并不是不能克服的。技术团体以及行业和利益团体已经在不同的领域中开展工作，敲定各种标准并找出最佳实践案例。从IP到云和雾计算，再到应用开发的环境和实时数据分析，一个个关键因素正在被不断地落实。物联网解决方案中的一些共性元素，甚至在目前这样的早期阶段，也已经横跨了大多数行业并正在被全球数千家客户采用和部署。

本书所涉及的范围

正如我在前面提到的，在我多次出差旅行的过程中，我会和很多不同行业的业务经理们会面，与他们一起探讨他们所面临的挑战以及关于物联网的问题。本书是为了帮助大中型企业的经理们理解物联网到底是什么，为什么在他们的企业中需要引入物联网，以及他们该如何着手进行操作——特别是，如何展开他们自己的物联网之旅。但你没有任何理由认为小型企业就不能充分地参与到物联网的建设中来。其实它们已经利用了云计算、IP 组网、数据分析以及其他物联网的核心组件所带来的优势。本书主要关注大中型企业的原因是我个人的物联网经历来自这样一个特定的环境。不过，将上述核心组件，已经成熟且得到验证、可以获得快速回报的应用案例，以及已经建立起来的集成通道等组合在一起，能够让小型企业也完全地拥抱物联网，这一点和它们当初能够欣然接受互联网以及云计算的道理是一样的。

此外，本书将主要关注 B2B 的机会，但也会涉及一些 B2B2C 的应用。当下的物联网已经有了很多涉及 B2C（企业到用户）的应用，但其中的绝大部分不在本书的讨论范围内。本书将涉及一些关键的、主要的垂直领域，如制造业、石油和天然气、交通运输和物流、公用事业以及政府。除此之外，它还会触及零售业、医疗保健、农业、教育、金融以及一些特殊的领域，比如互联汽车。

通过阅读本书，你就已经踏上了通向物联网的道路。通过图 1–6，你能看到在物联网领域获得成功的秘诀。如果阅读本书后你能有所收获的话，那么这份秘诀将是其中之一。这张图总结了一些我所相信的最基本的要素，理解并吸收这些内容，然后在工作中加以实际运用，将帮助你有效地计划并实施你的物联网项目。我将会在书中详细地说明这 8 个要点。

与此同时，如果你正在迈出物联网之旅的第一步，那么在你上路之前这里有一些提示：

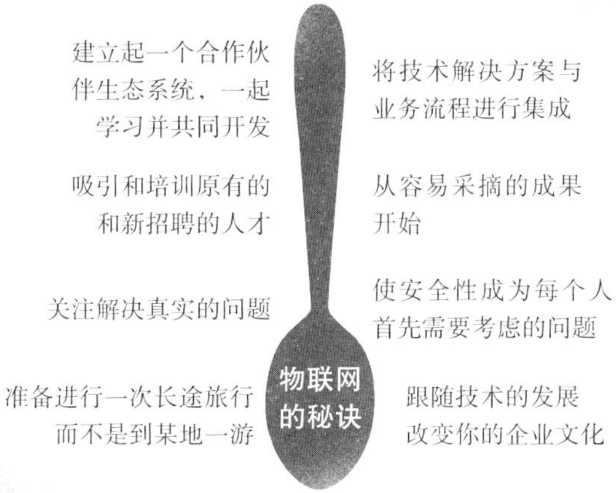

图 1-6　物联网成功的秘诀

- 在你的公司里开始谈论物联网，并帮助其他人思考这样一个问题：如果设备之间能够互相通信，将会带来怎样新的可能性？
- 为你的物联网项目确立一些运营和战略上的目标——确认一个需要解决的问题或者一个能够抓住的机会。要有远见，但首先从那些容易采摘的果实开始。
- 把 OT 和 IT 的团队成员拉到一起，让他们互相之间开始进行交流。
- 找到并确保有一个公司的最高管理层能够支持你的物联网项目。

走近物联网，你所开启的将是一段走向未来的旅程。实际上这也正是史丹利百得公司（Stanley Black & Decker，Inc.）曾经经历过的。这家公司是另一个早期的物联网采用者。“我们正在为了实现我们的愿景而努力奋斗，我们的愿景是建立一个虚拟仓库和一家完全互联的工厂，到那时所有的一切都将是完全可视的，而且在时间上是可追溯的。”该公司的一个高层管理人员这样说道。完全的可视性以及可追溯性是不是对你的企业很有吸引力？你没有理由认为这不能在你的企业中实现。

如何阅读本书

并不是每一位读者都会觉得有必要从头至尾阅读本书。你完全可以按照自己的兴趣以及你所关心的问题进行随意翻阅，之后你还可以再次回到讨论你目前正在面对的某种具体挑战的章节。你可以将下面对于每个章节的简短描述作为阅读本书的指南。

第 1 章，正如你已经发现的，是关于本书内容的一个综述，同时介绍了一些基本的概念。

第 2 章将具体审视物联网的采用现状，并从一个很有意义的角度理解令人惊讶的增长预测。

第 3 章和第 4 章将讨论新的商业模式和商业价值诉求。

第 5 章会为那些希望能够马上从物联网中获益的读者提供一些物联网的快速回报模式。

第 6 章将探讨物联网对于个人职业发展以及工作角色的影响和冲击。

第 7 章具体分析物联网将如何改变你的企业。

第 8 章承认物联网并不总是能像其所承诺的那样给你带来回报，然后我们还会对一些常见的误区和错误做出具体的分析。

第 9 章将对物联网所面临的安全性挑战以及现在应该如何处理这一问题给出一个综述。

第 10 章将为物联网的标准和技术发展方向、开放的物联网架构以及如何解决系统集成过程中所遇到问题提供一个类似的综述。

第 11 章将总结物联网联盟的现状，同时给出一些我对于在接下来的 10 年里物联网的走向，以及读者在为自己的企业规划物联网的未来时将扮演怎样的关键角色的基本看法。

在下一章，我们将要讨论业务的改变和转换，这才是与物联网真正相关的东西。同时我们还将研究一些快速回报模式，主要关注一些唾手可得的成果以及一些早期的成功故事。好了，现在让我们来开启你的物联网之旅吧。

第 2 章

物联网就是改变和转换

哪些人是“物联网一代”？不，这既不是在最近的美国人口普查设定的一个新的人群类别，也不是由一些研究人员发明的一种新的人口统计分类。这只是我对于像你们这样的一群人的称呼，你们是一群商务人士，由于所有类型的设备正在互联，你们已经意识到了某件非常重大的事可能正在发生，而你们想参与这一事件的发生过程。另一种可能是你们感觉到了某些异乎寻常的事情正在发生——新的商业模式突然冒了出来，或者竞争突然以某种完全出乎意料的方式出现。无论是哪种情形，它既有可能是一种威胁，也可以成为一次机遇。如果你正在阅读本书，那么无论你将在几年以后退休，或者你只不过是一个刚刚参加工作的千禧一代，又或者你刚好处于这两者之间，你都已经是“物联网一代”的成员了。

“物联网一代”真正指的还有那些感觉到了这一互联网最新阶段正在开始重新定义业务、行业、市场以及他们的工作的业务经理。他们还认识到这种变化孕育着巨大的潜在机遇和重大威胁。从个人层面来讲，这些人欢迎正在出现的改变（至少不害怕这样的改变），而且他们看到了业务转化带来的机会。对这些人来讲，适应性和可变性只不过是他们前进道路上的口头禅。

在过去的几年里，物联网已经成为一个热点话题。但平心而论，它并不是什么新的话题。汽车制造商通用汽车公司谈论完全自动化的、机器人化的汽车制造工厂这一话题已经有10年时间了，在这样一家工厂里，日常的运营和管理完全不需要人的干预——这实际上就是物联网，机器将和机器进行沟通。通用汽车公司几乎将它最近在市场上的成功完全归功于其关于未来工厂的这一构想。今天，围绕这个特定的主题已经有了无数的专业学术会议。最近一次这样的会议是2015年1月的表面世界大会①，在这次大会上，与会人员看到了在他们的企业中引入无灯制造（lights-out manufacturing）②技术的可能性。[1] 如果你撕去了那张“未来工厂”的标签，那么你很快就会发现其核心实际上就是物联网。哈雷–戴维森摩托车公司以及福特汽车公司也正在做着类似的事情。

① 表面世界大会是每年在英国伯明翰举办的，主要关注各种表面处理技术的制造业展览会。——译者注

② 无灯制造是指在生产车间里将不存在任何人工照明，也就是说无须人的干预。——译者注

2013 年，思科公司在巴塞罗那举办了物联网世界论坛。对于这次活动来讲，巴塞罗那是一个非常完美的地点，因为这座西班牙的城市决定走在新革命的前列，并成为这个世界上最时髦的城市。这一革命实际上涉及的是与移动性相关的技术、智能设备以及最主要的内容——互联网。巴塞罗那的愿景包括互联、自动化以及对城市所有关键功能的数字化，这也是思科公司选择这座城市作为其首次物联网活动的场所的理由之一。现在，巴塞罗那已经被视为城市转向物联网，并通过各种方式对其自身进行数字化改造从而造福其居民的典型案例（见图 2–1）。

作为整个论坛活动的一部分，巴塞罗那市政府派出官员代表带领与会人员参观了一些已经装备好的互联基础设施。[2] 这些设施大多数与能源和交通运输相关，包括数字化的公共汽车站，这些公交

图 2–1　巴塞罗那物联网世界论坛

站点不但可以显示数字化的广告内容以及实时的公共汽车时刻表，而且提供旅游信息以及 USB（通用串行总线）充电插口，这些站点同时还是免费的 Wi–Fi（无线网络）基站。当然，它们还能为你遮风挡雨。

改变是一种新的现状

对于“物联网一代”来讲，改变是一种新的现状。我们不会害怕或者拒绝改变，确切地讲，我们欢迎改变。

想一想，今天你可以用多少种不同的方式买到一件产品。我们拿一件简单而又传统的东西——比如书——来举例。几年前，你可能需要走进一家书店或者某些零售店，然后从书架上拿下一本书。实际上你没有其他的可选方式。今天，你可以在网上订购一本书，几天后，甚至也许隔天就有快递给你送上门来——也可能在某个特定的市场你可以当天就拿到书，也可能由一架无人机在几天后为你送货上门。你还可以下载这本书的电子版，然后利用一大堆不同的设备立刻阅读此书。有些书你根本就不用购买，只需要一张借书卡，你就可以到很多图书馆免费借阅电子版本的书籍。可能还有很多甚至我从来没有听说过的获得书籍的方法。同样地，购书成本的差距也很大，这要看你是在哪里以及是如何获得这本书的，另外还取决于你有多么迫切地需要或者想要这本书。对于本书的出版来讲，任何出版计划的改动可能都已经太晚了，但我也许依然可以与出版商商讨在市场上推广本书的其他方案，也许这个方案还可以作为与某个物联网基础设施供应商结盟的部分内容。

购书是一回事儿，而购买一辆车则完全是另一回事儿。你有没有考虑过你将会通过什么样的方式购买你的下一辆汽车？老的办法意味着你首先需要查找广告，然后去拜访一家或更多家汽车代理商以找到你想要的车，接着就是讨价还价以争取拿到一个好价钱。很可能再过几年，当你下一次想要买车的时候，整个过程根本不再需要一个传统的经销商。甚至在今天，你就已经能够在网上走完购车的绝大部分流程，包括研究、寻找、挑选、谈判、贷款以及购买。在整个过程中，你无须踏入代理商的店面或者任何一家银行。你甚至能够安排一次试驾，而且并不一定就在你最终买车的那家代理商那里。

假如几年以后你想要买一辆那种刚刚开始出现的自动驾驶汽车，也就是无须驾驶员坐在方向盘后面的汽车呢？也许某家汽车公司会直接让那辆车自己开到你的家里。然后你要做的就是试乘，如果你喜欢这辆车，那么你可以当场买下它；如果不喜欢，你可以直接让那辆车自己回到它来的地方。

不过有一件事你可以确信无疑：那辆车的里里外外都将是通过物联网完全互联在一起的，车中的所有子系统将协同工作。这辆车能够在十字路口与交通系统和智能交通信号灯进行沟通，它还能够与其他车辆、代理商、制造商、保险公司以及更多相关的设备或单位进行沟通。这辆车也因此成为整个物联网的一个组成部分。

设想一下，也许几年以后，对大多数人来讲根本就没有必要再拥有一辆自己的汽车。相反的是，如果有需要的话，你完全可以从一支自动驾驶的车队中呼叫一辆车来为你服务，就像你今天呼叫一辆优步的网约车一样。定价的模型也将完全不同，因为这里既没有驾驶员，也没有可以支付小费的对象。如果政府的目标之一是让马路上不再出现私家车，那么政府甚至可能会补贴你的出行。到那时，可能只有收藏者和汽车迷们才会选择购买并驾驶他们自己的车辆（见图 2–2）。

现在思考一下你自己的企业以及你的产品和服务。当下你的客户是如何获得这些产品和服务的？他们在过去又是如何获得这些产品和服务的？将来会有什么样的新方式是他们更愿意采用的，又会以什么样的价格呢？从保险公司到停车场的运营商，这一与汽车相关的整个价值链很有可能会被彻底打断。随着越来越多的人不愿意学习驾驶，在美国，数字身份卡（也许会基于区块链技术）可能会取代传统的驾驶证。一个分布广泛的物联网环境是否有可能会以某种其他的方式影响到你的产品以及你的客户获取产品的方式呢？如果你的产品实际上是一种服务，而不是一件你能够实实在在触摸到的实物，那么你很有可能会面对一串全新的、超越了传统方式的交付选项。

这里的关键是，一旦改变成为一种常态，几乎任何事情都是有可能的。你可以在任何时候去一个市场，为你的产品和服务定价，寻找到你的客户并为他提供支持。你是否还有必要维持一支成本高昂的直销团队或者一个分布广泛的（也是昂贵的）分销网络呢？你也许会觉得这些还是有必要的，但由于正在发生的变革，你完全可以随时随地重新思考你以前做出的决定，你还可以在任何你认为合适的时候改变、增加或者修改你之前所做的选择。

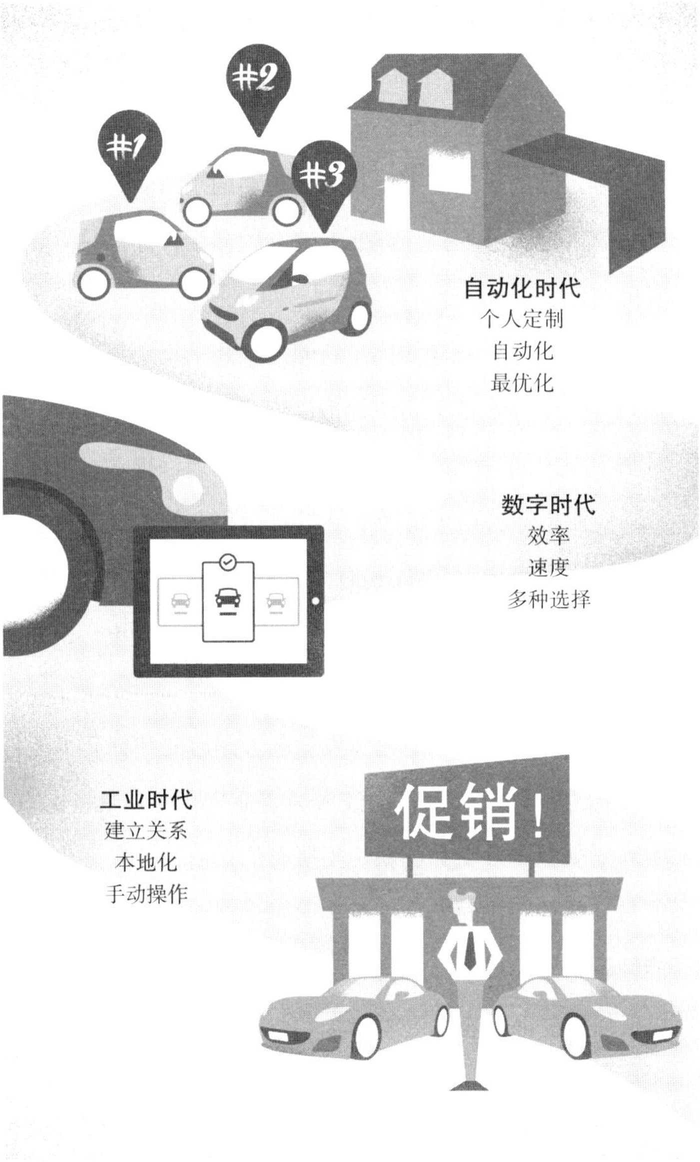

图 2–2　汽车的物联网模型

不同的营销模式似乎每天都会不断地冒出来。从养花到驯狗，还有什么产品或服务是你不能从云端获取的？无论你寻找的是什么，你都可以从行业领袖、年轻的暴发户、冒险的创业者或者那些只提供最基础产品的供应商那里找到你想要的东西。只要你能说出来，那么你就一定能够找到。即便无法立即到手，你也只需要再等待几个月的时间。

定价、开票和支付同样如此。新的选项几乎每周都会出现，而且似乎你还可以选择通过不同的价格模式获取你想要的东西，包括年付、月付、按使用次数支付等各种方式。例如，技术、咨询公司IBM（国际商业机器公司）已经开始以月付租金的形式向其客户提供大型计算机。它只出租你认为自己所需的计算能力和容量，而且这一服务几乎无须预先通知就能取消。不过到目前为止，这种销售模式还只是大型机市场上的一个异端。

看一下你的周围，实际上正在发生的，是改变和创新不但正在成为你需要面对的现实，而且已经成为企业生存必须具备的东西。物联网实际上刺激了改变和创新。当所有的东西都被数字化，并且它们还能与其他数字化的事物进行沟通时，之前我们从来没有想到过的可能性就开始浮现了。在物联网中，所有的事物都已经被数字化，所以任何事情都可能发生。

人、流程、数据、事务

物联网所拥抱的已经不仅仅是技术。尽管技术现在看起来很重要，但它恰恰是最不重要的一环。与此同时，数据将成为至关重要的数据分析以及自动化的燃料。在做出快速和明智的决策之前，首先需要对大量的预期结果做出有效的处理，而要做到这一点就需要数据分析以及自动化的参与。按照公开报道的数据，现在互相连接在一起的设备数量已经达到数百亿，并且这一数字还在以指数形式不断地增长。[3]（按照麦肯锡全球研究院的数据，由物联网带来的营业性收入预期可以达到数万亿美元。[4]）很快，这一数字就将增长到远远超出甚至是最好的人类工人以及经理们对数据进行手工处理的能力。

这一改变将直接影响企业劳动力的构成。通过重塑业务流程以及由该流程产生的结果，那些预见到了这一改变并推动创新的人们将在未来扮演非常重要的角色。我们可以预期，对数据科学家、数据经理、流程设计师、建模人员、网络通信专业人员以及安全专家等专业技术人员的市场需求会有很大的增长。对于那些能够实施并支持新的商业模型和流程、培训其他人用新的方式处理业务、整合不同的系统，还能编制复杂流程的相关人才，市场上的需求也会出现同样大幅度的增长。另外，整个市场还将需要一大批程序员和开发人员编写必要的软件、构建能够处理新业务流程的应用，以及不断地编写和维护将整个物联网的基础结构连接在一起的 API。

物联网显然正在改变整个劳动力的结构，但这并不是什么新的现象。汽车也曾改变了这个世界的面貌。当为双轮马车服务的工人失去了他们的工作时，世界各地也同时出现了加油站以及后来的汽车代理商。还记得自动交换机开始出现在电话行业的那个时代吗？这些自动交换机最终取代了一大批手工处理电话的人类接线员。你现在依然可以拿起电话拨 0，然后就会有一个人类接线员与你通话。然而更加年轻的一代人，包括我的孩子，他们从来就没有与接线员通过话，如果他们在电话中真的遇到了一个接线员的话，他们也许根本不知道该说些什么——除非那是 911 紧急救助电话。

我最近拜访了一家炼油厂。10 年前，这家工厂雇用了几千名工人，而控制工程师的平均年龄是 57 岁。随着原有劳动力的退休，这家公司无法吸引新的和更加年轻的工人，因此不得不重新设计各个系统和相关的流程以确保公司的运营。现在这家炼油厂依然雇用了 2 000 名工人，但是因为引进了自动化和流程再造，工人们的工作发生了巨大的变化。

即便是在由物联网驱动的 IT 和 OT 大融合的背景下，炼油厂的工作也需要被重新定义。比如，需要对控制工程师进行培训以使他们了解 IP 和开放系统。另外，还需要对 IT 人员就工厂内部的具体操作要求进行培训——举个例子，系统现在已经能够预测在什么时候自己需要升级或者维护，因此类似于“周六晚上的升级窗口”这样的事情已经完全没有必要，因此可以被彻底取消了。无论需要做什么，现在都可以很方便地预先做出安排并自动完成。

这样的改变会为那些愿意接受这一挑战的人创造出足够多的机会。很多人会迫切地想要学习或采用新的技能以及新的思维方式，而且他们会一次又一次地重新改造自己。另一些人则认为他们并不需要这样的改变，所以他们会一直挨到退休。还有一些人会抗拒这样的改变。所有这些态度都并不新鲜，但企业需要明白该如何通过培训、教育、沟通以及管理上的改变来处理所有这些不同的态度。

最终，依然还在留恋过去的也许只剩下那些怀旧者了，他们还在期望由一个活生生的接线员接通他们的电话。

新概念的范例

物联网正在迫使我们建立一个全新的概念模型。这将是理解这一领域的一个全新范例，好比工业时代的工厂生产线以及信息时代的互联网和网页都各自定义了它们所在的时代。所以，正在出现的“万物互联的时代”也会产生一个能够塑造我们对于这个时代理解的概念范例。

要明确这一范例的所有关键元素现在还太早了，但是从封闭的组织机构向开放的组织机构的转变将肯定会在其中扮演一个关键的角色（见图 2–3）。

物联网这个概念实在太大了，除非你已经准备退休，否则你根

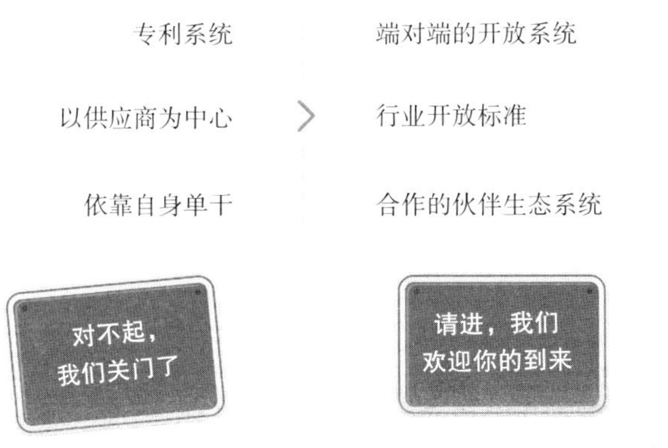

图 2–3　方向的对比

本不可能对物联网带来的无限希望视而不见。事实上，对物联网的视而不见必然会让你的企业走向衰败。如果没有探索并采用物联网概念的战略和愿望，你必然会招致如下三个你绝对不想要的后果：

- 被采用新的商业手法、商业模式以及营销策略的竞争对手超越。
- 失去好的人才，事实上，这些人只不过是从一艘他们认为已经注定要沉没的轮船上撤退罢了。
- 被你的客户抛弃，因为你的客户已经被物联网所带来的价值和优势吸引。

最近很多针对企业的最高管理层所做的研究表明，物联网的上升势头要远快于很多观察者原先的预估。它已经成为大型企业高层管理人员经常讨论的话题。真正的挑战是该如何利用战略思维的案例、新的商业和市场营销模型以及截然不同的定价方式提升对于这些问题的讨论，并以此产生原先根本想象不到的商业结果。

使物联网获得成功的一些运营上的元素

首先，请接受我在前面章节中提出的物联网成功的秘诀，其目的是让你从现在就开始思考该如何运营物联网。在眼下物联网还未成熟的早期，作为使物联网获得成功的关键，一些在运营上必须具备的基本要素已经开始浮现：

- **以战略、规划以及准备作为起点。**需要做的第一件事，是通过展望和清楚地表达可能会发生什么样的变化以及需要什么样的创新，为即将到来的变革奠定基础，并以此推动事情的发生。

- **确保公司最高管理层的支持。**你正在踏上的旅途将会持续很多年，而这段旅途将会反复不断地重新定义你的企业。你需要从你的第一个小型物联网项目起就获得来自企业最高管理层的支持。
- **建立一支多样化的团队。**你会非常需要来自各方面的支持。一支优秀的跨部门团队将为你提供关键的技能、影响力以及在企业内部获取各种资源的途径。另外你应该花些时间为你的团队招募一些潜在的批评者。
- **沟通并推动 IT 和 OT 的汇聚与融合。**我们在前面的章节中已经提到了这一点。我们所有人都需要互相沟通并协调合作，特别是那些在 IT 和 OT 部门工作的人员更应如此，但不要仅止于此。企业中的每个团体或单位或早或晚都应该参与进来。
- **从最底层开始重新思考运营。**当所有的事物都已经数字化并且能够互相通信时，你如何才能更有效、更实在、更快、更便宜以及更加全面地做事呢？要做到这一点你可能需要经过多次尝试，这对于所有人来讲都是新鲜事物。
- **为获取灵活性而设计。**每隔 3—7 年你就需要重新思考你的业务和运营。
- **教育和培训。**你的人不会主动地去理解物联网。一些人也许能凭直觉把握其中的基本内容（你应该让他们成为团队的负责人），但其他人需要你给他们指出方向、教育他们，并对他们进行培训。

- **不断回访**。物联网并不是某种能让你一劳永逸的投入或者项目。它是动态的，不断变化的，需要你进行持续不断的调整和优化。

成功是有可能的，而且可能获得的回报也将是非常巨大的。这里有两个鼓舞人心的例子。

> 作为世界上最大的轮胎制造商之一，固特异轮胎与橡胶公司（Goodyear Tire and Rubber Company）雇用了大约 70 000 名员工，在全世界 21 个国家、56 家工厂生产它的产品。这家公司现有工厂内的所有基础设施都是基于个体（即基于单独某一家工厂）配置的技术，其中的设施并不与其他任何设备互联。固特异轮胎与橡胶公司想要做的是，使其工厂内的技术基础设施互联从而更容易地搜集和分析数据。
>
> 这家公司采用物联网技术将各种系统都连接在了一起，这使其能够很容易地从车间搜集并分析数据，同时为各种不同的工厂解决方案提供先进的通信能力。此外，这种做法还简化了工厂内的布线，无须为每一台设备都布设价格昂贵的光纤，从而使其在物联网的部署上更加经济。固特异轮胎与橡胶公司在物联网上的投入已经证明，无论在战略上还是在战术上它都是一个赢家。从这里你可以获得的经验是：物联网可以为你提供战略和战术上的好处。

都会联通（Metrolinx）是加拿大安大略省一家由政府负责运营管理的客运公司，通过一个综合的公交客运系统，它平均每天发运271 000人次。2015年6月，通过建设一条新的连接机场与火车站的线路，它的运营范围得到了扩大。这条线路被称作联合车站–皮尔逊机场快线（UP快线），它将加拿大最繁忙的交通枢纽——位于多伦多市中心的联合车站与多伦多皮尔逊国际机场连接了起来。从一开始，数字化技术就在设计这条高质量快速轻轨线的过程中被放在了优先的位置。UP快线的技术集成策略包括免费的乘客Wi-Fi、车载信息娱乐系统以及车载收费与验票系统。它还集成了所有的乘客内部对讲系统以及公共广播系统。但这还只是个开始。

“我们有一个雄心勃勃的目标，那就是让这条线路成为无可争辩的多伦多繁荣的象征，修建这条线路还有助于解决眼下的交通拥堵问题，而且能够促进我们这个区域的继续发展，”UP快线的总裁凯西·哈雷（Kathy Haley）这样说道，“UP快线的设计就是为了满足旅客的独特需求，它还改变了人们对于我们这座城市的观感。这条线路不仅是连通多伦多市中心与机场最有效的方式，它还能够提供一种完美预测和满足旅客需求的无缝的、端到端的体验。”

不管用什么标准衡量，这一年轻的系统（见图2–4）都是极其成功的。它自豪地宣称车辆到站的准点率达到了97%，乘客的满意率也非常高：87%的乘客回答说他们会推荐UP快线，90%的乘客会选择再次搭乘。

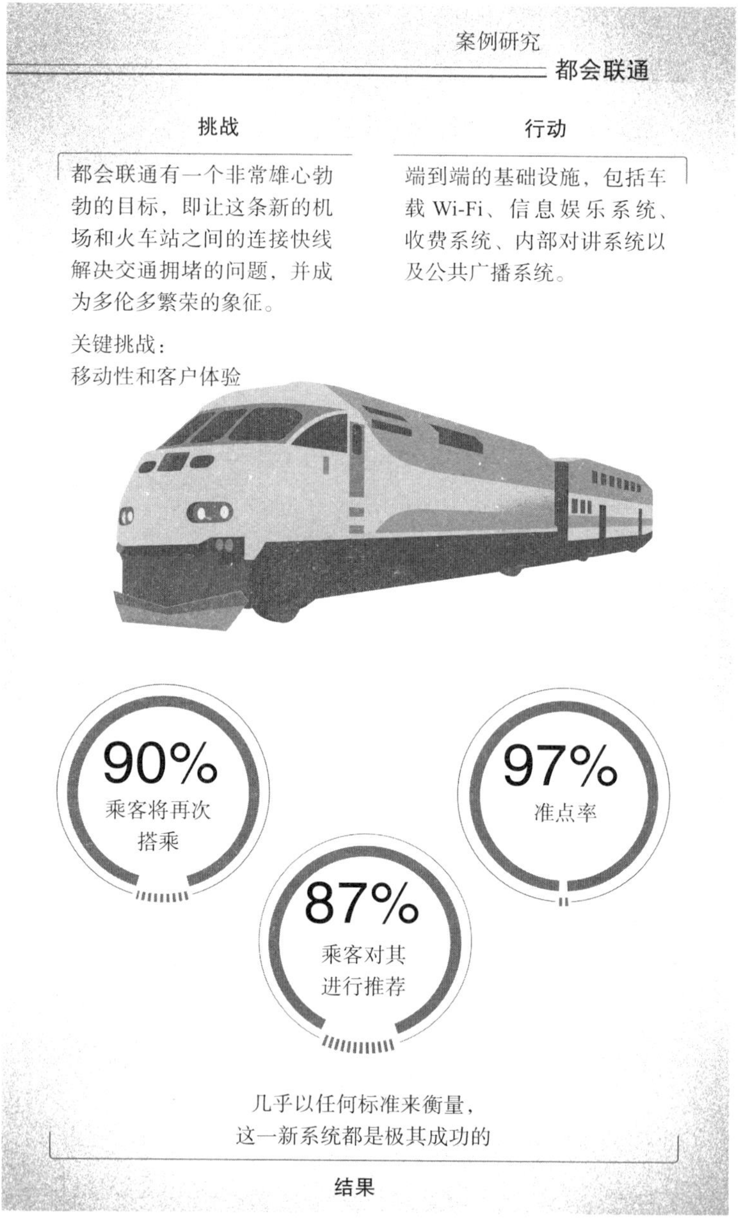
案例研究
都会联通
挑战
都会联通有一个非常雄心勃勃的目标，即让这条新的机场和火车站之间的连接快线解决交通拥堵的问题，并成为多伦多繁荣的象征。
关键挑战：
移动性和客户体验
行动
端到端的基础设施，包括车载 Wi-Fi、信息娱乐系统、收费系统、内部对讲系统以及公共广播系统。
90%
乘客将再次搭乘
97%
准点率
87%
乘客对其进行推荐
几乎以任何标准来衡量，
这一新系统都是极其成功的
结果

图 2–4　都会联通的案例

无缝连接同样是运营的一个目标。UP 快线正在设计一个完全车载的、端到端的网络基础架构用来支撑所有的运营以及乘客系统，包括闭路电视、公共广播、收费系统、信息娱乐系统以及视频到站广播系统。作为第二阶段的数字转换的一部分，都会联通正在调研安装一套专有的、运营商级别的光纤网络基础设施的可行性，这一网络基础设施将用来支撑信号、通信、乘客 Wi-Fi、轨道旁的自动遥测，以及监控和数据采集（SCADA）系统。从这里我们得到的经验是：一旦你开启了数字化并使智能设备联网，那么你能做到的事情是没有极限的。

为什么要采用数字化并进行数字转换

在自然界中，活的生物要么去吃其他生物，要么被其他生物吃掉。在商业世界中，你可以说企业要么自己转变，要么被颠覆（相当于公司被吃掉）。物联网正在快速地成为一个主要的商业转换引擎，通过这一引擎你可以颠覆你的竞争对手，无论是你知道的还是不知道的。

虽然这不会在一夜之间就发生，但你应该从现在就开始考虑和预想这种情况发生的可能性。物联网的发展需要你不断去学习和体验，并不是所有的想法都能行得通。不是每一种新的商业模式或者市场营销策略都会被证明是赢家或者是一种颠覆性的力量，但是其中有一些确实会成为这样的力量。当然，在你真正找到一种已经被证实成功的做法之前，你绝不应该放弃现在还行得通的做法。即便到那时，随着形势或环境的变化，你也需要对即将出现的新的改变再次做好准备，并尽可能地做到准备充分。正如我曾经提到过的，在物联网世界中，唯一的现实就是改变。

从通用电气到类似都会联通这样的大型公共机构，再到西班牙城市巴塞罗那，物联网已经表现出了使企业或组织机构发生转变的能力。它甚至不需要很复杂的模式。在巴塞罗那和都会联通这两个案例中，一种基本的物联网基础架构就能满足多个不同的需求。这就是为什么你只需要从很小的东西开始做起，并尽可能地保持简单。

业务转型是每一个经理的梦想。如果你的业务现在还不错，那么它肯定可以变得更好。如果你的业务表现不如预期，那么这样或那样的业务转型就应该是你最优先需要去考虑的事情。正如我们已经注意到的，颠覆性的力量在每一个行业中都会出现，并且在很大程度上是由物联网推动的。从这个意义上讲，你要么主动地利用物联网转变你的企业并成为一个颠覆者，要么就需要承担被其他人颠覆的风险。

图 2–5 列出了三个你应该选择物联网推动你的企业进行转变的理由。

此外，每一家企业都可以通过做三件事来确保自己成为物联网这一波浪潮中的一员，并且无论物联网在将来采用什么样的形式，它们依然会紧随物联网向前发展的趋势。

- **合作**。供应商和企业应该在一个通用的架构上展开合作。通过提供强化的系统版本并整合特定的行业协议或设备在线时

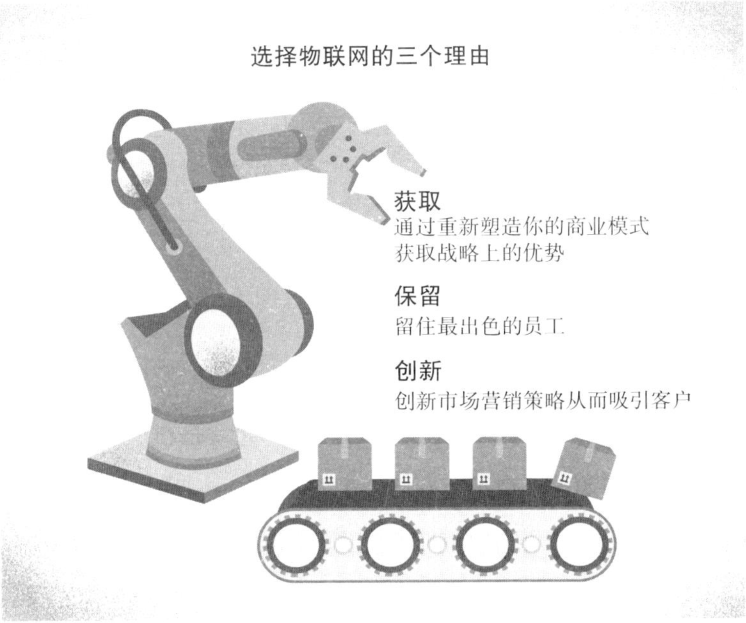

图 2-5　选择物联网的理由

间的要求，供应商和企业可以一起合作将 OT 的要求整合进入技术提供商的产品系列中。这种合作应该重点关注一种融合的、基于标准的 IT 和 OT 技术，以及一个开放的、得到了验证的、基于策略的安全架构。

- **围绕标准进行融合**。供应商和企业同样需要利用 IT 的行业标准以及 OT 方面的最佳实践案例。作为一个行业，我们需要持续地将 OT 的应用案例带入传统的标准组织中，并以此填补行业特定标准与横向标准之间的鸿沟（我们将在第 10 章更加细致地讨论标准问题）。

- **行业作为一个整体共同努力**。作为一个行业的一部分——无论是哪个行业——行业内的企业需要一起合作来解决新的物联网应用案例所提出的要求。我们必须一起学习和分享。现有的行业参与者还应该寻找一些有前途的初创企业，特别是那些垂直应用领域、实时数据分析领域以及物联网安全领域的初创企业，并给予它们一定的资助（我们将在第 9 章详细讨论安全性问题）。

物联网带来了太多需要吸收的内容，尤其是在所有这些内容都是同时出现的这种情况下。幸运的是你没有必要同时吸收这些内容，你完全可以一步步来。你可以用一种让你的企业和客户都感到舒适的步伐前进，因为在物联网的旅途中你肯定会把他们一起带上。此时，最重要的事是你该如何踏出这一旅程的第一步。一旦你踏出第一步，这将会是你的企业经历过的最激动人心和最值得参与的旅程。

下一章我们将探讨物联网会给我们带来什么，以及它将如何转变你的业务。这些令人兴奋的案例所涉及的都是一些真实的业务，实际上它们已经能够利用物联网转变自身。

第 3 章

物联网的前景真实不虚

想象一下你正站在一个庞大的露天铁矿中（如图 3–1）。这是一个非常荒凉偏僻的地方，宽度约有两英里，整个矿场上零星地分布着 45 辆庞大的自动驾驶卡车，这些卡车正在将铁矿石从矿坑中拖出来。卡车的轮胎有一人多高，每一对轮胎的成本高达 10 万美元。这些卡车在极端负重和极其严酷的环境下工作。你所面临的挑战是如何才能让这些笨重的大家伙每天都能有效地运作。解决方案是预防性维护，但如何才能做到这一点呢，要知道这些车辆位处偏远之地。我们的答案正是物联网。

力拓矿业集团（Rio Tinto）每天都面临着这样的场景。这家全球性矿业公司的总部设在伦敦，但它主要在澳大利亚以及其他的一些地方开展业务。它目前拥有世界上最大的巨型自动驾驶卡车车

图 3–1　偏僻的露天铁矿

队。这个车队已经运输了超过 2 亿吨的原材料，行程差不多跨越了 390 万公里。这相当于拖运 3 500 座悉尼海港大桥或者 540 座帝国大厦往返月球 5 次。

预防性维护的价值对于力拓矿业集团来说是极为明显的，但如果你考虑到这些车辆在工作时所处的自然环境，那么这种解决方案的价值就更加显著了。所有的工作都在一个巨大的露天铁矿中进行，那里距离这些卡车能够获得检修服务的最近地点有数英里之远。除此之外，光是将一辆损坏的卡车拖出矿区就需要动用另一辆同样昂贵的卡车。于是，维修问题所涉及的成本立马翻番。实际的成本很可能会更高昂，这取决于获得零件然后修好损坏的卡车需要多长时间。想象一下两辆这样的卡车停止工作 2 天或者更长时间，每辆车每天耗费 200 万美元甚至更多，那么这就已经不是一件小事了。

露天采矿一般在一种非常可怕的环境中进行。那里既偏远又荒凉，而且在矿场中央还有一个一英里深、两英里宽的洞。在这样的采矿作业中需要用到的巨型卡车很少会分布在露天矿坑的边缘。即便是对最大的、最坚固的车辆来说，矿坑也是极其危险的。爆胎是始终存在的威胁之一，而且把一辆已经损坏的车辆拉出采矿区是几乎不可能的。这就是为什么基于物联网的预防性维护方案，以及它所具备的预测性数据分析能力是如此关键和重要了。它能使矿业公司在车辆真正出现问题之前就在现场修好它们，或者至少可以让那辆很可能会出现故障的卡车自行驶离采矿区。

在另一个和力拓矿业集团矿区类似的地方，一家矿业公司实施了基于物联网的预防性维护方案。它所得到的结果是，使用这一方案能提前三个月以 80% 的准确率预测车辆的损坏。该方案预测并防止出现的每一项卡车故障为这家公司节省了数百万美元的付现成本，以及因为延迟和生产时间损失而导致的额外的数百万美元的损失。

思科公司最近的记录表明，在加拿大金矿公司（Goldcorp）的爱雷欧诺尔金矿（见图 3–2），人们面临的问题稍稍有些不同。爱雷欧诺尔金矿位于加拿大北部，那里的采矿作业并不是在一个露天矿坑中进行，而是在地底下。1 000 多名采矿工人工作在冻土层的深处，他们每天都会为了寻找黄金而从地下挖掘出 3 500 吨的矿石。这家公司致力于坚持不懈地改善从而保障生产安全和效率，于是它

案例研究

加拿大金矿公司

挑战

加拿大金矿公司的爱雷欧诺尔金矿位于地下深处。该公司必须做出持续不断的改善才能确保它的 1 000 多名矿工的安全以及生产效率。

行动

“互联采矿”：
一个多任务的网络使得实时可视、监控，以及通风控制成为可能。

关键挑战：
安全和效率

能源成本降低：
（因为采用了按需通风的方式）
每年 150 万—250 万美元

员工定位：
（因为追踪能力的提升）
比之前快了 45—50 分钟

定位以及设备追踪：
接近实时

结果

图 3–2　加拿大金矿公司的爱雷欧诺尔金矿

转向了物联网，并创造出了所谓的“互联采矿”。采用这种方式的结果是，加拿大金矿公司现在能够在一个多重服务的、安全的 IPv6 网络上有效地管理它的通信和采矿作业。这一解决方案能够经受住极为恶劣的环境条件，而且它还允许从任何位置对任何设备进行统一的、安全的访问。

更具体地来讲，物联网帮助加拿大金矿公司在一个单一的、多重服务的 IP 网络上实现了对一个按需通风系统的实时可视、监测以及通风控制，这一网络还在最需要联网的环境中提供了无线连接。这家公司的“互联采矿”还利用 RFID 技术实现了在矿井中的任何地方对矿内的所有人员和公司资产进行实时追踪。

由此获得的回报也是非常巨大的：

- 按需通风降低了该公司在能源上的开销，每年因此而节省的费用大约为 150 万—250 万美元。
- 对于人员和设备的追踪能力得到了提升，这使得该公司在发生紧急情况时能够立刻确定员工的位置，现在该公司对于人员和设备的定位要比之前快了 45—50 分钟。这一点对于安全性的提升具有不可思议的重要性。
- 对于资产追踪能力的增强使得该公司能够获取设备的近乎实时状态和位置信息，这确保了该公司能够进行更加安全和有效的采矿作业。

对于采矿业及其相关行业来讲，物联网已经被证明是它们业务的救世主，这样的说法在其他的垂直行业中同样适用。自相矛盾的是，当我们谈论这些垂直行业时，拯救这些公司的却是一些关键的横向能力，如传感器、网络、实时数据分析、应用程序开发环境等。所有这些横向能力的组合正被部署于一些垂直领域之中，并产生了令人震惊的结果。

物联网创造了机会

尽管围绕着物联网有很多炒作，但这一概念是真实的，也已经得到了验证，而且随着你阅读本书，这一概念还在不断地发展着。不过物联网的活力在不同的行业以及不同应用案例中会不断地发生变化。因此，物联网既不是一个市场也不仅仅是一次机会，更准确地说，它是横跨了不同垂直市场的一系列机会，每一个机会都包含了无数的商业应用案例、时间框架以及相应的回报。这些不同的机会正在成就许多赢家，而且它们还共享了一些常见的应用案例。

比如预防性维护是一个横向的应用案例，在与交通运输相关的行业中为一些企业带来了巨大的回报——这与它在力拓矿业集团采矿作业中的应用几乎是完全相同的。在力拓矿业集团的案例中，企业每天通过避免一辆卡车因故障而停工维修所节省下来的费用为200 万美元。这不是小钱，即便对于一家大型的全球性企业来讲也是如此。

下面的例子（见图 3–3）描述了交通运输和物流领域、石油天然气勘探和开采领域，以及智能城市实施方案中的一些已经被验证了的物联网应用案例。

交通运输和物流

物联网的解决方案

车辆上的传感器对每辆车的状态进行汇报

回报

• 成本

降低了卡车运营和货运交付系统的成本

• 效率

降低了货运交付中断的发生概率，增加了准时交付的次数，并优化了物流系统

石油和天然气

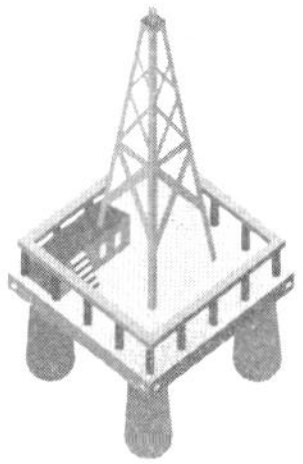

物联网的解决方案

部署在钻井平台上的传感器能够使操作人员在问题发生前就找到问题。

回报

• 安全性

更早和更可靠的预警提高了生产的安全性

• 效率

实时预警、减少了开采石油所需的时间（更快地获得营业收入）、4 倍的资产利用率、通过近乎实时的数据分析实现对数据的完整利用

智能城市

物联网的解决方案

互相连接在一起的设备在多个层面上改善了城市的服务

回报

• 收入

增加了 20%

• 成本

降低了 30% 的运营费用

• 效率

增强了规划的有效性，利用更多的数据优化人事安排

图 3–3　经过验证的物联网解决方案的例子

交通运输和物流领域的应用案例：预防性维护

部署在整个车队中的传感器持续不断地汇报着每一辆车的状况。当传感器显示出一个预示着问题可能会发生的迹象时，如油压的突然降低或者发动机温度的升高，系统就会立刻提醒调度员和驾驶员关注这一问题，这样他们就能及时地采取维修保养措施。其结果是用于维修保养的时间更少了，而且车辆能够更快地上路，物流企业的交货时间表也因此不会出现严重的脱节。换句话说，车辆将会有更多的时间用在生产上，而不是耗费在维修上。单是营运中断次数上的减少就已经足以让物流企业有能力支付它们在物联网上的投入。

在这一应用案例中，投资物联网的回报主要来自：

- 降低了卡车的运营成本
- 降低了运输过程中出现意外的概率
- 增加了准时到货的次数
- 降低了货运交付系统的成本
- 优化了物流系统

石油和天然气勘探和开采领域的应用案例：智能数据分析

钻井平台是将工厂和城市融合在一起的复杂综合体，它们并不是很牢靠地被安放在了某个大洋的中心。在这样的钻井平台上，智能数据分析很可能会在某些关键时刻成为人们的救星。

与交通运输和物流领域的案例一样，成千上万的传感器被部署在钻井平台上一些相当重要的地方。其中有一类传感器被称为“分布式声音传感器”，这种被直接放置在油井中的传感器能够产生惊人的大量数据——每天最多能产生 2TB（太字节）的数据。通过如此众多的传感器不断地搜集仪表读数，并分析各种不同的数据，运营人员就能优化资源的使用（例如，减少水、沙子或者支撑剂的使用量等），提前发现有关问题并启动补救程序，或者及时启动关键的安全流程以挽救生命和减少损失。在最后一种情形中，物联网实际上可以挽救生命和财产。此外，通过降低石油开采的时间和成本，企业加快了实现收益的速度、增加了利润，并加速了投资回报的产生，而所有这一切的实现都是因为采用了物联网。

与采用物联网之前相比，这是一个巨大的进步。过去的做法是由钻井机采集数据，然后将数据记录在磁带上，再用直升机将磁带送回岸上进行分析处理。而与此同时钻井机只能等待，只有当数据在位于岸上的数据中心中被分析处理完毕后，相关的指令才能发回钻井平台。现在，利用物联网，一旦钻井平台与雾计算系统和网络连接在一起，几个不同的数据中心就能同时访问和分析来自传感器的所有数据，并实时地做出决策。结果是企业对钻井平台的利用率提升至原来的 2—3 倍。

在这一应用案例中，投资物联网的回报主要来自：

- 实时预警
- 通过更早和更可靠的预警增强了安全性
- 通过快速的、近乎实时的数据分析实现了对数据的完整利用

• 2—3 倍的资产利用率
• 降低了石油开采所需的时间和成本，而这就意味着更快地获得营业收入和更高的利润率。

智能城市实施方案的应用案例：开放平台、数据分析以及灵活的服务

另一个越来越流行的物联网横向应用案例是智能城市，这一点在巴塞罗那已经得到了证明。从物联网的角度来看，巴塞罗那可以说是全球智能城市中的领先者。这座城市的目标是，为了在诸如能源消耗、交通运输、市政服务以及执法等一系列不同的领域中为市民提供不同的服务，它需要将各种不同的设施通过网络连接在一起。

每个星期，似乎都会有一座城市开始部署并实施基于物联网的智能城市战略。智能城市的物联网战略所涉及的东西实在太多了。过去，每当公众希望政府能够提供更多和更好的服务时，政府通常会选择一个更加有效的方法为相关的城市及其居民创造并提供多样化的定制服务，而物联网能够以具有竞争力的成本为这些城市提供一个非常具有吸引力的解决方案。

让我们更加仔细地看一看巴塞罗那。[1] 这座城市希望通过发展和实施巴塞罗那智能城市模式，切实地利用信息和通信技术为其所有的居民和企业有效地提供多层次的服务。这一模式从本质上来讲就是一个物联网模式。这一模式确认了智能城市项目首先需要启动的 12 个领域：环境、信息和通信技术、移动性、水、能源、垃圾、自然、建筑工地、公共空间、透明政府、信息流动以及服务。

目前，巴塞罗那有 22 个主要项目以及 83 项独立工程可以归类到这 12 个领域中的某一个或者多个不同领域。其中有些工程涉及照明、停车、水和垃圾管理等方面的智能化倡议。今天，巴塞罗那已经有了超过 500 公里的光纤网络，这一网络的建立实际上在 30 年前就已经开始，当时这座城市用光纤把两栋市政大楼与网络连接起来。巴塞罗那的智能城市规划就建立在这最初的光纤网络基础之上。

2012 年，巴塞罗那市政府在“智能城市巴塞罗那”口号的号召下开始策划多个智能城市项目。除了采用智能技术之外，这座城市还利用网络互联项目为市民提供跨部门的协调服务。这一服务的推出进一步消除了政府部门之间各自为政的状态，改善了巴塞罗那市民的居住体验。巴塞罗那市政信息技术研究所在最初的智能城市组织架构的形成过程中扮演了一个关键的角色，这一架构强调政府、居民以及商界应当一同参与发展和形成这座城市的技术升级方案。

巴塞罗那还建立了一个名为“城市 OS”的操作系统，这一操作系统将位于已经建立起来的传感器技术网络的前端，主要用以整理和分析从整个网络中搜集到的数据。这座城市的官员还将这个操作系统定位为一个开放的平台，期望它能够跨越多个不同的、正在巴塞罗那运营的特定的智能技术项目。当物联网与数据分析以及预测建模技术相连时，这种形式的整合能够为这些技术的采用者带来前所未有的好处，而当地的官员已经把这一系统平台看作释放这些好处的关键。

巴塞罗那智能城市项目的目标是，在应用互联网和通信技术的基础上，为所有市民提供多层次的市政服务。其方法背后的战略，是这座城市将成为将其内部所有不同的附属网络都连接在一起的网络，在这里，所谓的附属网络是指交通运输网络、能源网络以及技术网络等。

巴塞罗那的城市操作系统最终想要做到的，是把一些不同的、甚至可能是完全不兼容的网络连接成为一个统一的网络。从其所获得的回报来看，巴塞罗那报告称，利用智能供水技术现在每年能节省 5 800 万美元的费用，而利用智能停车技术每年能增加 5 000 万美元的停车费收入。总的来说，它在智能城市项目上的投入已经创造了 47 000 个新的工作岗位。由于获得了如此出色的成果，巴塞罗那市政府以及当地的居民们大都对智能城市项目感到非常满意。

但是，在这样一座小城市中，这些回报又是如何产生的呢？让我们来更深入地挖掘一下其中的故事。对于大多数城市来讲，停车费通常是第二级或者第三级的收入来源，这通常意味着这一收入来源是非常重要的。物联网停车系统对这座城市以及这一系统的使用者来讲是一种双赢的服务。这一系统的工作原理是：司机用手机找到并预约一个停车位，对司机来讲这节省了他的时间；对这座城市来讲这样做能够更好地利用现有的停车位，而且还能在收费上采用更多不同的定价方法，正是这一点增加了城市的收入（报告值为 20%）。比如，可以在一场摇滚音乐会开始之前以及进行之时提高停车费的价格，而在其他时候调至正常价格，因为在平时停车位一般是不会突然出现巨大需求的。由此获得的回报是：更多的收益以及更少的费用（报告值为 30%）。

照明是这座城市能够节省费用的另一个领域。仅在美国，安装发光二极管系统的投资回报周期大约为 18 个月左右。现在，人们可以在这些照明系统的上方安装传感器，这样一来当街上有东西在动或者有车辆来往时路灯就可以自动打开。只要有步行者或者车辆出现，路灯就会马上亮起来。考虑到能源的成本，在无人利用马路时点亮路灯是完全没有意义的。尽管最近能源的成本已经下降，但它毕竟不是免费的。无论能源的成本是多少，能够做到高效自动地开关路灯依然能够节省费用。实施了这种智能照明解决方案的城市和社区报告称，它们因此而节省的费用在 30%—80% 之间。

另一个节省费用的例子可能会让你很吃惊：这就是商业垃圾的收集。想想现在的处理系统，无论垃圾箱是空的还是满的，垃圾车收集垃圾的路径都是固定的。现在请想象一下，如果你能够动态地调整收集垃圾的时间表以及路径，只有已经满了或接近满了的垃圾箱才会被清理，那么又能节省多少费用？整个方案的实施实际上非常直截了当，你只要在垃圾箱上安装能够检测箱子是否已经装满的传感器，并将它们连接到管理垃圾车路径的物联网系统中，那么一切就已经就位，接下来你就可以对收集垃圾的路径进行优化了。除了巴塞罗那以外，这样的系统早就已经被很多欧洲、北美以及亚洲的城市采用，为那些城市节省了至少 20% 的管理成本。

在这里，我们举的最后一个例子是在智能城市和交通运输领域出现的一个应用案例：在公共汽车上做移动广告。在过去的几年里，很多人都尝试过部署基于位置的广告服务，只不过无论是其中包含的技术还是商业模式都已经被证明非常具有挑战性。随着交通运输领域开始从纸质广告转向设置在公共汽车、出租车以及共享交通工具内外的数字屏幕，如何有效地在这种新形式的移动广告牌上推送各种丰富的内容就成为一个真正需要解决的问题。

尽管针对在线广告以及固定屏幕广告的发布存在很多现成的内容管理系统，但面向智能交通运输系统的广告投放平台市场依然在寻求一个解决方案。现在，Veniam 公司准备改变这种状况。Veniam 公司是一家专为城市中的车辆提供移动网状网络服务的供应商，其移动广告平台通过一种非常有创意的方式填补了这一缺口。在这个平台上，你所得到的实际上是一种管理服务，你既可以按月支付相关的服务费用，也可以采用收入分成的模式。在广告商或者其代理商通过一个基于云的门户上传广告内容并定义了目标观众后，该平台提供的解决方案就会挑选出最佳的交通工具、地点以及时间段来播放每一段特定的广告内容，然后通过自有的网状网络中的车辆与车辆以及车辆与基础设施之间的通信协调广告的投放量。广告内容通过一个无线的网状网络由一些正在移动的车辆分发给其他被选中的车辆，然后这些车辆合作将关键的观众数据发回云端。由于每一辆车知道自己所在的位置以及任何时段里它的乘客类型，每一次这样的广告投放都能做到非常精细化的管理。例如，当一辆出租车进入到距离某个大型购物中心不到半英里的范围内时，Veniam 的系统就会向该出租车内的乘客闪播一段该购物中心内某个指定品牌的促销活动广告，或者在同一时间段内当某件新产品首次面世时，Veniam 的系统就可以在这个城市的所有公共汽车内播放一段关于该产品的特别广告。“Veniam 的移动广告服务只是很多新的应用案例和商业机会中的一个例子。当我们使各种车辆以及其他的移动设备之间能够进行通信、获得相关的背景信息，并做出某种能产生我们期望出现的整体行为的本地决策时，我们前面所提到的商业机会就会出现。在移动广告这一案例中，这一机会就是针对正确的乘客在正确的地点以及正确的时间投放正确的广告。”Veniam 的 CEO（首席执行官）若奥 · 巴洛斯（João Barros）这样评论道。

每当世界各地的民众期望他们的政府能够提供更多和更好的服务时，实际上物联网都能提供一个可以自己消化所需成本的解决方案。物联网还在处理如能源、交通运输、公共安全以及市政工程等关键问题的过程中，为相关城市带来了更高的工作效率以及处理这些问题的能力。物联网还为我们提供了一种极其有效的、具有很高成本效益的方法为每一座城市及其居民创造并提供多样化、定制化的服务。

在这一应用案例中，投资物联网的回报主要来自：

- 实现了 20%（或更多）的新的收入增长
- 降低了 30%（或更多）的运营费用
- 由于能够获得更多和更好的信息，计划的效率得以提升
- 同样获得了更多和更好的信息，人们的劳动生产率也得到了提升
- 通过更方便和更有效地提供更多的服务，市民的生活体验得到了改善

- 通过把警察以及其他紧急情况的处理人员接入相同的信息源，城市的安保状况得到了改善

物联网的成长

几年前，围绕着物联网增长的数字如此庞大，我甚至有些犹豫是否该在这里列举这些数字。当时有些预测甚至说物联网会给市场带来 19 万亿美元的价值。随着物联网革命的不断进行，这些数字已经变得更加精确也更接地气。这样说吧，如果你被要求在你所在的公司证明探索物联网的正当性，那么在这里我可以向你提供一些能够使用的数字。如果你真的需要用到这些数字，那么还请你在使用之前到网上搜索一下最新数字。不用怀疑，所有这些数字肯定都会更新。

这里有一个被广泛提到的数字：到 2020 年，市场上会有 500 亿个智能产品。至于那些没有被归类为智能产品的，其数量也将达到数十亿。所有这些意味着物联网已经成为一个巨大的机遇，而且物联网还在持续不断地成长。顺便提一下，地球目前的人口数量还不到 80 亿。在 2012 年，我们已经有了 120 亿的互联设备以及大约 30 亿的互联人群，这意味着每一个加入互联网的人平均可分到 4 件互联设备。不久的将来，每个人平均能够分配到多少互联设备这样的说法将失去意义，因为互联设备的角色已经从使人能够与他人互联、与数据互联，演化为使机器与机器互联、与网络互联。500 亿这个数字指的是企业部署在工厂、车辆、石油钻井平台、生产线、零售店、医院以及其他地方的不同种类的传感器和设备的数量。但

是我们不要忘记所有那些面向消费者的东西，比如家用电器、电视机以及类似的产品也正在开始进行互联。不过有一点需要注意的是：你的企业永远都不需要面对 500 亿的互联设备，或者 10 亿的互联设备，或者区区 100 万的互联设备。

仅仅预估互联设备的数量并不能说明什么，一个包含了更多信息的数字是与物联网相关的营业收入。最新的来自互联网数据中心的预估是：全球物联网市场的消费将从 2015 年的 6 926 亿美元增长到 2020 年的 14 600 亿美元，其复合年增长率将达到 16.1%。[2]

但实际的数字并不重要。当你读到本书时，任何有关市场大小的数字都已经成为过去。真正重要的是这些数字向你展示了物联网正在以多快的速度向前发展。有一点很清楚，我们现在还仅仅处于物联网革命的第一阶段，但一些在早期就被引入的改善方案已经改变了很多行业。所有这些数字还表明，在物联网上的投资很有可能获得足以支撑投资回报的市场营收。

因为物联网触及了多个不同的垂直市场，所以它也带来了多样化的机遇。它的很多应用案例，包括预防性维护、远程监控员工的培训和生产力活动、能源管理、供应链管理以及客户体验等，都是跨界和跨行业的。比如，预防性维护就可以应用于采矿业、制造业以及交通运输和物流行业。对于任何有设施或者设备需要照看和操作，但又不想接受因派遣员工到现场处理这些任务而导致高成本或者低效率的企业而言，远程操作提供了无可替代的价值。尽管我们之前关注的都是垂直领域的一些应用案例，但是在当下物联网的部署中人们所遵循的依然是带有明显横向特征的方式。

好消息是，除了我们之前讨论的生产率和效率的改善以及成本的节省之外，物联网还为客户带来了新的价值诉求。我们曾讨论过哈雷–戴维森摩托车公司是如何用一种有效且具有高成本效率的方式拥抱物联网的。其他的客户则利用他们的产品所产生的数据获取实时的反馈，这使得他们得以了解这些设备在实际环境中是如何运作的，以及应该如何对这些产品加以改进。他们还开始为客户提供最终的商业结果和相关的体验，而不仅仅是产品以及相关的功能。通过注册一种服务而不是购买一件物理产品，客户现在可以期待服务的不断改善和升级，而所有这些承诺都已经包含在了合约之中。

物联网还正在推动供应商们转变价值诉求和商业模式。物联网使得供应商们开始转向循环商业模式，比如按照客户使用设备的时间收费而不是依赖于传统的设备销售。通过允许制造商和服务供应商对数据进行货币化，并且在一份新的服务品质协议（SLA）中提升其原有的承诺，物联网创造了新的营收来源。

这些极其诱人的全新机会促使了很多大公司和初创企业也开始寻求物联网平台的应用方法。在这一竞赛中，一些接受终端设备多样性以及应用生态系统开放性的平台很可能会应运而生，但我估计大多数由指定供应商提供设备的交易可能会遇到麻烦。这又是为什么呢？当你管理并运营很多架飞机时，你会想通过几个不同的物联网平台实施你的预防性维护方案和数据分析吗？你会为飞机发动机、驾驶舱、刹车和机翼分别使用不同的平台吗？另外，客户正在寻找的是能够解决他们具体商业需求的、基于横向能力的垂直解决方案。这意味着它将是一个几乎不用叠加什么行业功能的一般性横向解决方案，也许这个方案只是打上了某个特定行业的标签并且针对客户的特定需求进行了一些定制。

很多企业在成功地部署物联网之后采用了一种架构式的合作伙伴生态系统战略。它们实际上是在用一种对企业进行全局考量的思维方式打破与其他企业进行沟通合作的壁垒。其结果是相关企业在组织架构和文化方面出现了真正的转变，同时在技术方面获得了进步。这种战略需要我称之为“物联网部署的架构化方式”。你要做的是遵循一种标准化的部署模式，不过基于你的具体情况以及你正在处理的问题中的一些细节，你可以对实际的部署做出一些细微的调整。对于你想利用物联网解决的每一个业务问题而言，这种方式让你避免了组装、部署以及维护多个互不相同的物联网版本所带来的困扰。

假设库存管理是你想要处理的一个问题，你可能会想到在一件互联设备上使用 RFID，这样你就可以在不同的地点或位置——比如仓库、装运码头以及结账终端上——对该设备进行扫描。当你在办公室或者零售店时，你会考虑使用 Wi-Fi 或者低功耗蓝牙。当你需要处理运输问题时，互联设备就可能需要使用全球定位系统、专用短程通信或者其他的定位技术确定该设备所在的确切位置。这些互联设备可能还需要使用数十种其他的传感器测量一辆车的机械性能。使用架构化方式进行部署，你就能最大限度地减少需要部署和管理的各种不同传感器的数量。你只需要设计一种具有包容性的组织（或者企业、城市）架构，它能够使你充分实现无缝集成，同时降低成本。否则，物联网的成长会让你发疯，结果就是尽管不同的方案确实能为你带来好处，但你依然会犹豫是否应该部署物联网。

巴塞罗那的城市操作系统是架构化方式的另一个例子。尽管当时有 22 个主要项目以及 83 项独立工程正在进行中，整个城市实际上只有一个网络。这一方法使得巴塞罗那避免了在医院、办公大楼、道路、停车场、体育馆以及任何该城市可能会发现有必要进行设备互联的设施中部署独立的物联网。

物联网仅仅是一个开始

很显然，我们目前还只是处于物联网旅程的开端。新技术，比如可穿戴设备、3D 打印、无人机、联网的自动驾驶车辆等，再加上新的商业模式，将改变几乎所有我们今天已知的行业，并且创造出我们甚至还无法预见到的新的行业和领域。只要想象一下物联网与我们在第 1 章中提到的区块链技术进行融合可能会演化出什么样的技术。10 年后，你的企业看上去将会与现在完全不同。通过坚持一种基于开放性行业标准的架构化方式，你将为你的物联网之旅奠定一个坚实的基础，而且更有可能适应各种正在发生的变化。

另外，绝不要被那些研究人员和供应商抛出来的庞大数字吓倒。这些数字和你完全没有关系。相反，你应该在你的企业中尽力去实现物联网向你展示的愿景。你完全没有理由在开始物联网之旅之前等待更多的技术走向成熟；只要我们还活着，新技术就会不断地出现。我们现在已有的技术已经能很好地工作并为我们带来丰富的成果。只要你坚持用一种基于开放性标准的架构化方式进行部署（是的，我听起来就像是一个话痨），并且将你的技术解决方案与业务流程进行集成，那么无论将来出现什么样的技术或模式你都不会因此而落后。只要以雾计算、数据分析以及经过测试的应用为基础，你就会发现存在着很多经过验证的方式可以让你的物联网创意得以实现。如果有必要的话，你完全可以一路走来即兴发挥你的创意。你首先需要做的就是尽力去尝试，而如果你得到的结果与你预想的有差异，那么在做出一些调整后再进行尝试。这就是通向成功的道路。

物联网世界论坛大会能够很好地说明这个行业的现状。2013 年在巴塞罗那举办的第一次会议上，我们看到的更多是兴奋、鼓舞人心的愿景，以及围绕着一个共同的目标对这个行业的发展方向进行的校正。在芝加哥举办的第二次会议的主题是联合框架以及最佳实践案例的分享。我现在依然能够记起力拓矿业集团的主题演讲在听众中引起的骚动（我在前面分享了一些他们的故事）。接着，在 2015 年于迪拜召开的会议上，我们分享了一些商业案例并展示了一些真实的解决方案。让我们来看一下思科公司最近搜集到的完全定制化的物联网实施案例（见图 3–4）。

加拿大不列颠哥伦比亚省水电公司

这家电力公司希望能改善公司运营的可视性，更好地管理成本，减少因偷电和技术上的原因造成的损失，同时为它的客户提供更好的安全性和可靠性。在部署了 190 万只智能电表后，这家公司搭建起了一个支持 IPv6 的网络，通过这个网络他们获得了实现高端计量、实时（电力）中断通知、广域监控以及电

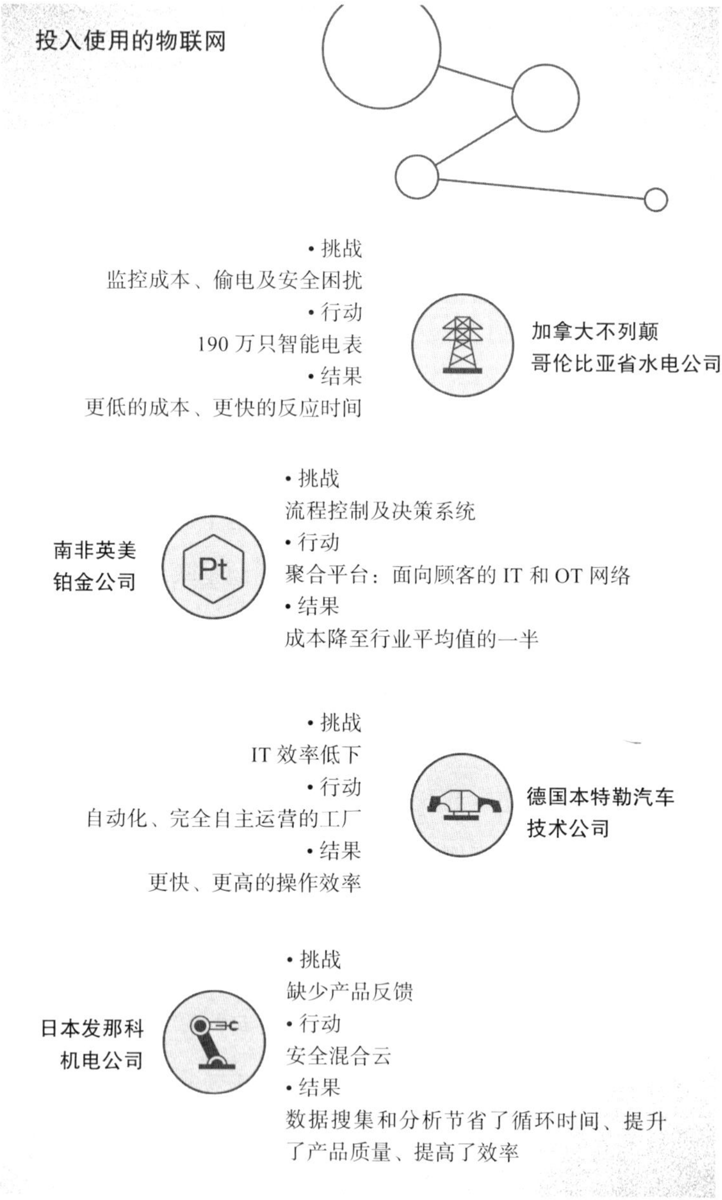
投入使用的物联网
• 挑战
监控成本、偷电及安全困扰
• 行动
190 万只智能电表
• 结果
更低的成本、更快的反应时间
加拿大不列颠
哥伦比亚省水电公司
南非英美
铂金公司
Pt
• 挑战
流程控制及决策系统
• 行动
聚合平台：面向顾客的 IT 和 OT 网络
• 结果
成本降至行业平均值的一半
• 挑战
IT 效率低下
• 行动
自动化、完全自主运营的工厂
• 结果
更快、更高的操作效率
德国本特勒汽车
技术公司
日本发那科
机电公司
• 挑战
缺少产品反馈
• 行动
安全混合云
• 结果
数据搜集和分析节省了循环时间、提升
了产品质量、提高了效率

图 3–4　物联网实施案例

网自动化的能力。他们采用的雾计算架构使得数据分析和相关应用可以在网络边缘的本地运行。结果是这家公司可以对设备进行预测性维护，同时改善了对电源的管理。在拥有了对其所有客户电表的实时可视能力后，这家公司已经降低了解决问题所需要的反应时间和相关成本。[3]

南非英美铂金公司

多年以来，世界上最大的铂族金属生产商的流程控制系统已经从几个很小的、完全孤立的网络发展成了一个庞大的、极其复杂的多层次网络，这个网络现在已经拥有了多个可以连接外部世界的出口。由于该公司需要管理采矿作业的方方面面，并且还在推进一些新建项目以及合资企业，该公司意识到它所面临的关键挑战是如何填补现场流程控制系统以及与业务密切相关的 IT 决策系统之间存在的鸿沟。英美铂金公司为此制定了一项战略，将它的 IT 和 OT 网络集成到了一个安全的、基于标准的平台上，从而实现整个企业范围内的可见性和决策能力。通过把一个复杂的、几乎已经无法支撑的操作环境转换成一个集成的体系架构，这家公司将其网络成本降低到了行业平均值的一半，却依然能够提供更高级的系统和有效的支持，以及全面的可视性和报告能力。[4]

顺便提醒一下，IT 和 OT 的融合应该是你踏上物联网旅程时所要迈出的第一步。正如我们在第 1 章中所提到的，哈雷－戴维森摩托车公司就是这样开始的。在第 7 章中我们还将更仔细地探讨这一话题。

德国本特勒汽车技术公司

作为一家向世界上几乎所有主要汽车制造商提供零件的生产商，本特勒汽车技术公司开始全面投入，期望通过采用物联网使它的工厂更加敏捷和更有效率。这家公司在自动化的、完全自主运营的工厂内创造了一个完全模式化的生产环境。每一家工厂内的所有环节都已经做到了互联，整体的运营汇总到一个中心进行管理。通过一个合作伙伴生态系统，本特勒汽车技术公司已经建立起了能够无缝地从雾计算过渡到云的应用。这家公司还把硬件和软件组件集成在一起以提供一种更易于管理的解决方案，这一解决方案将能够带来更好的业绩、更快的转变以及更高的操作效率。[5]

日本发那科机电公司

过去，这家为制造企业生产工业机器人的公司在把机器人发运出去后就无法得到关于这些机器人使用情况的反馈，除非那些机器人出现故障并停机了。通过构建一个高度安全的混合云，这家公司将其现有的数据中心延伸到了其客户的生产车间之中。发那科机电公司现在已经能够从它所生产的机器人中直接提取数据，并将这些机器人与人、生产流程以及其他的东西

> 连接在一起。这家公司通过分析这些数据获得了对于机器人绩效的可视性。这些信息还帮助这家公司在机器人可能出现问题并对其客户的生产造成影响之前就做出预测，从而避免了可能存在的不利影响。毫不令人惊讶的是，对于这些数据的深刻洞察实际缩短了机器人的循环在岗时间，提高了产品质量，改善了加工效率。我们将在后面的章节中更加详细地探讨“近零停机时间”解决方案。[6]

正在出现的物联网生态系统

我已经在之前提到，而且还将在本书中多次提到：做物联网靠你自己一个人是不可能的。这就是为什么我会在第1章把“建立一个合作伙伴生态系统，和他们一起学习并共同开发”作为物联网成功秘诀的第一项内容。没有任何一家供应商能够独立地向客户提供完整的物联网解决方案。同样地，让某一家企业为自己开发一套定制化的物联网解决方案是完全没有意义的，你可能不得不耗费大量的资源重新发明那些早就已经存在的东西。至少你可以将那些你很容易就能适应，已经被验证了的横向模块、架构或平台作为基础开发自己的垂直解决方案。单干成本太高，风险太大，而且还会把任何可接受的回报推迟到将来。

加拿大风险投资公司McRock资本的负责人、著名的风险投资人惠特尼·罗克利（Whitney Rockley）是这样说的：“现在最需要的就是生态系统中的合作伙伴关系。”显然在这个领域里目前已经有了很多初创企业，因为“更年轻的一代人正在加入这些企业，但是，他们缺乏经验”。正在计划对物联网项目有所投入的企业可以考虑与那些年轻的初创企业建立合作伙伴关系，并把自己的专业知识与这些初创企业先进的技术能力相结合，这对双方来说都有好处。

总之，部署物联网的最好方法是让一组合作伙伴共同完成，他们中的每一个都将对完整的解决方案贡献自己特殊的能力，这其中当然也包括你自己的贡献。现在已经越来越清楚的是，用户组织不应该再接受 20 世纪那种由一个垂直集成供应商提供端到端的专利解决方案的模式。大多数人对此已经了然于胸。甚至供应商们也意识到，他们已经不可能像之前期望的那样包办一切。

因为物联网的出现，这个行业正在快速地演化成为一个合作伙伴生态系统，而且还将是一个与客户共同创造的世界。很多公司正在与其客户合作，利用横向可重复使用的模块开发最优化的解决方案，而且所有这些方案中用到的模块都是开放的和可协调操作的。这对于供应商以及基于技术解决方案的用户来讲是一个复杂的战略性转型。其结果将是形成一个由基于标准的物联网解决方案参与者构成的开放性生态系统。我把这种趋势称为合作经济。

想象一下，像思科公司这样的企业如果想为其客户提供一套完整的解决方案需要付出什么样的代价。即便在公司的管理层工作，我也能够立刻明白单枪匹马是完全不现实的。如果与一些能够在技术和市场情报方面互补的关键企业合作，那么高效益的解决方案就有可能更快地出现。例如，思科可以提供 IT 架构、安全以及合作方面的技术和专业知识，还能共享关于 IT 行业的市场信息。

工业自动化和信息化提供商罗克韦尔自动化公司能够提供其在

制造业自动化领域的技术和专业知识，以及制造业、交通运输业、采矿和石油天然气领域的市场信息。发那科机电公司的专业知识可以和思科公司以及罗克韦尔自动化公司掌握的技术和信息进行互补。如果这里有什么关键性的元素依然是缺失的，那么也许某一家热心的初创企业能够填补这一空缺。一旦提供关键构造模块的合作伙伴就绪，你就可以开始增加垂直领域的专家和垂直集成商，他们能够将多个不同的供应商提供的组件集成在一起，然后再把这些组件与你目前的客户或者新客户的业务流程进行集成以构成一个整体性的商业解决方案。要不了多久，你就能创造出一个其成员的技能和知识均能互补的、条理清晰的生态系统。随着你们共同开发完成一系列的项目，最初那种松散的合作可能很快就会演化成为某种同盟关系，然后就会固定为战略合作伙伴关系，最终形成共生的物联网生态系统。

“物联网并不是一件摆在货架上的物品，你没有办法购买到现成的解决方案。没有一家公司能够端到端地部署物联网，我们不行，思科公司也不行，没有一家公司能行。”罗克韦尔自动化公司的CTO（首席技术官）苏吉特·钱德（Sujeet Chand）说道。从长远来看，这种情况对大家都有好处。对于单一供应商的解决方案来讲，锁定供应商只是其最为明显的缺陷罢了。创新的速度更慢、成本更高、不协调的服务等这些都已经成为现在公认的专有技术供应商方式存在的缺陷。

关于合作伙伴生态系统能够带来的好处，这里可以举一个例子：当一家一线的汽车供应商决定抛弃原来的专用车内物联网技术，转向基于标准的、能够和竞争对手的物联网应用交互操作的系统时，这一决定实际上还使得该公司建立起了一个广泛的合作伙伴生态系统。这家供应商认识到，在一个更宽广的舞台上存在着更大的机会，尤其是在物联网市场正在以那些著名的分析师报告中所说的惊人速率不断扩张的情形下，这样做的好处就更加明显了。

在另一个例子中，一家运输公司想要帮助它的一个客户改变铁路价值链。当时，该客户需要在三个供应商之间选择其中之一修建一座完整的火车站——这种情形几乎和只有一家供应商是完全一样的。于是这家运输公司决定开发一个开放的 IP 架构，这一架构使得它的客户不但能够混合并匹配来自三家供应商的不同解决方案中对其有用的部分，还能吸收其他供应商的部分方案。结果是开放的生态系统赢得了最后的胜利。

如果你是一家公司的经理，现在正在考虑部署一个物联网系统，你首先需要做的是组建一个生态系统，或者找到一家能够帮助你组建生态系统的领先供应商或咨询公司。需要注意的是，这个系统中的某些部分或许应该由你自己构建，因为在那些部分你独特的专业知识和非常有价值的领域经验将会为你带来额外的回报。

让我们来看一看，现有的生态系统会有哪些主要的分类。图 3–5 可以让你对正在出现的物联网生态系统的广度有一个基本的概念。你可以把这张图当作模板，由此开始组建你自己的合作伙伴关系网络。

图 3–5　正在涌现的物联网生态系统

初创企业加入物联网的行列

物联网市场成长的速度意味着你将不可避免地与年轻的初创企业打交道。按照思科公司的数据，B2B 模式的物联网初创企业在 2013 年还只有 100 家左右，但到 2015 年，这个数字已经增长到超过 1 000 家（预计当书店开始销售本书时，这一数量还会更多）。拉维·贝拉尼（Ravi Belani）是商业孵化器炼金术士加速器（Alchemist Accelerator）的创始人和管理合伙人，他是这样说的："初创企业在物联网生态系统中可以扮演一个很重要的角色。它们的任务就是推动生态系统以更快的速度向前发展。另外，总是会有那么一些叛逆者，他们会冲在前面而不是等待更多同盟军的到来。"如果你是一个正在考虑自己的第一个物联网项目的业务经理，你该如何对待这些像潮水一样涌来的初创企业呢？

好消息是初创企业正在处理和解决我们今天所面临的很多关键性的物联网挑战。实时数据分析、物联网安全性、可视化应用、业务流程的编制以及垂直应用等只是初创企业当下正在进行创新的一些领域。很多这样的初创企业主要关注垂直应用，但还是有一些初创企业开发出了能够被集成到多种解决方案之中的堆栈的横向元素。一些最为成功的初创企业瞄准的应用案例可以在多个不同的垂直市场中被采用。

对最吸引人眼球的那一批初创公司而言，它们追求的恰恰是那些最唾手可得的成果，这意味着它们所做的工作只是将各种不同的传感器连接起来并为相关的应用提供一个抽象层以及开发环境罢了，甚至那些传感器也很可能只是某个行业中的专用传感器而已。

我在前面就曾提到过这些初创企业，它们称自己为“物联网平台”。MachNation 是一家专业的物联网及数字化研究公司，迪玛·托卡（Dima Tokar）是 MachNation 的 CTO 和首席分析师，他已经找出了两种不同类型的初创企业物联网平台。[7] 第一种是一个物联网应用支持平台，这是为构建一整套物联网解决方案而设计的横向的、混合了各种最好技术的、与行业完全无关的一组中间件核心。第二种则是一个对物联网平台提供支持的解决方案，它与特定垂直领域相关，并以解决方案为核心，缩短了开发出一整套物联网解决方案所需要的时间。

如果这些初创企业中的某一家能够专注于你的行业并且它的解决方案正是你现在所需要的，你当然应该好好利用它。很多平台化的初创企业正在解决的都是一些类似的问题，即如何在相关的解决方案中协调匹配由每一种传感器的供应商自行开发的专利接口。这个行业现在已经明白，彻底地解决这一问题非常重要，目前正在对传感器、传动装置、其他数据来源和基础设施（包括雾节点）之间的接口以及数据格式进行标准化——这里的基础设施泛指与设备、数据以及系统管理相关的一些设施。当然，即便这些标准最后被确定下来，标准的实施以及设备的互操作性（或协同操作性）依然有待时日。所以请确保任何你正在与之商谈的平台化初创企业了解整个行业目前的状况，并且正在准备参与其中。然后你还必须要求这些初创企业能够向你保证，无论你选择什么样的产品都将符合最终胜出的标准，并确保该公司有一项计划，可以在将来帮助你所选择的产品过渡到一个完全兼容的环境中。否则的话（是的，你已经猜到了），你将面对的肯定又是锁定的供应商那一整套的把戏了。

初创企业迫切地想与你的企业进行合作。它们所需要的是在市场上尽快站稳脚跟，拥有一个真正的客户是做到这一点的最好方式。在这个过程中，初创企业将会逐渐理解一个行业的痛点，并且可能会愿意与你共同开发解决方案。事实上，如果你打算开发一个物联网解决方案，但是你又存在一些功能性或者技能上的缺口，那么寻找一家初创企业就是一个很不错的计划，无论如何双方都能得益。按照托卡的说法："这些物联网初创企业还能让你接触到它们的合作伙伴生态系统。最好的物联网初创企业已经将自己的技术与相关的合作伙伴的技术预先进行了集成。这能够真正地减少部署你的物联网解决方案所需要的时间和成本，并降低部署的风险，因为其中部分技术的开发工作已经完成了。"你很可能不得不同意在它们今后的项目中作为一个推荐人，但这对于大多数的企业来讲只是一个无关紧要的承诺。最理想的，是你可以诱导整个合作伙伴以及供应商生态系统与一家初创企业一起开发一个解决方案。在这个新兴的物联网的合作世界中，这样做才能让所有各方都能够有所收获。是的，物联网实在是太大了，没有任何一家公司能单枪匹马地前行。

如果你的问题特别有挑战性而且还是你这个行业所特有的，那么你可以考虑众包一个解决方案。当最后的结果能够使整个行业都受益时，这就是一个非常成功的方法。你可以通过举办一次比赛吸引创业者和初创企业面对这一挑战。你还必须拿出一份足够大的奖励送给比赛的获胜者。如果解决方案真的非常好的话，你甚至可以与获胜者一起商议一份分享营业收入的合约。

物联网需要服务提供商吗？

我还记得几年前，当思科公司决定投入并推动所有事物互联时，我们围绕应该将这一趋势称作物联网或者简称为 M2M 发生了激烈的争论。那时，服务提供商关注 M2M 已经有好几年了。当时有一家服务提供商告诉我，他们很惊讶地发现在其 3G（第三代移动通信技术）网络上有 1/3 的用户使用的是 M2M 设备。MachNation 是一家专注于物联网和数字化研究的专业分析公司，史蒂夫·希尔顿（Steve Hilton）是 MachNation 的总裁，按照他的说法，“就是在那时，服务提供商们意识到他们面前有一个巨大的机会，并开始有意识地关注这种新类型的连接”。移动运营商很早就开始提供 M2M 连接服务，最初主要是为汽车的连接以及早期的物联网解决方案服务，这对他们来讲就像是为比萨外卖做优化一样，是一件很平常的事情。不过后来的事实证明他们所面临的更多是商业模式上的挑战，而不是技术上的挑战。移动运营商的移动业务是建立在每个用户或者每台智能手机能为他们带来相对较高的 ARPU（每用户平均收入）的基础之上的，因此他们在寻找能为自己带来同样 ARPU 的物联网解决方案。不幸的是，绝大多数的 M2M 服务，比如远程监控和保养，仅仅产生了每月个位数美元的 ARPU。另一个问题涉及企业客户的信任。我曾经从很多企业客户那里听到这样的说法，服务提供商仅仅是“通道的提供商”，就算提供了企业服务品质协议以及复杂的解决方案，也不能被相信。

不过服务提供商们已经有了很大的进步：他们中有一些选择了在内部能力上加大投入以开发出垂直专业技能和物联网服务；另一些创建了自己的合作伙伴生态系统；还有一些尝试通过购买专业技术获取远程信息处理能力和物联网平台；更有一些考虑使用较早期的移动技术运营一个专业的物联网网络。很多服务提供商设立了专门的部门（与他们的有线运营及无线运营部门分开），聚焦于M2M、垂直物联网解决方案以及托管服务，其中一些已经发展成为10亿美元以上的业务。还有几家移动虚拟网络运营商（没有自己的网络基础设施的无线通信服务运营商）——要么是独立运营的，要么是某家更大的运营商的一个下属部门，也开始提供垂直和横向的物联网服务。“为了抓住这一市场中出现的机会，服务提供商们专注于对他们业务的5个关键领域做出改变：重新设计管理架构、合作伙伴关系的建立和发展、加强自己拥有的技术组合、网络开发以及市场宣传。”希尔顿这样说道。

今天，绝大多数主要的服务提供商都对物联网给予了战略性的关注。他们正在设计和实施最新的无线网络技术，如5G（第五代移动通信技术）或者LoRa[①]，并且在这个过程中考虑到了物联网的应用（对此我们将在第10章进行更加详细的探讨）。

① LoRa是低能耗广域网通信技术中的一种，是先科公司正在推广的超远距离无线传输技术。——译者注

他们开发出了垂直业务并超越了简单连接服务的物联网商业模式，同时使这一模式完全成熟（例如，他们正在互联汽车领域寻求建立几个不同的利润池，每一个利润池都会对 ARPU 有额外的贡献），这些商业模式包括 4 类物联网解决方案，对此我们将在第 5 章详细地说明。几乎每个星期，我们都能看到一家服务提供商和一家企业宣布建立物联网合作伙伴关系。随着智能手机市场在美国和欧洲逐渐变得饱和，互联汽车和互联的物品对于运营商来讲成为一个新的亮点和高速成长的领域。很多这一类的服务通过网络连接服务与服务托管的捆绑为运营商带来了相对较高的 ARPU。

在经过几年的尝试、错误以及经历了一些失败的项目和过早起步之后，服务提供商现在已经在物联网生态系统中扮演了一个关键的角色，很多都值得你去考虑并与之合作。

更深层次的合作

现在让我们把这一合作再向前推进一步，只是简单地将各种设备连接起来并让它们互相之间进行通信还不够。这是第一步，赋予了你各种可能性。你真正想要的是那些能够为你的业务带来更多价值的应用和数据分析。你甚至可能会这样说，这些应用和数据分析正是我们将事物连接起来并从中搜集数据的原因。所以我们需要的不仅仅是开放的 API，我们还必须让那些应用程序能够更容易地从基础设施中获取它们所需要的标准化的和具有互操作格式的数据。

开发人员还需要不同的 API 和标准，这样他们就可以编写出合适的智能应用程序，并让这些程序利用你辛勤打造出来的互联架构去做一些智能的事情。这意味着应用程序也需要响应人们与各种设备打交道的新方式。尽管一个程序工程师可能会在程序中编入相关的指令让一条生产线使用安装在生产机器旁的固定的人机界面（HMI）屏幕，但市场对于远程控制、移动端界面以及相关能力的需求还在不断地增长。在千禧一代的年轻人不断加入这一行业的背景下，这样的需求就显得更加突出了，他们希望能够使用平板电脑以及其他的移动设备与生产机器以及物联网系统进行互动。因此，从云到网络的边缘，在整个网络中形成一个前后一致的物联网应用开发环境就显得非常重要了。这赋予了开发人员按照应用的实际情形在云端、在雾中、在终端设备上，抑或在这三者混合的环境下使用应用程序的灵活性。

另外，一些供应商已经开始提供将基于云的资产管理和商业智能服务组合在一起的物联网应用。Davra Networks 就是这样一家供应商，它将基于云的资产管理、商业智能服务和一个物联网雾控制器组合在一起。这家公司利用云政策和可视化能力支持本地化的数据分析、决策，以及有效的基于传感器的数据采集（我们将在第 5 章再细谈 Davra Networks 这家公司）。另外一家供应商叫作 azeti，这是一家位于柏林的公司，它的业务基本上就是围绕着远程资产监控和管理软件建立起来的。这家公司在刚开始时关注的只是无线基站发射塔，基于这一特别的垂直领域的需求，它开发出了自己的物联网应用开发平台模块。之后它又将这一应用扩展到了变电站、银行以及钻井平台。思科公司最近收购了一家名为 Jasper 的公司，这家公司的控制中心软件能够帮助各种企业在所有主要的行业和市场中发布、管理并货币化它们的物联网服务。例如，如果你驾驶的是一辆互联汽车，它的物联网服务很有可能使用了 Jasper 公司的控制中心软件。我很期待能有更多这样的供应商出现。

无论你选择的是什么样的支持解决方案，其目标都是让某一个应用程序能利用雾、终端设备以及云计算能力将本地化的管理与远程的专家技能结合在一起。通过这种方式，比如，一位产品线工程师可以使用移动设备对一件在组装线上损坏的工具进行拍照，然后把照片传送给某位在远处的专家，这样他就能在现场获得那位专家的帮助，进行快速地诊断并修复出现的问题——在理想的情况下企业甚至无须停止生产。

在下一章我们将具体探讨开展物联网项目的必要性，并给出一个投资回报模式合理化的模板。这将能够让你更容易地在你的企业中建立起一个物联网商业应用案例。

第 4 章

物联网的商业价值

我已经拜访了世界各个角落的很多客户，试着去理解并亲身体验一些企业是如何部署物联网的，又是如何获得回报的，以及所获得的回报有多么丰厚。物联网依然是一件相当新鲜的事物，目前还处于高德纳公司所说的那条成熟度曲线的顶部[1]，所以我认为这些客户目前还处于采用物联网的早期阶段。确实，我常常会遇到一些这样的客户，甚至有些是高层管理人员，他们声称从来就没有听说过什么物联网。不过我还是非常惊讶地发现，在不同的垂直领域已经有很多企业迅速从物联网中获得了非常丰厚的回报。

以百事可乐公司为例。作为一家领先的软饮料生产商，百事可乐公司转向物联网的原因非常基本和简单，而且他们还发现了一个非常有效的解决方案。和很多企业一样，这家公司的 IT 和 OT 基础设施非常低效而且几乎没有什么作用，其工厂内部也只有非常有限的 IT 和 OT 资源。百事公司的内部也同样出现了服务器散乱（server sprawl），即每一台服务器仅支撑生产负荷中一个非常小的部分。百事可乐公司实际上花了很高的成本购买并支撑着一个由未加充分利用的服务器、操作系统以及其他网络资产组成的，正在不断扩张的 IT 基础设施。其结果是：资金的使用效率极低，可以说处于最小化。甚至更糟的是，效率极低的网络阻碍了原本能够推动工厂生产率提升的数据采集。

当百事可乐公司决定采用物联网时，它选择了与罗克韦尔自动化公司合作以替换它原有的基础设施，并因此创造出了今天我们熟知的基础设施即服务（IaaS）模式。这家公司采用了虚拟工业服务器以及一整套标准的网络基础设施，辅以 24 小时的中心化的专家支持。基于一个预先构造的可扩展的服务器基础设施，它所采用的解决方案包括所有的硬件、软件以及专为支持百事可乐公司生产线而预配置的网络链接。这一方案同时改善了工厂生产系统的可靠性并降低了生产设备的停工检修时间以及支持成本。

物联网使得负责系统设备支持的员工可以通过不间断的远程监控与所有的基础设施组件进行通信。这使得高度熟练的技术人员甚至在任何问题有机会对生产造成影响之前就能够对这些问题做出积极响应。无论何时当某一家工厂需要技术支持时，该工厂的经理都能拨打一个全天候的呼叫中心电话，并且保证能在 10 分钟之内就收到回复。有了这种层次的技术支持后，每一家百事可乐的工厂实际上都配备了一支高度熟练的、对生产线非常熟悉的技术支持团队，这确保了机器的停工检修或者各种技术上的挑战可以得到及时高效的处理，也因此减少了可能对生产计划造生的冲击。

按照罗克韦尔自动化公司内部一份名为“百事可乐公司基础设施即服务”的资料[2]，所有这些改变带来的几乎是即时的回报。只花了一个月的租赁费，百事可乐公司现在已经拥有了一个统一的、完全支持的平台，这个平台上现在正运行着它所有的生产制造应用。这一方案简单、灵活，而且不再会有任何其他的烦恼（见图4–1）。

我们在第1章曾讨论过哈雷－戴维森摩托车公司，那家公司从物联网中获得的回报实际上是因为物联网解决了一个非常直截了当的问题：如何缩短生产一辆摩托车所花费的时间。之前花费的时间实在是太多了，但是要缩短这一时间，这家公司不得不改变它的生产文化和流程。它需要采用的是类似于其他世界级制造商也在使用的新技术。

为了向公司的管理层说明在该项目上进行投入的合理性，哈雷－戴维森摩托车公司的物联网团队引进了一家第三方企业向他们自己的管理层提供外部的重组数据以及相关的成本预估。与此同时，其内部团队还准备了一份与外部数据进行一对一比较的成本估算数据，这份数据是基于团队成员所知晓的关于建立新的设施、新的过渡模式以及在生产和文化上进行转变所需要的费用，再加上一些在类似的功能上已经产生的费用。管理层批准了这种做法，这个决定或许让一家具有标志性意义的美国摩托车企业避免了被收购或者破产的命运。

案例研究

百事可乐公司

挑战

由于IT和OT网络没有起到原本应该具有的作用，而且资本的利用效率也非常低，百事可乐公司的工厂生产率亟待提高。

关键的挑战：
生产率

行动

百事可乐公司采用了基础设施即服务的新模式，这一模式利用虚拟工业服务器、一整套标准的网络基础设施以及集中式的技术支持为百事可乐公司提供了一个统一的平台。

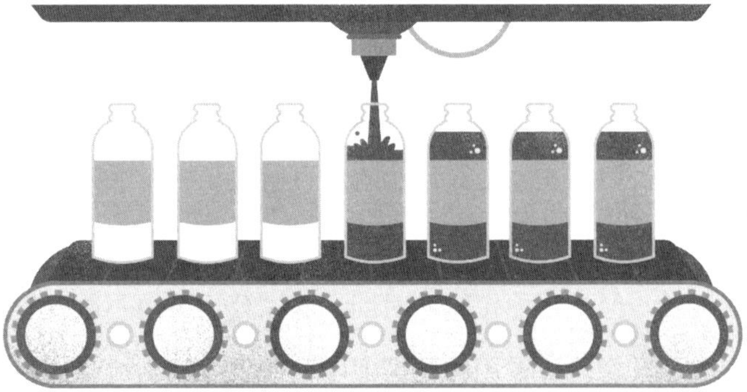

生产制造系统的可靠性得到了改善

降低了设备的停工检修时间
以及日常的支持费用

通过远程监控使得技术支持和
生产工厂之间的沟通更加流畅

结果

图 4-1　百事可乐公司案例

实现投资回报和商业价值

当涉及物联网的实施时，每一个经理都想知道相关的投资回报率。不幸的是，在大多数情况下，这个答案对于不同的企业来说并不相同，具体要看你想解决的是什么样的问题以及你的出发点在哪里。“拿资产停机检修这个问题来讲，”罗克韦尔自动化公司的 CTO 苏吉特·钱德（Sujeet Chand）说，“从全国范围来看，只要其中的 10% 得到了改善，那就相当于全美获得了数十亿美元的生产力提升。或者也可以用能耗优化来举例，如果可以利用物联网在多个不同的位置测量企业的实际能耗，我就能知道那些被消耗掉的能量都去了哪里，也能找到你意想不到的高能耗设备。”了解这些信息能够帮助企业采取措施、纠正相关的问题并减少能耗。钱德接着补充道，在这两个应用案例中，“物联网都提供了务实的解决方案”。其中资产监控可以避免出现资产的停机检修，而能耗监控则帮助企业减少了能耗。

对于任何一家企业来讲，具体能够获得什么样的投资回报取决于你将如何响应物联网向你展示的东西。无论如何，你的投资回报就在那里，关键要看你如何挖掘。物联网对于你的业务的影响——尤其是正面的回报——其覆盖面之广会令你非常惊讶，几乎涉及日常运营的方方面面。

以下列出的是一些我在拜访那些正在部署物联网的企业时所看到的真实回报：

- 成本下降

- 收入增长
- 业务流程更加流畅
- 设备的在线时间增长
- 设计并创造出新的商业模式
- 形成新的市场营销战略
- 开发出了新的产品和服务的交付选项
- 对客户的服务和支持更有效率
- 对于产品的实际使用和客户信息有了新的见解
- 更快的服务和产品交付

例如，预测性维护可以通过减少计划外的设备停机时间从而降低运营成本。你还可以从另一面来看待这件事情：你也可以说设备的在线时间延长了。无论从哪种角度看，它都提高了生产效率。新的商业模式能够吸引不同的、更多的可以为你带来营业收入的客户，而新的服务交付选项可以提升客户的满意率和方便度并降低运营支持的成本。远程服务和技术支持既提升了效率又降低了成本。新的市场营销策略能够打开你之前无法有效进入的市场。通过物联网搜集到的关于你的产品以及客户如何使用这些产品的丰富信息能够帮助你开发出实现更大改进的新产品和服务，吸引不同的、更多的客户。这些知识中的一部分，包括数据本身，还能够为你带来新的营业收入，因为作为一种服务，你的合作伙伴甚至你的客户现在已经越来越愿意为由你提供的相关、及时以及有实用价值的信息支付相应的费用。

约翰·贝拉（John Berra）认为，对于物联网来讲目前最引人注目的商业案例正是预测性维护。约翰·贝拉是约翰·贝拉咨询公司（John Berra Cnsulting）的负责人以及艾默生流程管理有限公司（Emerson Process Management，一家自动化和工程服务提供商）的前任主席，他这样评论道："例如，离散式（组装式）制造商和流程式制造商都会在生产中使用数以千计的电动机、泵以及压缩机或压铸机。"他接着解释道："所有这些不断运转的设备会经常损坏，而由此产生的结果就是生产的停滞、成本的提高以及不安全的生产条件。通过物联网可以建立一个早期的预警系统，这一系统能够让运营人员在问题变得严重之前就采取行动。智能预测在单件大型设备上也有同样的价值。物联网可以用于农用设备、医疗设备以及更多其他的设备。比如，一台核磁共振扫描仪的停机成本是非常高昂的。"

有了物联网，传统的制造商为其业务建立一种服务模式突然变得更加现实了。这一做法正在成为一种重要的营业收入来源，并且已经成为设备互联和数字化信息时代的一种发展战略。思科公司在 2015 年 11 月完成了一次针对数百名来自工业设备制造商和终端消费产品制造商的高层决策人员所做的调查。在题为"数字化制造商，解决服务的两难困境"的调查报告中，思科公司给出了这样一个数据：86% 的回答者认为，从以产品为核心的营收模式转型到以服务为导向的收入模式是他们今后发展战略的核心内容。

物联网使生产制造商可以转向有利可图的服务模式，与此同时也使他们获得了相应的、将生产环境数字化的能力。一个数字化的模式能够极大地方便服务模式的展开，由此获得的回报也是极其巨大的。按照之前提到的思科公司的调查报告，对于平均产值达到200亿美元的制造企业所进行的经济分析表明，在完成了生产环境的数字化以后，一般来讲在三年的时间里其利润会增长12.8%，在10年的时间里利润的增长可以达到19%（见图4–2）。

回答我们调查问卷的那些人一点也不傻。他们非常清楚自己正面临数字化的颠覆。当被问及在接下来的三年时间里哪一种技术将会极大地改变他们管理生产的方式时，排在前三位的回答是：云计算（37%）、物联网（33%）和大数据分析（32%）。我们将在本书对于物联网应用案例的讨论中具体探讨这三项内容。[3]

加拿大邓迪贵金属公司（Dundee Precious Metals）就是这一转型的极好案例。为了在提高生产质量和产量并且保障矿工安全的同时降低运营成本，这家公司启动了一个物联网项目来追踪矿工和车辆的位置、监控车辆的状态，并对各种设施的控制进行了自动化。它所收获的回报是极其令人震惊的：

- 产量翻了两番，从每年50万吨增长到了200万吨（原本的目标是增长30%）。
- 在2年的时间里，该公司节省了250万美元的长途通信费用。
- 通过将爆破系统与位置追踪系统相连，矿工的安全得到了保障。

突然间，管理层能够实时地看到矿井里正在发生的事情，特别是能够实时地了解矿井内矿工的换班情况、所有矿工所在的位置、已经装满并在运送途中的矿车的数量以及车辆的状况等。主管甚至

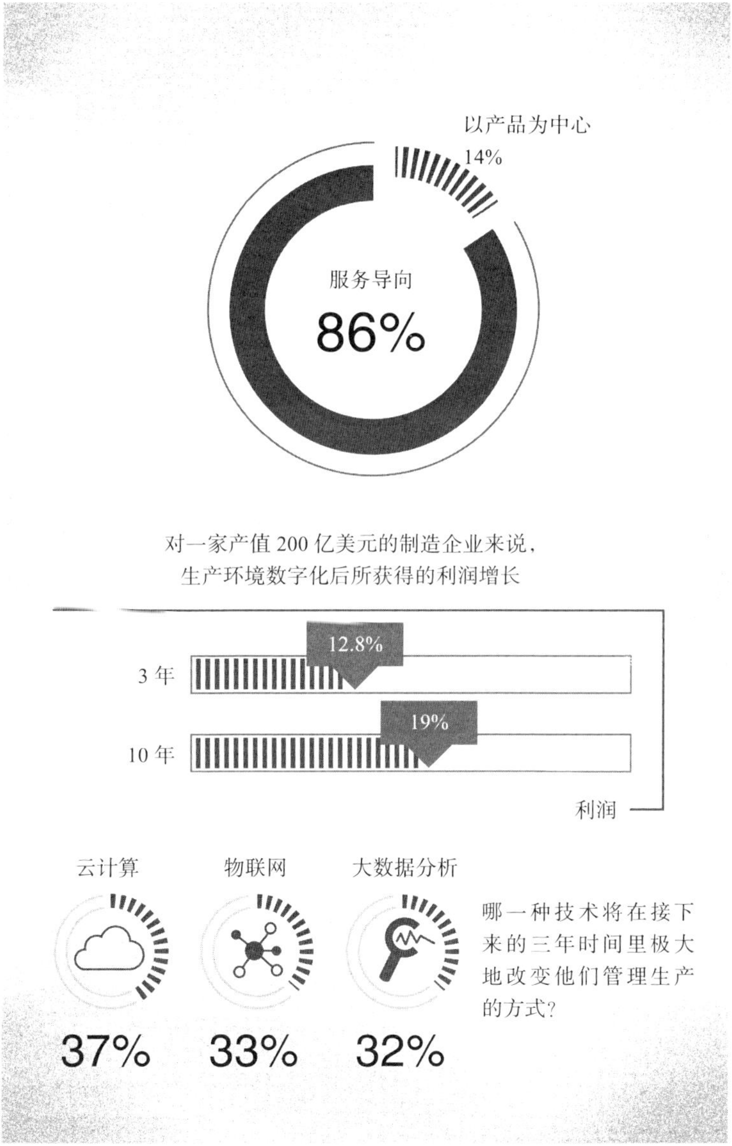

图 4–2 思科公司的调查结果

可以发送一个即时的文本信息给一个矿车司机让他调整路径以装载更多的矿石。至于公司获得的回报，相比于之前只能让车辆闲置，公司现在已经能够重新部署相关的车辆，并使车辆的使用率接近100%。[4]

百事可乐公司和加拿大邓迪贵金属公司这两个案例所展示的只是物联网能够带来商业价值和商业回报的两种方式。在很多同样的案例中，部署物联网之后，你很快就可以开始收获回报。有的时候你需要做的只是分析你刚刚采集到的远程检测数据。有了物联网，企业现在已经能够从全球的角度理解自己的运营状况。它们可以通过最大限度地利用自己的设备获取最大的利益，但这并不是全部。最终，由于数字化、物联网以及数据分析的出现，这些企业以及其他更多与它们类似的企业将会从底层开始彻底重新设计所有的业务。

构建物联网成本的合理性

正如我们在前面讨论过的，物联网在不同行业的表现并不相同——它首先出现在制造业、交通运输业、公用事业、智能城市实施方案，以及其他一些市场领域。同样重要的是，物联网所能带来的回报与特定的行业以及具体的应用案例相关。基思·诺斯布什是罗克韦尔自动化公司的董事会主席，他在“2015年自动化前景展望”的主题演讲中，列举了如下的案例来说明物联网的回报与具体行业的关联性（见图4–3）：

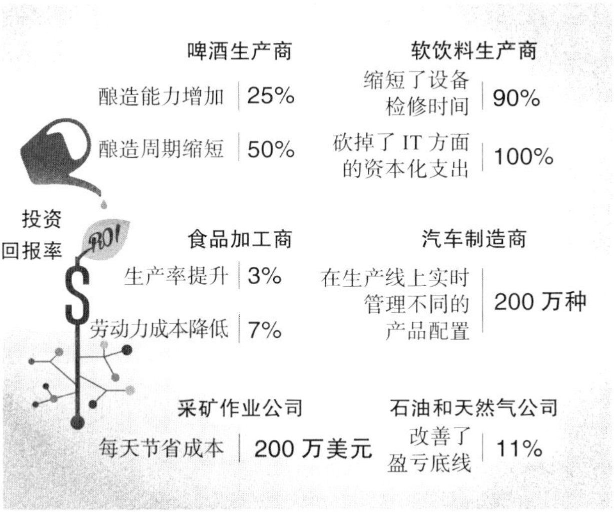

图 4–3　采用物联网所获得的回报

- 啤酒生产商的酿造能力提升了 25%，酿造周期缩短了 50%，这两点在所有改进中最为突出。
- 软饮料生产商在设备检修中耗费的时间缩短了 90%，同时完全砍掉了 IT 方面的资本化支出（100%）。
- 汽车制造商现在已经能够在生产线上实时管理超过 200 万种的不同产品配置。
- 食品加工商的生产率提高了 3%，同时其劳动力的成本降低了 7%。
- 采矿作业公司通过预测性维护方案，在每一辆发生故障的车辆上每天节省了 200 万美元的费用。
- 石油和天然气公司的盈亏底线改善了 11%，这相当于在开采成本上降低了 3/4，在营业收入上提升了 1/4。

目前来讲，并不存在某种通用的、神奇的物联网数字或者经验法则能够告诉你，物联网能为你的企业节省 X% 的费用，带来 Y 个新客户，或者能为你带来 Z 美元的新增营业收入。因此，你仍然有必要用传统的方式准备一份解释成本合理性的文档，在该文档中你应该使用一些对于你的企业来讲非常明确的数据，以及一系列从其他来源获得的任何数据。其目的并不是建立一个完美的投资回报模型或者一个完美的成本合理性的解释。相反，只有通过搜集一些可靠的数据，你才能为使用物联网解决某个特定的问题形成一个看起来可信的成本合理性解释方案。

首先从确定你想要解决的问题入手，绝对不要被你的公司当下所面临的一些大的挑战诱惑，你可以把那些挑战放到以后再来处理。眼下你需要关注的是，通过物联网你现在就能简单明了地解决的某个特定问题。以百事可乐公司想要解决的问题为例：其所面对的是一个低效且非常复杂的技术基础设施，这一设施成本高昂而且已经阻碍了公司生产率的提升。这家公司选择了一种最令人信服并且已经成熟的物联网解决方案——远程操作，然后部署了该方案并将合适的智能设备连接起来，这一方案使得远程专家能够实时查看工厂内正在发生的事情并通过网络解决可能发生的任何问题。远程操作的应用案例几乎能够在任何企业中获得应用，而且这一方案还能为你带来快速的而且极为吸引人的回报。

接着你应该把所有你需要的数据整理在一起，然后从这些数据中找出能够描述你想要解决的问题的范围或者程度等参数、目前在处理这个问题方面可以汇集的资源数量、你花费在这个问题上的时间，以及其他任何能够让你对这个问题及其衍生结果有一个客观感受的数据点。很多这类信息都可以在企业的一些系统中搜寻到。你也许需要在企业的所有系统中挖掘或者寻找一些相关的人。

在这之后，看一看还有什么数据是你能够从行业协会、专业团体、研讨会以及有关物联网的一些活动中搜集到的。这些数据可能和你的企业以及你目前面临的问题没有太大的关系，而且有时候这些数据还可能来自其他的行业，但是它们可以为你提供一个行业的大概情况，也能让你知道你的同行们正在关注什么。你正在寻找的是这个行业的经验法则、数据的平均值以及公布的基准资料。通过在行业会议上与你周围的人闲聊，你能从他们身上获得一些相关的数据。

在物联网目前的发展阶段，真正能为你带来效益的领域主要有以下 4 个：

- **信息采集**。所有的信息均将来自不同的、具有唯一标识的智能互联设备，而所有这些设备又与其他的机器（或物体）、基础设施以及物理数字环境中的设备进行着交互。你需要筛选并排列所有搜集到的信息，然后基于你搜集到的数据，或者基于设备本身携带的规则和策略采取相应的行动。这就是你利用物联网进行远程检测和修复的方式。
- **预测性数据分析**。由数据驱动的系统将充分利用那些由互联设备搜集或生成的数据，然后对相关数据进行彻底的分析、消化，并按照分析结果采取行动。通过这种方式你就能够发现欺诈行为，减少客户的流失，并采取其他的预防性措施。

- **与具体应用相关的问题**。比如，互相连接在一起的用于医疗保健的可穿戴设备，以及对大量来自电子病历和大型健康及医疗档案数据库中的数据进行的分析。
- **与消费者相关的物联网活动**。这样的活动通常是由消费类电子产品驱动的。在消费类电子产品中，已经有越来越多的产品植入了处理器和通信功能，这些产品包括互联和自动驾驶汽车、冰箱、车库大门、家庭安保设备和家庭娱乐系统。

鉴于本书的写作范围，我们将主要关注前面两个领域（信息采集和预测性数据分析），当然偶尔会涉及后两个领域（与具体应用相关以及与消费者相关的问题和活动）。

约翰·贝拉为计算物联网的投资回报率提供的最后一条建议是：这是一个商业挑战。绝大多数的企业并没有围绕它们的现状建立起很好的基线数据，因此在证明物联网项目能够给企业带来多大的正面影响时就会遇到很大的困难。企业能够用文字说出它们想要什么，但是在将这一愿望转化成数字时遇到了困难。供应商在这一点上能够提供很大的帮助。“物联网供应商应该提供数量化的商业结果，他们还应该提供模板帮助其客户准备一个投资回报率的分析。”贝拉这样说道。这就是要寻找一家合适的物联网供应商作为合作伙伴的另一个原因。

物联网回报的组成

物联网已经有了很多行之有效的模式帮助你在构建自己的解决

方案时避免重新研发那些早就已经发明出来的东西。其中有些模式是现成的，你可以对它们进行调整以适应你的企业的具体问题和情形，这些模式包括：

- **联网操作：**当你将智能设备连接起来时，需要进行联网操作。网络行业正在对于会在物联网解决方案中用到的一些设备之间的互联和通信模式进行持续不断地开发和加强。当然，现在已经有了 IP 联网和云计算，更不用提新兴的雾计算和区块链了。你完全可以期待会涌现更多的新技术。
- **远程操作：**当你需要派遣人员到一个或多个不同的地点，并让他们在那里停留一段时间时，远程操控能够有效地帮助你处理这些需要大量人员和费用的情形。一旦设备安装完毕，几乎所有的问题都能远程处理。
- **预测性数据分析：**当你手上的数据量已经远远超出手工处理的能力，或者数据以非常快的速度在不断地发生变化，又或者你所面对的是完全相反的情形，即数据几乎不会发生变化，但你希望当数据发生变化时自己能得到通知，这时你就需要预测性数据分析。预测性数据分析能够让一个远程的工作人员识别并理解相关的数据，然后针对这一数据快速地采取正确的行动。
- **计量和测量：**当你需要监测和测量一些东西时，你可以把计量和测量设备与各种不同的控制器连接在一起。那些设备不但能抓取测量到的读数，它们还将与控制器一起进行计算并基于所抓取到的信息做出基本的决策，比如确定各种阈值（或临界点）等。

- **物联网即服务：**当你寻找机会利用物联网创建新的商业模式时，物联网即服务这种模式就能使你将注意力从单独的某件产品转向基于服务的全套方案，利用这一模式你就能与客户建立更好的沟通并创造出额外的收入来源。
- **远程控制的机器和设备：**利用远程控制的机器和设备，你可以避免将员工派遣到其他地方从而为企业省下大量的费用，同时还可以减少员工的旅行时间和旅行带来的疲劳，避免旅途中的尘土、颠簸或者其他不舒服的环境，预防可能发生的意外、伤害以及其他危险。这种模式不但涉及互联设备，而且包括了很多不同的控制器以及机器人，但具体要看你需要采取什么样的行动。
- **工业控制区域：**当你竭尽全力对多个不同的生产场地或者公用变电站进行控制时，当你的员工、承包商以及设备供应商需要接入那些场地并访问本地网络时，你就需要通过建立工业控制区域进行控制。只有得到授权的人、位于控制区域内的已经授权员工使用的设备，或者一些被放置在企业网络中的资源才能接入本地网络。
- **智能环境：**当你考虑在城市、社区、校园、工厂、产业或商业园区，以及在一些指定的区域内实施各种不同的应用时，你就需要建立智能环境。这种模式适用于在某一个部署了很多互联设备和控制器的区域内进行某种大范围的行动，这些行动可以是停车位的管理、节水或节能，以及维护治安和应急服务等。

随着物联网在涉及面越来越广泛的一系列问题上获得应用，新的模式正在持续不断地涌现。

当你寻找物联网可能产生的回报时，审视一下你搜集到的数据，看看哪些符合上面描述的这些模式。然后你就可以在如下的关键领域中寻找你想要的回报：

1. 劳动力效率：

• 增加某个岗位的生产时间（有效的信息传递）

• 减少或者取消出差的时间（远程监控）

• 加快故障的排除和问题的解决（预测性数据分析）

• 远程服务和技术支持

2. 业务流程的简化（流畅性）：

• 高效和实时的数据采集

• 远程监控

• 预测性数据分析

3. 营业收入的增加以及新的机会：

• 新的市场营销策略

• 远程服务和技术支持

• 数据即服务

• 增加设备的在线时间以及设备运作的连续性

一些有用的提示

当你开始准备物联网成本合理性的解释文档时，我这里有一些相关的问题和答案，相信对你这样的业务经理而言会非常有帮助。

什么样的物联网项目能够为你快速地带来回报?

我们将在下一章更加仔细地探讨能够带来快速回报的领域。当我写作本书时，远程操作，特别是类似于百事可乐公司所采用的那种远程监测和控制，是最为成熟和完善的例子之一。这一方案已经不再需要始终有高度熟练的人员在场。如果有必要的话，也许只需要偶尔派人过去就行了。一旦你将所有相关的设备互联并将它们接入网络，你就可以把那些高度熟练的专家安排在对他们来讲很方便，而对你来讲成本效益很高的地方。无论用什么样的标准衡量，远程操作都要比把昂贵的资源按周、按月、按季度甚至按年度送到操作现场更加有效而且更加便宜。

约翰·贝拉相信远程资产管理（与远程检测紧密相关）也是能够获得高回报的领域之一。他给出了两个炼油厂的案例。其中一个炼油厂在其内部署了资产管理包，而在另一个炼油厂中，资产管理包的部署被推迟了两年。这两年里搜集到的数据显示，部署了资产管理包的那个炼油厂的可靠性是维持原样的那个炼油厂的两倍。这两个炼油厂是在同一时间建成的，而且拥有完全相同的设备。唯一的区别就是资产管理系统。你可以从这个案例中得出自己的结论。

哪一个垂直市场能够给你带来最高的投资回报率?

我不得不这样说，那些当下处境最危险的市场就是你要寻找的市场。按照这一说法，最高和最快的物联网投资回报率应该来自制造业，例如我们在前面已经谈到的百事可乐公司和哈雷－戴维森摩托车公司的案例。其次应该是石油和天然气行业，在这个行业中，物联网能够为你带来巨大的、因自动化而产生的效益，特别是如果你关注的是在海上石油钻井平台上管理一支很大的团队所需要的成本以及可能的风险。另外，还有一些较高的回报将来自采矿业，因为原材料价格的暴跌，这个行业现在更关注自己的成本、生产率以及效率。正如我们在前一章看到的，仅仅一个轮胎的爆胎就可能产生巨大的财务上的影响。不过好消息是，你的同行们正在几乎所有的行业和地区实现正的投资回报率。下一章我们会给出更多的案例。

哪一个物联网方案会获得最多的投资回报?

在这里我不得不为预防性维护方案投上一票。一旦你测试完毕并连接好设备，通过由预测性数据分析和预防性维护构成的组合，你所获得的避免相关设备产生机械故障的能力将会为你带来潜在的巨大回报。在这里我能想到的并不仅仅是石油和天然气行业或者采矿业。想象一下，一个总是有着成千上万单在途货物的运输公司，每天面临着满足客户要求隔夜、两天或者无论多少天到货的巨大压力。通过安装了相关设备的车辆以及预防性维护，每避免一次计划外的车辆故障就能为公司省下很大的一笔钱。与这个例子相关的还有预测性数据分析在食品和食品安全、零售、农业，甚至体育和娱乐业中的应用。

实施物联网项目时，什么才是你的最大开支？

对这个问题的回答要看你的项目起点在哪里？很显然，如果你现在还没有一个 IP 网络的话，那么从无到有建立一个 IPv6 网络将会是极其昂贵的。同样地，如果你正在部署很多设备，但其中没有任何一件具备联网的能力，那么这也意味着一笔很大的开支。你还应该注意你所需要的物联网软件和中间件中各个不同部分的成本，比如预测性数据分析、安全、可视化等。最后，最主要的成本将花在集成服务上，包括将不同的组件和技术集成为一个能够正常工作的解决方案，以及把技术方案与业务流程进行整合。此外，你还应该认真考虑其他那些并不是那么显而易见的成本，如项目延迟、费用超支、低于预估的投资回报率等，我们将在第 8 章详细探讨这些问题。虽然这些错误确实会让你花费很大一笔钱，但你同样可以通过适当的规划，仔细地挑选供应商和集成商，同时尽可能地从同行的经验中吸取教训，以此避免支出这样一笔不必要的费用。

在部署物联网时，企业该如何做才能省钱？

如果你始终让你的技术基础设施——网络、服务器、存储器以及各种应用程序——保持最新的技术标准，那么只需要对你的基础设施稍稍升级——添加更多的端口、更多的内存以及更多的硬盘，你就应该能够充分利用现有的设备。如果你的基础设施已经有些老旧，你依然可以利用原有的设备，但在今后的某个时间点，系统的性能和扩展性很可能会成为一个大问题。至于组建你的物联网生态系统，请记住任何事情都是可以谈判的。供应商非常迫切地想要培养一个能够为其他客户提供参考的标杆。刚进入物联网市场的新玩家，特别是那些初创企业，可能会愿意与你建立合作伙伴关系以交换你在行业应用案例中的专业知识。物联网生态系统开始成型的时候是令人非常激动的。你要准备好充分利用这一系统帮助你控制成本。

最后一个建议：不要同时做太多的事情。正如我在第 1 章讲述物联网成功的秘诀时所说的，从你唾手可得的成果开始，最好是从一个小规模的物联网项目入手，为一家工厂、一家零售店或者一家炼油厂解决一个有价值的问题。这样你就能很快地看到胜利的果实，然后进一步处理更为复杂和规模更大的问题。从小项目着手也是管控成本和风险的很好方式。这样一个初期的项目还能为你提供有关投资回报率和总体成本的数据，这些数据能够帮助你为下一阶段的物联网之旅建立起一个商业案例。请记住，技术和商业案例只是你所面临的所有挑战中很小的一部分。你将要面对的是庞大的组织架构和企业文化方面的问题，所以从小项目着手并快速地看到胜利果实将帮助你建立可信度，至少可以让公司内部的部分反对者转变观念，并让你自己在这一转型过程中占据一个能够获取成功的位置（我们将在第 6 章和第 7 章对此进行更详细的探讨）。

数据无处不在

表 4–1 展示的是我从思科公司借用的一个投资回报率模型。它很简单，但这个模型应该能够帮助你走出第一步。当然，你会想要对这个模型做些调整以反映自己的实际情况。大体上来讲，当你开

始建立自己的物联网商业案例并估算项目的投资回报率时，你完全可以随意使用本章（或者本书）给出的资料、清单、模式以及任何其他的东西。你可以把这些材料当作实际的案例或者模板，然后按照你自己的业务、市场以及具体的情形对这个模板进行调整。

表 4–1 就是一个空白模板，你可以在空白处填入真实的数字或者你的估算。如果有必要的话，也可以填入一个数字区间。

总之，你可以用无数种方式利用物联网为你产生或者创造营业收入，重新设计你所在行业的各个领域，并简化业务流程。采矿领域的力拓集团、交通运输领域的都会联通以及流程制造领域的百事可乐公司都是这样的案例。而与它们类似的其他知名企业目前也在利用物联网降低成本和简化流程，同时，它们也在某种程度上颠覆了自己所在的行业。

探索多种不同的机会应用物联网从而节省费用、降低成本、增加设备的在线时间和效率、加快流程，以及通过部署预测性数据分析、远程管理、远程预测性维护、远程服务来改善售后服务和客户体验是非常重要的。

正如我们在前面讨论过的，下面这些新的物联网技术正在催生新的商业模式，并为我们带来更多的投资回报和机会：

- 雾计算，实时雾数据分析
- 区块链（安全的、审计级别的数据追踪）
- 机器学习以及自我学习网络（多种网络的组合、深度机器学习以及边缘设备上的认知分析）

表 4-1　投资回报率模型

建立你自己的投资回报率分析报表

设备离线时间（运营）

成本降低（运营）	设备离线时间降低（运营）	填入你自己的数据
设备离线运营的平均成本（最小）	5 000 美元	
平均离线运营时间（最小）	45 分钟	
离线运营发生次数（每年）	100	
使用物联网后离线运营次数平均降低	50%	
离线成本平均改变（每年）	4%	
离线时间平均改变（每年）	10%	
离线事件发生次数平均改变（每年）	10%	
使用物联网（Yr1）平均离线次数降低实现的百分比	70%	
使用物联网（Yr2）平均离线次数降低实现的百分比	80%	
使用物联网（Yr3）平均离线次数降低实现的百分比	90%	
离线成本降低（运营）（Yr1）	7 875 000 美元	
离线成本降低（运营）（Yr2）	11 325 600 美元	
离线成本降低（运营）（Yr3）	16 033 652 美元	
离线成本降低（运营）（Yr1—Yr3）	35 234 252 **美元**	

在你决定采用这些新技术之前，我希望你能对此做出更加仔细深入的考量，毕竟有很多应用案例实际上是不需要这些技术的。例如，如果你需要分析30年来搜集到的地震数据，你完全可以在云端做这样的分析。同样地，如果你正在将普通的自动贩卖机连接起来，显然它们也只需要很小的带宽，而且并不需要进行实时数据分析，所以你完全可以将这些机器直接连接到云端。但是，如果你正在考虑通过连接车辆、工厂或者石油钻井平台进行数据分析或者预测性维护，那么毫无疑问，雾计算将是你的方案中至关重要的技术。

一旦你在近乎实时的情况下知道发生了什么，并且对所获得的信息进行了数据分析，那么你就能：

- 更好地做出决策
- 预测实际的生产能力以及对资源的需求
- 更好地分配资源
- 减少难以预测的成本和延误
- 提高管理效率
- 提升客户的满意率
- 满足或超出服务品质协议上的承诺

根据图4–4，你可以很清楚地看到，通常在哪些领域你可以获得最大的回报，以及这些回报会以什么样的形式体现。不过图中的这些数字依然是以制造业的运营数据为基础的。你可以针对自己所在的行业、具体的应用案例和项目对这些数据进行调整。

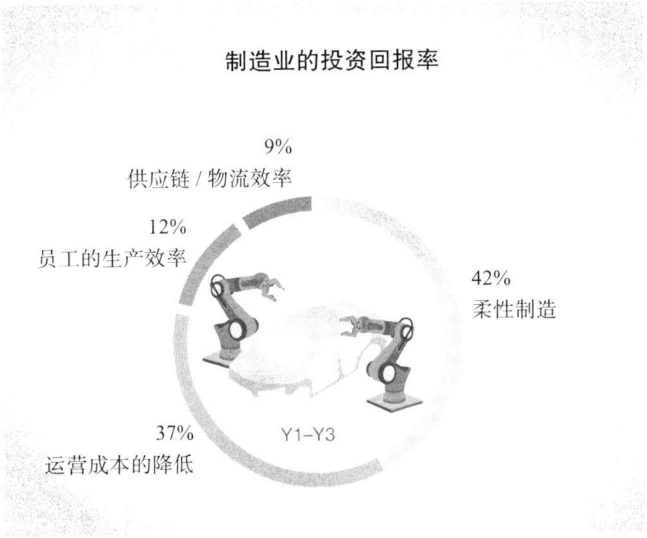

图 4–4　制造业在物联网领域所获利益的分类

资料来源：思科公司，2015

最重要的是，我希望物联网能够改变你看待业务的方式，改变你设计、规划、开发、提供产品和服务，进行市场营销以及与客户互动的模式。这将会是一次彻底改变你的企业的机会，也是在市场上对你的企业进行重新定位的机会。

在这里，我只是大体介绍了一些我对于物联网能够给我们带来的回报的理解。在下一章，我们将具体介绍能够确保从物联网获得明确回报的 4 条快速通道。这将会是公司里的高层信息管理人员首先想阅读的部分。

第 5 章

看得见的收益：如何从物联网获得回报

谨慎的业务经理们在看到物联网能为企业带来明确的回报前是不会对物联网进行投资的。仅仅有回报还不够，他们还要能看清企业可以用哪种方式获取快速的回报，最好是能立刻就获得回报。在本章中，我们将详细探讨 4 个快速回报的类别。所有这些获取回报的途径都已经被你的同行们所验证，而且相关的技术以及最佳实践案例也已经相当成熟。当然，你还需要进行一些投资，比如你需要将现有的设备连接起来，在某些情况下你还需要对原有的设备进行升级或者用新设备替换其中的某些部分。这样做不但投资回报率会相当高，而且获得投资回报的速度也要比你之前设想的快很多。

让我们在开始之前先花些时间重新概述一下如何才能获取快速

的回报。正如我在物联网成功的秘诀中所说的，你应该关注解决真实的问题，快速的回报正是来自那里。这些所谓的真实问题实际上就是企业的痛点，而且它们常常也是人尽皆知的。正如我们在前文讨论过的，第一步是准备好有关企业当下的数据、衡量的基准以及企业的目标。这样我们在开始行动时就有了基础。如果你在通过物联网使一些设备进行互相通信之后就能够消除或者减轻企业的某一个痛点，那么实际上你没有付出多少金钱与精力就已经开始收获大量的回报了。例如，也许你只需要几个温度计就能够向某人自动地提醒某些东西太热了或者太冷了，但只有及时地获取这一信息才有可能避免出现一连串相关的问题以及随之而产生的额外成本。这种类型的解决方案常常并不需要购买和部署新的设备和系统，你完全可以使用企业早就拥有的设备，只不过那些设备在之前没有为了这一目的而进行互联罢了。

另一个潜在的能够快速得到回报的方案涉及远程操作。在生产管理的流程中，每隔多久你就需要有人去到某个地方敲敲门或者检查一下仪表的读数？有了物联网后，你就可以监控这一类别的流程、执行需要的操作，并且无须派人去现场完成这一类别的工作，因为那些通过物联网互相连接在一起的设备可以使你远程完成这些工作，避免了人员上的调度，实际上这就意味着你已经开始收获回报。同样地，很多行业中都有一种常见的做法，即要求由两个人共同完成某件工作，主要是出于安全上的考虑。物联网技术减少了需要与另外一个人共同完成工作的情形——或者非常有可能甚至连一个人也不再需要——这会极大地提高工人的劳动生产率。

总的来讲，你可以在如下 5 个领域看到快速的回报：

- **劳动力需求的减少**。物联网能够完成原本需要安排人力完成的工作，所以每当你无须派遣人力完成某项工作时，你实际上就是在收获相应的回报。
- **降低成本**。每当通过设备的互联和相互通信使得某个流程实现自动化时，你实际上就是在降低你的成本。这就是自动化能为你带来的回报。
- **提高生产率**。无论什么时候，当你利用在物联网上互联并相互通信的设备减少某个流程中劳动力的使用，或者仅仅只是加快了某个流程，你实际获得的都是劳动生产率的提升。
- **提升品质**。当你使用在物联网上互联并相互通信的智能设备时，你就能避免或至少减少你可能会犯的错误，而这毫无疑问将提升你的工序品质。
- **更快和更好地进行决策**。当你拿到了那些互联设备通过物联网采集并相互传递的信息后，你的员工就能做出更好的决策。如果你在这个方程式中还添加了一些数据分析或者预测性数据分析，那么你就能更快地做出更多和更好的决策。而你的经理们只需要对例外的情形予以关注就已经足够了。

那么你如何才能做到这一切呢？我在前面就曾经承诺，你将会看到通向物联网回报的 4 条快速通道，而现在我们在本章已有的叙述里就已经做到了这一点。这还不够快吗？这 4 条快速通道如图 5–1 所示。

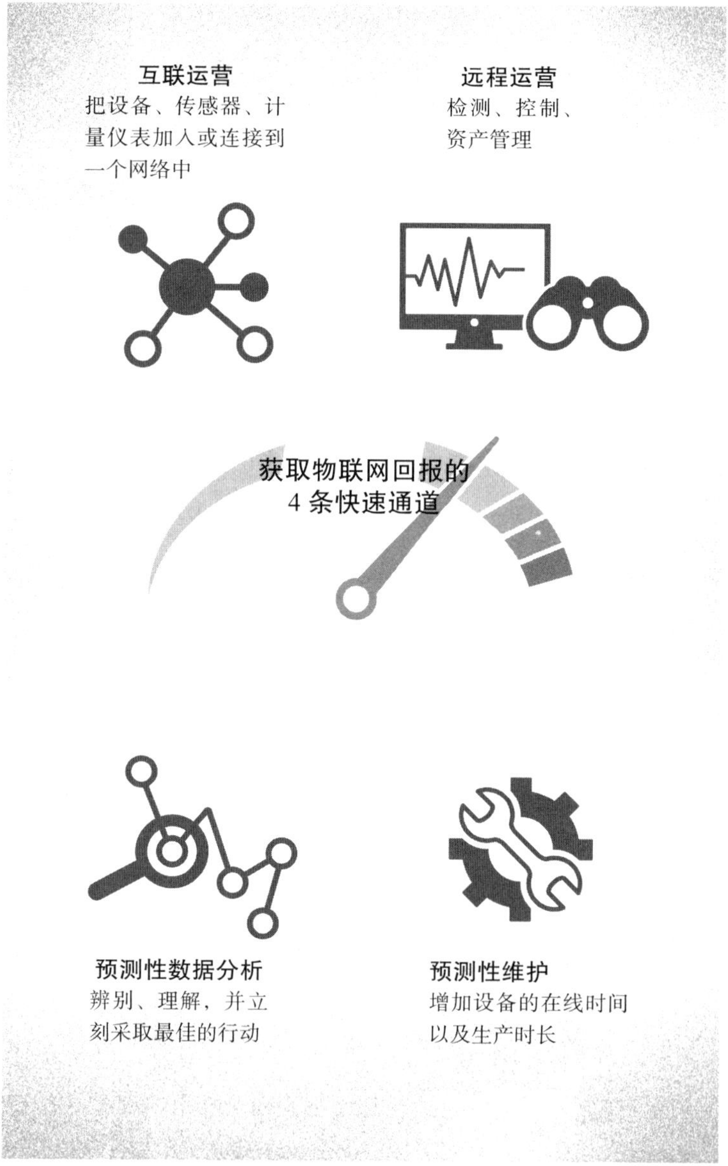

图 5–1 获取物联网回报的 4 条快速通道

把设备、传感器、计量仪表互联并接入网络

对于任何商业设施而言，如果其中的设备要么已经直接或间接地与公司的 IP 网络连接起来，要么能够利用企业级的技术和架构在对其进行改造后与企业的网络连接起来，那么这样的商业设施本身就可以做到互联。这种形式的互联运营能够立刻为你带来效益。所以，你从物联网中获得的第一个回报将从你把现有的设备与现有的 IP 网络连接起来开始（这些设备要么还没有连接起来，要么与很多专用的不兼容网络连接在一起），然后，你需要调整目前的业务流程从而充分利用所有已经互联并与公司的 IP 网络连接的设备。

下面是一个来自石油和天然气行业的案例，在这个案例中，被那家企业连接起来的石油钻井平台也可以是任何工厂、设施、分支机构或者车辆。正如我们已经讨论过的，石油和天然气行业通过把石油钻井平台上大量的设备连接在一起并对那些设备进行计量，获得了非常可观的回报。这样做不但能够获得非常可观的经济收益，实际上还能够挽救生命——从这个意义上讲，它还产生了另一种真正无价的回报。

具体地讲，当钻井平台上的设备——或者任何设施中的设备——被连接在一起后，整个设施就成为一个 IP 平台，而传感器会被部署在一些合适的位置上。这些传感器将采集各种读数并进行数据分析，这使得系统的操作人员能够提前发现问题并采取维修措施，或者及时触发应急安全程序从而挽救生命并减少损失。此外，因为采用物联网减少了石油开采所需的时间，企业在更短的时

间里获得了营业收入，而这更进一步地加快了企业获得投资回报的速度。

罗克韦尔自动化公司则给了我们另外一个例子（见图 5–2）。这家企业是制造业自动化解决方案的领先供应商，所以它在自己的生产设施中广泛地部署了物联网就一点也就不会令人感到惊奇了。通过在它的生产车间里将组装生产线和运营部门连接在一起，随后又将所有的工厂互联并与这家企业的基础设施连接在一起，罗克韦尔自动化公司实现了快速的初始回报。尽管整个过程涉及该企业分散在全球的 20 家工厂，但结果是令人非常震惊的。5 年以前，这家企业的运营部门还被 120 天的库存周期困扰着，并且仅实现了 82%

案例分析

罗克韦尔自动化公司

互联运营

把设备、传感器、计量仪表加入或连接到一个网络中

问题

- 库存周期太长
- 发货延迟

行动

- 组装生产线互联
- 制造车间优化
- 全球 20 家工厂互联

成果

- 库存周期降至 82 天
- 废品数量降低 50%
- 及时交货率提升至 98%
- 避免了 30% 的资本开支

图 5–2　罗克韦尔自动化公司案例

的及时交货客户体验（尤其是指准时交货）。当把所有的设备互联以后，罗克韦尔自动化公司的库存周期降低到 82 天，并将及时交货的比例提升到了 98%。更具体地来讲，这家企业将废品的数量降低到原来的一半，从而有效地避免了 30% 的资本开支。罗克韦尔自动化公司将所有这些成果完全归功于在它所有的工厂内使设备进行互联。[1]

启动一个物联网项目的步骤

好消息是你并不需要启动这样一个涉及全球如此多工厂的大范围项目来实现快速回报。正如我们在前面已经提到的，你的第一个物联网项目应该是一个小项目。我曾经目睹了很多你的同行们经过如下几个步骤在制造业领域实施互联运营：

1. 在一个独立的区域内用以太网和开放协议连接相关的设备，以此管理和采集各种各样汇集到一起的传感器数据。
2. 将这些独立的区域连接起来，然后再把所有分散的单一任务的网络或者与特定设备相关的网络都迁移到一个全厂范围内的集成网络中，从而打造物联网的可视性、实时操作性，并节省相关成本。
3. 为移动性、协同操作性以及雾计算（或云计算）在全厂范围内部署一个灵活的多任务平台，并为实现接下来的三个快速回报方案对雾计算（或云计算）进行优化。
4. 为实现供应链和生产运营的优化与规模化，在由多个工厂组成的网络中部署一个多任务的平台。

在这里，每一个阶段的建设都是以前面的阶段为基础的，而且每个阶段本身都能为你提供快速的回报。

增加远程操作、监测、控制和资产管理

你有没有遇到过这样的情形：你的包装生产线突然停了下来，然后你收到了一个安全警告说机器上有一扇门打开了？由于你并不清楚是哪扇门出了问题，你不得不派一个工程师到车间去查看所有的门，只有这样你才能重新启动生产线。远程操作能够让你在这样的情形发生时不必再派遣人员到现场查看，这就是它能为你带来的回报。从长远来看，人力资源的成本总是比技术成本更高。部署了物联网以后，一旦你将所有的设备都连接到一个 IP 网络上，那么在该网络上添加远程监控或者资产管理功能就是合乎逻辑的下一步。

最明显的回报是劳动力成本的下降，此外你还可以得到一些其他的好处。比如，在网络中的任何位置，你不但能够了解当下所处位置的各种情况，还能够掌握任何已经联网的其他地方的信息，以及网上所有设备的使用情况。这样一来，你就能够更快地知道哪些设备的负荷过重了，而哪些又太闲了。基于这些额外的信息你就能做出更加聪明的管理决策。比如，你可能会通过刺激闲置的设备能力以提升所有设备的利用率，并以此对负荷过重的设备进行重新调配。

卡车货运行业可能是物联网远程监控和资产管理能够带来好处的极端案例，但是在任何行业领域只要你的企业拥有分散在各处

的设施，那么你就能够体验到同样的好处。卡车的远程运营管理软件包含了一系列不同的功能，正是这些功能使得运营管理人员能够避免或者极大地降低与所投资的车辆相关的风险，并提升效率、生产率，同时确保司机遵守交通规章，从而降低总的运输成本和员工成本。

在卡车运输的案例中，第一步需要做的是在整个车队中部署各种传感器，这使得你能够持续不断地收到有关每一辆卡车状态的实时信息，包括车辆的维护和保养、车载信息系统的数据（位置追踪和车况诊断）、驾驶员的考勤管理、车辆的速度管理、油耗管理，以及员工的健康和安全等各种信息。

你可以把这一系统看作某种类似于油量表的仪表，其功能是监控车上的每个零件以及车辆的实际运行状况。当某个传感器显示会出现某种问题时，比如油压的突然降低、发动机的温度越来越高、某只轮胎的胎压不足，卡车的调度员在看到这些信息后就可以提醒司机注意这些问题。一般在这个时候，司机和调度员还可以商量决定应该采取什么样的合理的应对措施，以及应该用多长的时间来解决这个问题。

从投资回报的角度来看，有了远程监控以后，车辆就可以花更多的时间在路上奔跑而不是停在路边，另外运营和维护的成本也相应降低了。当一辆车不得不停下来时，由于物联网的远程监控，这辆车通常能够更快地回到路上。这使得公司能够通过防止车辆出现意外的故障，避免在交货时间上出现重大延迟，而客户对于交货时间通常都是非常在意的。所以，正因为有了物联网，现在的车辆能够花更多的时间为你带来营业收入，花更少的时间在停车维修上。仅仅降低在运营过程中可能会出现的业务中断的次数，以及避免对物流做出重新安排就值得你在物联网上投入了。

我们在第 3 章中提到的 Davra Networks 是一家初创企业，它已经为客户实施了这种车辆远程运营管理的解决方案。Davra Networks 的系统允许其客户同时监测来自同一辆车上多个不同数据源的数据（遥测数据、定位信号、传感器读数、视频监控、车内网络等）。客户可以通过登录一个集中化的管理控制平台看到集成了某一辆车的运行数据以及车况的全景信息。通过使用部署在车上的雾计算能力，客户能够对相关的数据做出实时响应，而无须车辆返回基地。无线软件更新、路线改变、司机的提醒、甚至与相关基础设施之间的通信都能够远程完成并且可以对其中的某些功能进行自动化。通过实施这样的解决方案，很多客户声称，除了大大地节省了在日常运营和维护保养上的成本以外，燃油成本也平均节省了 15%。

“车辆就其性质而言是移动的，很多时候车辆并不在企业的总部所在地，为了确保车辆能够得到长期一贯的服务，拥有某种能够对车辆各种不同的功能进行远程接入和控制的能力就显得非常重要了。”Davra Networks 的 CEO 保罗·格林（Paul Glynn）这样对我说道。

这里还有一个看上去非常不同的例子，我尤其喜欢这一案例。这是一家在印度运营着 150 家冰激凌店的乳品公司，它在一家初创企业的帮助下成功地运用了物联网技术解决了一个应用问题。在这个案例中它需要解决的问题也许在美国或者西欧并不存在，但在世界的其他地方是一个很常见的问题。印度经常会发生断电，这迫使这家乳品公司不得不在每家冰激凌店内配备一台柴油发电机以确保断电期间冰激凌不会融化。冰激凌店的经理常常会关闭这些发电机以节省费用。只要不发生断电，那么他们这么做确实有用，但当断电真的发生时，这家公司就很有可能会损失价值数千美元的冰激凌，原因是融化以及可能会发生的变质，而后者不但对健康存在着潜在的威胁，还会让公司承担政府进行食品监管而带来的风险。

这家乳品公司找到 Nimble Wireless 寻求帮助（见图 5–3）。Nimble Wireless 是一家当地的初创企业，按照这家公司的 CEO 西

案例分析
Nimble Wireless

远程操作
检测、控制、
资产管理

问题
- 断电以及产品损失（冰激凌）

行动
- 使用多传感器设备监控冰箱

结果
- 降低了运营 / 交货的成本
- 减少了生产的中断
- 提升了准时发货率，优化了物流系统

图 5–3　Nimble Wireless 案例

瓦库玛（Sivakumar）的说法，他们在储存冰激凌的冰箱中部署了小型化的多传感器设备。这些传感器能够自动地连接网络，这样他们就能够通过云端运行的软件对这些传感器进行远程监测。如果冰箱里的温度上升了 1—2 度，系统就会通知当班的经理。如果这个问题在 5 分钟之内没有得到解决，系统就会提醒上一级的经理。如果那台冰箱中的温度还在继续上升，系统就会持续不断地发出提醒，如果有必要的话，系统发出的提醒还会一路向上直达公司的 CEO。这些提醒并不是简单的电子邮件或者短消息，电子邮件或者短消息很可能会被错过或者忽视，这种可能性在晚上会更大。他们还在店内设置了语音提醒，以便现场的人员能够采取行动。假如收到提醒的人不知道如何去做，系统还会给出相关的建议，比如关闭冰箱门或者打开发电机。这个系统还会生成趋势报告显示相关问题一般出现在哪里，是偶发事件还是系统性事件，以及采取纠正行动所需要的反应时间等。

在所有的门店部署了这一解决方案后的一个月内，这家乳品公司开始收获最初的投资回报。在 13 个月内，总计挽回的损失已经超过了原来投资的 5 倍。Nimble Wireless 现在正在将这一原本为那家乳品公司开发的解决方案向其他生产奶酪、黄油以及香料的印度食品公司进行推广。

这里还有最后一个例子：非法的输油管道接口或者从输油管道偷油。对于这个行业来讲，这是一个涉及数十亿美元的大问题。令人惊讶的是，这样的事情经常发生，而且并不仅仅发生在发展中国家。这一问题的解决方案是一只智能的泡沫猪，或者在日常运营中塞入输油管道的一件智能设备。智能泡沫猪内有多种不同的传感器，它们能够探测和报告非法的管道接口，以及其他如管道壁的腐蚀或者潜在的泄露等问题。当把这样一件设备与基于云的数据分析和报告软件结合在一起后，客户因此而获得的好处是非常巨大的。“与传统的检测方式相比，在使用了智能泡沫猪以后，客户探测输油管道问题的成本降低了 95%。”智能泡沫猪的生产商 i2i 管道公司的总经理史蒂夫 · 班克斯（Steve Banks）这样说道。

上述这些基于物联网的远程操作为企业带来的具体回报包括：

- 降低运营成本，在事情变得更糟之前，只要问题能更早地被发现，也就能更早地得到解决。其他各种运营成本，如燃油消耗，也会相应地降低。
- 减少生产中断和交货违约的次数，企业现在能够更好地实现对服务水平做出的承诺，从而避免了任何可能适用的合约中规定的罚金。
- 增加了准时发货的单次，这意味着企业能够提供更好的客户服务。
- 降低了因为延迟而产生的系统成本，从而帮助企业避免了各种与延迟相关的成本。
- 对物流系统进行了优化，从而使得企业能够更好地优化其驾驶员、物流、车辆，以及各种与基础设施相关的资源从而获取最大的效率。

利用预测性数据分析理解各种数据的含义，并立刻采取最佳的行动

正如我们在前一章中讨论过的，预测性数据分析是从物联网获得最佳回报的关键。把各种设备连接起来然后添加一些传感器或者计量仪器，这将很快产生你的员工根本无法处理或者理解的大量数据。事实上你的团队将会被淹没在汹涌而来的大数据中，数据涌来的速度之快使得他们根本不可能消化，即便其中会有各种提醒和其他提示信息。这就是为什么互联网数据中心的高级副总裁和（物联网）研究员弗农·特纳声称，目前在所有生成的数据中只有不到1% 的数据得到了具体的分析。你真的需要预测性数据分析来帮助你的员工，至少帮助他们对不断涌来的数据进行筛选并理解那些数据是什么，这样他们才能采取明智的行动。我正在叙述的并不是什么极其艰深的科学，你只需要辨别出一些基本的模式，找出一些异常和偏差，仅仅这些就能让你抓住其中最为重要的价值。但这只不过是你的起点。把你所有的智能资产都放到同一个 IP 网络平台上的好处是，你可以将很多不同来源的数据关联并组合在一起，这样你就能获得新的洞见并采取相应的行动。

这里有一个制造业需要解决的问题：今天工厂的产能利用率要比以往任何时候都高很多。工厂常常面临的是每周 7 天、每天 24 小时以最大的生产量进行连续的运营，制造商们甚至根本没有时间安排设备的应急维护保养，更不用提什么计划内的维修保养了。设备停机下线的成本甚至最高可达每分钟 20 000 美元，所以制造商往往无力承担生产流程中断所带来的损失。事实上，从对整个系统所产生的冲击这一角度来衡量，每发生一次生产流程中断就相当

于使这家工厂产生 200 万美元的损失。同样的情形也发生在智能电网、智能城市、交通运输网络，以及其他与特定任务密切相关的系统中。所有这些系统均要求持续不断的运营，而且可能会得到允许的、在计划内的维修保养停机时间窗口每年也仅有一次。虽然在某些非常罕见的情形下，系统会建立全冗余备份，但在很多应用环境中这既不现实，在经济上也行不通。

我们在前面的章节中曾讨论过力拓矿业集团的案例，在后面我们还将继续讨论它。在这一案例中，所有的问题基本都发生在一些近乎不可能的地点，与之不同的是，我们在这里所描述的预测性数据分析解决方案可以在任何位置、任何地方、任何时间实施，并按你的要求进行定制。甚至在一座城市中，即便你的服务供应商就在你眼前这条大街的对面，但当问题出现时，服务团队到达现场依然需要时间，何况他们还要花时间诊断问题、寻找部件，然后才能最终解决问题。在问题解决之前，无论是一个小时还是几天的时间，你的生产都会受到影响。与此同时，你原定的与设备在线时间相关的计划便也汤了，客户订单很可能无法如期完成，而你最终的营业收入和盈亏底线毫无疑问也已经受到了冲击。下面的数字向你展示的并不是什么漂亮的场景，但是基于物联网的预测性数据分析能够对其中的很多数字加以改善。

艾伦·西梅尔（Alan Shimel）在 2015 年 2 月发表在 DevOps.com 上的题为“设备离线时间的真实成本”[2] 一文中写道，设备离线时间在相当多的行业中都有着非常重大的影响。比如，在一家《财富》1 000 强的公司中：

- 每年计划外的应用程序宕机或者由此而引发的设备离线所产生的平均总成本为 12.5 亿—25 亿美元。
- 因一座基础设施的故障所产生的成本为平均每小时 10 万美元。
- 一个关键的应用程序故障所产生的成本为平均每小时 50 万—100 万美元。

我无法想象会有任何企业愿意承受这样的损失，尤其是如果已经有一个现成的解决方案可以使用的话。让我们来看一看解决这个问题的一个案例。发那科机电公司成立于 1956 年，这家公司向汽车零件制造商以及一般的制造业市场提供覆盖面相当广泛的、种类繁多的自动化设备。这家公司一直纠结于没有合适的途径来了解它的客户是如何在生产车间里使用它的产品的。发那科机电公司只有在问题发生后才能获悉一些必要的具体信息，但这时它的客户已经因为设备离线时间而付出了高昂成本。之后，在与思科公司以及罗克韦尔自动化公司成为合作伙伴后，发那科机电公司构建出了“近零停机时间”的解决方案。

利用“近零停机时间”这一解决方案，发那科机电公司开始提取由那些在生产车间中进行操作的机器人所生成的运营数据和诊断数据（当然，是在获得了客户的允许后）——那些机器人正是发那科机电公司销售给客户的产品，接着发那科机电公司将相关的数据存储到云端，然后运用预测性数据分析，在任何潜在的问题可能对它的客户造成负面影响之前纠正相关的问题。这一解决方案很管

案例分析

发那科机电公司

预测性数据分析

辨别、理解，并立即采取最佳行动

问题

- 缺乏对产品实际使用情况的可见性，导致了设备离线时间的出现

行动

- 捕捉并分析从机器人那里采集的数据

结果

- 在问题发生前就辨别并修正相关的问题
- “近零停机时间”

图 5–4 发那科机电公司案例

用。发那科机电公司已经说服了其客户的 OT 部门和 IT 部门分享它们的数据。通过实时地将这些数据与历史数据以及标准衡量参数进行分析比较，通过改善对于潜在事故的响应时间，发那科机电公司利用物联网向它的客户提供了一个主动性解决方案，这一方案与潜在的风险（请记住，东西总是要坏的）相比，可能是无价的。

还记得上一章中苏吉特·钱德对于物联网巨大的节能潜力做出的评论吗？接下来我将告诉你的是，思科公司的供应链团队是如何利用预测性数据分析做到这一点的。“我们负责管理我们工厂生产成本的各个方面，精确到了其中的每一分钱……至少我们是这样认为的。”思科公司负责供应链运营的高级副总裁约翰·克恩（John

Kern）这样说道。但是直到最近，思科公司才开始对能源领域的成本进行管理。在马来西亚的一家合同承包商的工厂里，思科公司的供应链团队在其所有的车间里部署了一个由 1 500 件传感器组成的网络，随后思科公司利用其开发的能耗分析软件抓取相关的能耗数据。这些信息让思科公司的团队对这家工厂内部的每一台机器、整个系统以及生产流程的能源效率有了极其清晰的了解。例如，他们观察了老化室，然后发现即便是完全相同的产品，其实际的能耗也是完全不同的。所以他们进行了更加深入的挖掘：他们替换了性能不佳的设备，并针对优化后的效率和能耗组合调整老化室的操作环境。他们获得的结果是：这家工厂的能耗降低了 15%—20%，而这个数字相当于每年可以节省 100 万美元的成本。克恩的团队实际上才刚刚开始行动。他们已经在考虑如何进一步地把能耗降低的比例提升到 30%，以及如何在全球其他地方超过 20 家的工厂内推广降低能耗的改进措施。“这些结果令我们大开眼界。我们节省了成本，同时还降低了碳排放量。”克恩这样评论道。

一旦你将机器、设备以及所有与之相关联的传感器和计量仪表都连接在了一起，并将它们都放在一个单一的网络平台上，同时抓取由它们所产生的实时数据，那么采用预测性数据分析就是符合逻辑的下一步。目前存在很多种不同的预测性数据分析的解决方案和算法，其中好几种主要服务于一些特定的行业、应用案例或者特定的环境。所有这些解决方案都会将新产生的数据与历史数据进行比较，综合考虑多个变量的影响——这些变量包括环境、气象、材料或者运营，接着系统就会利用统计学的方法和精确性对可能的趋势进行预测。你所得到的结果将是某个特定的问题在某个时间框架内有 X% 的可能性会真正发生，这会为通过系统发出警告并派遣合适的人选采取适当的纠正措施争取到足够的时间。

这并不是什么魔法，只是一门非常实在的、已经得到验证的、研究概率和统计的科学。数据采集的历史越长，你手中的数据越多，那么你预测的精确性也就越高。利用部署在终端上的基于恰当规则的软件，预测系统就能告诉你接下来可能会发生什么，以及在什么时候发生，该系统还会给出一个标注了优先级别的纠正措施清单。随后你或者你的人就能以这些预测为基础很快地做出最佳的决定。与每一种快速回报的情形一样，预测性数据分析只不过是你物联网旅程的第一步。一旦在你的生产环境中部署了预测性数据分析，你的企业就能开始考察并实施更加先进的数据分析能力，包括规范分析以及机器学习（机器间的互相学习）。

通过预测性维护保养增加设备在线时间和有效工作时间

前面谈到的获取回报的方案主要关注的是在任何行业中，任何一家普通的企业怎样才能成功获取快速回报。但是，一些特别的案例需要不同的做法。在所有从物联网获取快速回报的故事中，我最欣赏的故事所涉及的并不是某一家普通的企业或者某一个典型的行业。它恰恰是我在第三章中讲述过的力拓矿业集团进行采矿作业的故事（见图 5–5）。在这里，这个案例完全值得我们再次强调。力拓矿业集团所采用的方式，即便是在一些非常极端的条件下，依然可以完全照搬并获得快速的回报。力拓矿业集团采用的预测性维护

案例分析

力拓矿业集团

预测性数据分析
增加设备在线时间
以及有效生产时间

问题
- 工作于严峻环境中的昂贵设备
- 每一辆无法工作的卡车每天会产生200万美元的成本

行动
- 通过在每辆卡车上安装92个不同的传感器，使900辆巨型自卸卡车自动化

结果
- 获得每天分析4.9TB数据的能力
- 使设备的使用寿命最大化并优化了设备的产出效率

图 5–5　力拓矿业集团案例

方案给这家企业带来了巨大的回报。对任何企业而言，如果其业务以及关键任务系统也面临着各种极端条件的话，那么它们同样可以从这一案例中获益。

力拓矿业集团的目标是将其业务流程以及相关的设备都进行联网，以此提升效率、最大限度地提高安全性、尽量少地使用人力，并使产出达到最大化。这一项目的关键是在每辆巨型自卸卡车上安装92个不同的传感器，这些传感器被安装在发动机、动力传动系统以及轮胎上。需要安装传感器的巨型自卸卡车大约一共有900辆，在安装完传感器之后，这将会是一支完全自动化的车队。这些传感器将追踪车辆所处的环境条件、速度、位置以及其他更多的参数，实际上使这些卡车——前提是仅在私人土地上行驶——不再需要人类驾驶员的操作。

总的来讲，力拓矿业集团的车队大约每天能产生 4.9TB 的数据。这些信息不但控制着车辆的运营而且提升了效率。预防性维护确保了这家公司能够让设备的使用寿命达到最大化。每辆卡车上的位置传感器还能够确保整个车队尽可能地选择最短的路径以使燃油的消耗最小化。令人非常惊讶的是，所有这些细微的节省累积起来给企业带来了巨大的回报。

要完成这样的任务，绝大多数所需要的技术早就已经存在，你所需要的只是一些智能传感器、智能组件、联网协议以及软件方面的专业知识。让我们再来看一下力拓矿业集团。正如我们已经看到的，力拓矿业集团需要在一个偏远的、条件恶劣的环境中操作一些极其昂贵的设备。所有这些设备都有可能发生损坏，但当故障发生时最好的情况是这些设备并没有位于一个很深的露天采矿区的底部。在现场对这些损坏的设备进行维修所需要的时间和成本实在是太高了，甚至已经超出了你的想象——每辆损坏的卡车每天的维修成本大约是 200 万美元。而这个成本还需要翻番，因为这家公司需要派出另一辆差不多相同的卡车将那辆损坏的卡车从矿坑中拖出来，而这辆卡车也将无法投入生产（你不可能简单地打一个电话给美国汽车协会这样的组织，然后他们就会帮你把那辆庞然大物拖出来）。所以，力拓矿业集团的成本已经接近每天 400 万美元，而此时它甚至还没有开始维修那辆损坏的卡车。

你还记得我在第 3 章中描述过的那个解决方案吗？没错，就是预测性维护。在任何行业，东西（设备、车辆、机器、资源以及无论什么）损坏常常会发生在最糟糕的时间或者最不方便的地点。这应该是墨菲定律的一个必然结果了（事情如果有变坏的可能，不管这种可能性有多小，它总会发生）。如果你能够预见到这种故障的发生，那么你就能避免这样的事情发生在一个不合时宜的时刻，以及一个令人感到尴尬的地方。实际上，你完全可以避免让你的生产线在某个紧要的关头，比如在为圣诞节的订单加班加点工作时突然停下来，而停机的原因仅仅是某个传感器上面有了灰尘或者某台电动机的传送带的松紧度需要调整一下。

预测性维护依赖于具有物联网能力的设备捕捉和沟通关于这些设备自身的信息。然后在近乎实时的情况下利用预测性数据分析对这些信息进行分析，并预估下一次故障可能会发生在什么时候，或者，更有实际意义的是，在下一次故障发生前企业应该在什么时候具体安排修复这一问题。这将给予你足够的时间安排生产、原材料、零配件，或者无论什么能够确保原有生产计划不变的资源，并且不会因为没有预先做出计划而付出不必要的成本。

以上就是从物联网获取回报的 4 条快速通道，以及一些客户的实际应用案例。你还想要更多的案例吗？这里有一些你的同行们是如何在多个不同的行业中部署物联网，并获取快速回报的场景。你可以在其中的某个场景中尝试建立你自己的案例：

农业：

- 在澳大利亚的塔斯马尼亚岛，有一个生蚝农场希望通过物联网以及预测性数据分析优化其日常的运营。一个物联网系统以及相关的传感器将监测整个农场的各种环境数据。生蚝对于水温的改变非常敏感，而且只有当它们所处的环境完全没有污染时才能进行收获。如果水中的污染程度让收获作业无法进行时，或者当水中的各种条件开始恶化并有可能会影响到生蚝的生存环境时，物联网就会发出警告。同样的解决方案也已经在美国境内得到了实施。通过帮助企业拯救它们的生蚝，物联网实际上拯救了这些企业的收入来源。

- 在加利福尼亚的纳帕谷，物联网系统对葡萄园内的葡萄树可能会发生的状况进行监测，并适时地用文字信息提醒并建议葡萄园的员工应该采取什么样的行动，包括葡萄的最佳采摘时机。
- 在全球很多地方，有些农作物需要浇灌大量的水，种植这些农作物的农民们开始在农田里安装传感器以及基于云的系统帮助他们进行自动化的田间测试并减少水的使用。
- 让我们在这个清单中再加上目前正在进行田间试验的激光导向收割系统“互联牛”，其中包括对牛生殖状态的监控、蜂箱监控以及预测性解决方案。你现在已经能够看到物联网将如何在农业领域掀起革命了。

医疗保健业：

- 一处为老年人服务的设施将可穿戴设备与云计算软件组合在一起打造自己的物联网。这个系统能够辨识出病情恶化的一些迹象、监测每个病人的关键生命体征，甚至可以提醒陪护人员老人可能会发生的跌倒或者其他意外。现在这一设施已经允许病人的家属对他们所爱之人的身体状况进行远程监测。

- 其他的项目还包括智能床，当时间意味着生命时，这一系统能够将救护车和应急反应系统连接在一起以加速对病人的诊断和医疗。
- 无论是在发达国家还是发展中国家，对于偏远地区的病人医疗机构目前都已经采用了远程病人看护的方式。这种方式能够让病人获得处于数百英里以外的专家的诊断。当然，安全性和私密性的问题依然是这些应用中最受关注的焦点。

零售业：

- 很多零售连锁企业正在试验和实施多渠道解决方案（又一个行业时髦词汇），这一词汇的实际含义是通过将在线销售和实体店销售结合在一起为客户提供卓越的体验。当一个优先客户或者 VIP（贵宾）进入实体店的时候，该店的经理将会亲自出面接待；如果有一个 VIP 在走廊上徘徊了几分钟，显得有些犹豫不决，这家实体店就会派出一个助理来为这个客户提供帮助。如果某个消费者在进入实体店之前就已经在该店的网上商店购买了鞋子，他或者她就能够拿到之前所购买的那个品牌的即时优惠券。
- 实体店正在试验智能货架，这种货架能够为基于智能手机的客户体验方案提供补充，又或者可以在实体店内安排机器人商店助理，这些机器人能够帮你找到你所需要的产品，并回答任何与这些产品有关的问题。

- 此外，零售商正在试验预测性数据分析系统，这一系统将能够允许实体店基于进店顾客的数量以及购买模式对客流进行管理。实体店能够预估需要打开多少个收银台才能使客户排队等候付款的时间不超过 5 分钟。很多初创企业以及大型供应商正在研究这样的解决方案，然而这些解决方案目前无论从技术的角度（比如定位的精确性）还是从商业模式的角度来看都很不成熟，还需要更多的时间进行开发，但是如果你目前从事的是零售行业，或者采用的是 B2B2C 业务模式，那么你就应该在这一方向上有所投入。现在已经无须我的提醒，你们也应该知道很多类似的功能同样需要客户的选择性参与。

体育与娱乐行业：

- 现在已经有很多系统（包括一个由我的员工为一些团队开发的系统）能够增强观众的体验，这些系统允许观众或参会人员使用他们自己的平板电脑或者智能手机观看比赛的回放或者查看相关的统计数据，与此同时这些系统还为场地运营方提供了动态管理其业务的能力，比如场地运营方现在能动态地管理小卖部的菜单以及价格，并主动地推销场地内的空余座位。如果你是一个手上持有季度赛门票的体育迷，你想不想拥有在现场升级到一个刚好空出来的更好座位的选项？

公用事业：

- 如果 10 年前你在公用事业这个行业待过，那么你肯定会记得智能电网带来的兴奋。好消息是，随着智能电表以及智能电网部署的加快，物联网终于在能源领域开始得到应用，这为公用事业和消费者带来了真正意义上的节能以及费用上的节省。一些公用事业现在正在试验使用基于区块链的系统动态地将太阳能集成进入整个电网。

楼宇自动化：

- 智能照明解决方案、人身安全、办公室的客制化、办公室的个性化等各种应用案例正在一些新的建筑中实施，同时越来越多地通过对现有办公楼宇的改造而得到采用。房东们发现所有这些物联网的能力对租户具有很大的吸引力，而且这些能力能够为房东带来更高的出租率以及更高的租金。

教育：

- 大规模的网络公开课程或者慕课现在非常流行，此外我们还看到了远程教育的出现，这种教育方式使得一些在偏远郊农村的学生能够实时地参加本地无法提供的、由专业教师教授的课程。除此之外，我们还看到了校园中的一些物联网应用，比如人身安全系统，其中包括紧急警报、能源监控方案以及智能城市中的某些应用如停车系统等。现在你已经可以看到一个大概的轮廓了。

航空业：

- 物联网正在帮助航空公司和机场运营商降低飞机停留在停机

坪上的时间，降低飞机的重量并以此节省燃油成本。一些最有效率的航空公司现在已经发现，从飞机上下载数据已经成为飞机长时间停留在停机坪上的重要原因。因此，正在安装的高速网络成为减少这一时间的必要选项。在一架普通的飞机上，连接多个子系统的电缆重达几吨，而这些电缆同样还连接着飞机上的视频和娱乐系统。航空业现在正在考虑哪些电缆可以被无线技术取代，这样至少能有效地去除飞机上的部分电缆并降低飞机的重量。每降低一磅重量所能节省下来的费用在不同的机型之间可谓大相径庭，但是减少一吨重量所节省下来的费用肯定会对企业的财务报表产生影响。

军事领域：

- 甚至在军事领域，物联网也正在被各个军种采用。机器人、无人机以及人工智能在军事领域中的应用依然是一个具有高度争议性的话题，并且可能还会继续激烈地争论下去。互联战场已经成为现实。安装在悍马上的移动指挥及数据中心将在战场上实际指挥那些穿戴着 360 度广角摄像头的互联战士。来自其他战士、无人机、卫星以及各种传感器的战场环境信息使得战士们能够看到和辨识出山坡另一面的威胁。智能服装监控着所有战士的身体状况，在有人受伤的情况下智能服装还能提供初步的诊断。目前运行在潜艇上的互联系统已经能够承受鱼雷的攻击。另外预测性战场环境系统也正逐步地被安装在各种军用飞机上。

我还可以继续罗列在其他行业中的物联网应用场景以及获取快速回报的机遇，但我认为你应该已经看到了这一点：在每个行业中都有获取快速回报的机会。有些行业正在实施互联运营，而有些行业早已成功地采用了预测性维护方案。可以这样说，今天我所知道的所有行业都正在采用物联网技术。

物联网和环境

我最近遇到了一家向美国的一个主要大都市供水，并提供废水处理服务的水务公司。我们一起探讨了确保向城市提供清洁自来水的综合性方案，包括水源保护、水处理以及供水系统。想一想他们面临的挑战：尽管水源处（一条河流）有各种污染物或者微生物的聚集和混合，但他们需要确保通过他们的系统向消费者输送的水的质量，以及能够持续不断进行供应的能力。另外，从80年前成立到现在，这家水务公司所服务的人群数量已经翻了两番。所以毫不奇怪他们会转向物联网寻求帮助。这家水务公司部署了多种不同的传感器以测试各种物理参数、化学参数、生物参数。他们与一家初创企业合作将各种传统的传感器连接在一起，并采集了这些传感器所生成的实时数据。接着他们更进一步地采用了诊断、预测和预后数据分析帮助他们管理资产、确保水质、快速查明漏水，以及预估第二天城市所需要的用水量。他们现在正在研究如何利用一个增强现实系统具体执行应急管理的预案。

我们都了解发展中国家和发达国家在环境问题上面临的挑战。城市中的空气污染、饮用水的缺乏、工业废弃物、具有污染性以及低效的能源，这些只是其中的一些例子。好消息是物联网在很多领域开始为我们带来全新的选项。城市正在部署各种系统检测空气质量和噪声强度，这些系统还会向我们建议应该采取什么样的行动，比如像控制交通流量以及限制车辆进入市中心这样一些简单的措施。政府和城市正在安装海啸、洪水、地震、火灾等自然灾害的预警系统。在印度、斯里兰卡、中国、肯尼亚、南非、美国以及意大利，一些农民正从智能灌溉系统中获益，这种系统能降低水的消耗、提高产量，并改善田间和温室中农产品产量的可预计性。加利福尼亚的一些城市正在使用智能水表监测和控制干旱期间家庭的用水量。我们都知道无论在贫穷还是富裕的国家，很多食品在不当的运输和储存过程中被浪费或者发生变质。当那些创业者将物联网的车载信息系统和基于云计算的系统能力与小额支付以及现代供应链的最佳实践案例（替代了传统的、极其低效的分销网络）组合在一起，由此带来的市场结构的转型能够极大地降低食品变质的比例以及消费者购买食品的成本。

创业者、政府、非政府组织、企业以及研究机构正越来越多地采用物联网技术以适应发展中经济体的现状和成本结构。我在前面提到的、由 Nimble Wireless 实施的远程监控方案只是其中的一个例子。在那些项目中一个成功的关键是，你不能盲目照搬发达国家的一些解决方案，相反你应该首先确认某个特定的国家或区域的具体问题，或者与之相关的实际应用案例，然后利用物联网技术并结合创新资本以及创新的商业模式处理这些问题。作为这些努力的成果，我们现在已经能够看到饮用水和空气质量的测试工具、动物保护、森林砍伐控制系统，以及清洁的室内烹饪解决方案等正在非洲和亚洲各地进行着各种尝试。[3]

我最喜欢的一个案例是牛津大学在肯尼亚开展的智能手压泵项目的试验。[4]在非洲，由于农村中的大多数人利用手压泵从水井中汲水，确保这些手泵正常工作就成了很多人都会关心的事情。为了帮助解决这一问题，牛津大学的团队想出了一个很简单却非常天才的解决方案。他们在这些手压泵的手柄上安装了运动传感器，然后把传感器与蜂窝网络（手机网络）连接在了一起。当某个手压泵停止工作时，维修团队就会得到提醒，维修人员如果能够及时地完成修理就能获得一定的回报。其结果是手压泵的工作时间得到了大幅度的延长，水井的利用率得到了提升。还有一个副产品——这一系统还搜集到了当地实际的用水量数据，而这些数据可以被用在供水系统的建设规划以及优先级的设定上。

2016 年春，德国实现了这样一个里程碑，即至少在一天的某个时间段，整个德国几乎所有的能源需求均由风能和太阳能提供。葡萄牙现在每周有 4 天的能源需求是由可再生能源满足的。丹麦也创造了类似的记录。对于很多由“碳排放和可持续发展倡议”推动的国家来讲，风能已经成为这些国家能源战略的一个关键组成部分。风能发电厂是一个复杂的、高度集成的采用物联网系统的完美案例，其囊括了我们前面所谈到的 4 种快速回报的场景。风能发电厂整合了传感器、预测性数据分析、预测性维护、远程监控、雾以及云，再加上大量的风力涡轮机。所有的风力涡轮机相互连接形成一个与电网紧密耦合在一起的单一综合体。维斯塔斯公司（Vestas）是风力涡轮机的领先制造商之一，乔治·马哈耶斯（Jorge Magalhaes）是这家公司负责工程和创新的高级副总裁，他做出了一个非常完美的总结：“物联网不但使我们将很多因素汇总在了一起，而且促使我们将所有这些因素相互关联，比如对于气象、风向和风力的预测，对电力需求的预估，涡轮机目前的动态性能以及配件和材料的使用量等。这样我们就能够预先做出一些决定，比如应该启用哪一台涡轮发电机，如何才能使这台涡轮发电机实现最高的效率以及应该启用多长时间，如何选择在经济上最可行的时刻对涡轮机进行维修和保养等。”

目前我们还只是刚刚开始。从海啸或火灾的预警、空气污染的检测和预防，到智能农业、食品安全和管理，再到最后的清洁能源，我很乐观地相信，基于物联网的解决方案将能够在全球范围内帮助我们解决关键的环境问题。所有这些想要获得成功的方案不但应该在经济上是有意义的，而且必须是对环境有益的。真正的关键还在于这些技术解决方案不但要根植于当地的商业和文化现实，而且必须具备目前很多国家都迫切需要的、业务流程和市场结构上的创新。

渴望获取的回报

本章最开始的时候所描述的 4 个场景能够提供快速、即时的回报。如果经理们需要为物联网项目的投资建立一个成功案例的话，那么所有这些就是他们所需要的。通过设备联网、设备与设备之间互联、设备与企业的其他部门相连，然后再对这些设备所产生的数据进行实时或近乎实时的分析，可以说几乎任何行业都可以因此而产生类似的投资回报。

这 4 个应用场景所带来的常常是能够很快实现的战术性的投资回报。通过一些能够带来即时成果的小项目开始你的物联网之旅，你可以向你的企业证明物联网的好处，并说服任何持有怀疑观点的人同意你对企业向物联网转型进行投资，这一步不但是对于技术解决方案的投入，还会让你的企业组织架构发生改变。更加具有战略性的（期望的）回报需要更多的时间、规划以及投资，但由此带来的回报同样也会更大。在很多情况下，这样的回报不但对于你的企业，而且对于整个行业来讲都意味着彻底的转型。它们常常以新的商业模式或者新的市场营销策略的形式出现，而且很有可能会彻底地颠覆某一个细分市场。

在项目开展的初期，你并不需要从物联网获得一种面向利润的战略性回报，或者从物联网获得其他的好处。如果你专注于之前提到的快速回报，并且采用了第 4 章中给出的解决方案的模式，那么物联网就能改变你的业务和你的职业生涯。这里是一些你可以参考的步骤：

1. 采用、修改以及定制化已经得到验证的模式。你可以按照你的特定需求随时采用和修改这些模式。
2. 将基础设施互联并连接上网。这是你从物联网获取回报的开始。
3. 启动实际的应用案例。从小项目开始，从每一种业务都需要的、唾手可得的成果开始。考虑一下使用远程监控。
4. 一旦所有的东西都实现了互联，你接着要做的就是对决策引擎进行优化。当所有的东西都互联在一起并开始生成数据后，你就会需要一个决策（或者规则）引擎来帮助你组织和理解汹涌而来的数据。
5. 围绕着数据的采集和分析构建你的物联网。这就是你获得最佳回报的方式。
6. 利用智能化技术对业务流程进行自动化。利用数据分析指导业务流程的自动化（如果你没有对流程进行自动化，那么你的员工可能很快就会被数据淹没）。
7. 部署预测性数据分析。这是将前面第 4—6 个步骤可能产生的影响最大化的关键。

这里有一个案例，有一家公司就是从实施上面所描述的前两步开始其物联网之旅的。还记得Nimble Wireless这家印度的初创公司吗？这家初创企业还帮助了一家印度的重型设备租赁公司。这家租赁公司的设备租赁期限一般是30个月。当30个月到期的时候，这家公司希望能够把那些设备尽快收回来。所以Nimble Wireless在那些设备被租出去之前就在上面部署了物联网传感器并确保这些传感器能至少工作30个月的时间。这样一来，无论这些设备在哪里，这家租赁公司都能监控那些非常昂贵的资产。如果设备到期没有被立刻归还的话，这家公司可以直接找回设备。与被租出去的设备的价值相比，传感器和监控系统的成本实在是微不足道，而且几乎可以在任何智能手机或者与互联网相连的终端上追踪这些设备。这里的回报是显而易见的。如果更进一步的话，我一点也不会惊讶世界各地的企业会在每一台昂贵的机器上面安装这样的传感器。现在这

图5–6　你距离物联网有多远？

家租赁公司已经走出了前面的两步，并且正在计划实施更加先进的应用方案。

另外，采用预测性数据分析（第 7 步）具有将任何已经互联的设备都提升到战略层面的潜力。预测性数据分析能够从各种模式中归纳出管理人员很容易错过的一些趋势，从而将一项战术性的投入转变为一项战略性的方案。

世界各地的研究人员都预计，仅在几年的时间里物联网对于世界经济的影响就将超过数万亿美元。唯一不同的是这个数字具体是多少，以及实际需要多少年的时间去实现。作为业务经理，你需要回答一个“价值数万亿美元的问题”：你在一块如此大的蛋糕中具体能分到多少以及需要多长的时间？对这个问题后半部分的回答实际上可以直截了当：一旦你开始将物联网设备在 IP 网络上互联起来，你就已经开始收获你的回报。

这个问题的前半部分不太容易回答。答案要看你想解决的是什么样的问题，以及在解决这个问题的过程中你想做到什么样的程度。基于本书提及的案例，我能够向你保证的是：只要你开始把物联网设备连接起来，你就会体验到回报。不过不要忘记，可以快速获得的回报并不意味着一定是容易得到的回报，部署物联网并不像你想象的那么简单。所以请继续阅读以下章节，尤其是在第 8 章中谈到的一些常见的错误，还请在决定实施任何快速的回报方案之前，真正地吸收和实践我在第 1 章中给出的物联网成功的秘诀。

在部署物联网的过程中，你不可能单干。在下一章中我们将具体探讨物联网对人才的需求，以及到哪里和该如何才能找到你需要的人才。随着物联网加速发展，你将会和硅谷、波士顿、纽约以及其他孕育新技术的温床竞争众多拥有同样熟练技能的人才。那些我将要探讨的工作岗位——数据经理、流程协调人员、变革管理经理以及其他类似的岗位——在市场上将会非常抢手。

BUILDING

第二部分

THE INTERNET

物联网：企业的未来

OF THINGS

BUILDING THE INTERNET OF THINGS

第6章

“物联网一代”的工作岗位

在你的企业中采用物联网会是一种什么样的感觉？尽管这只是一种假设，但下面所描述的场景是基于这些年来我所拜访的很多真实企业中的真实经历。

无论你是一个在物联网到来前就已经在这个岗位上工作了30年的老人，或者你只是一个刚刚受聘上岗，在了解目前工作岗位的同时还在学习物联网的新人，你都必须参加掌握新技能的培训——这是物联网的要求，而且更重要的是，你所需要掌握的是思考问题和开展工作的新的方式。从这个意义上讲，每个人都是新手，我们所有人都是平等的，只有培训师才是专家。我们这群新手正尝试着理解物联网，以及如何才能行之有效。我们这群人背景各异——有些人有运营方面的经验，而其他人主要关心的是技术，但这无关紧要。物联网在乎的是如何以截然不同的方式思考和工作。

这个群体的多样性引人注目。它不仅仅包含 IT 员工、OT 员工或者任何其他部门的员工。这个群体中的成员背景各异，技能多样：他们是 IT 极客、OT 控制工程师，以及流程管理人员——有些人甚至随身携带着夹纸的书写板以及审核清单。这样一个群体既吸收了传统的知识（这一部分知识依然是非常重要的），还拥有数据分析能力、新的应用软件和中间件，以及在网络的基础上新出现的某些事物（尤其是雾计算）。我们所有人正在学习的内容不但有新的物联网方式，还包括如何将物联网与传统的系统进行集成、如何把 IT 和 OT 的架构组合在一起，以及如何将旧的技能与新的技能相融合。所有这些都令人非常兴奋，所有人都会努力地学习——尽管有些人不太情愿。看着 IT 人员和 OT 人员互相猜测对方的想法实在非常有趣。虽然有时候会发生一些小小的摩擦，但我们最终还是把这件事情做成了。

到这时我们已经认识到，在这个团队中，那些熟悉旧的做事方式和流程的员工与其他人相比并没有什么真正的优势。因为物联网要求人们必须用新的方式创造新的商业模式，而且我们必须遵循特定的由物联网驱动的商业流程。所以我们大家实际上都在学习一种截然不同的工作方式（见图 6–1）。比如，在过去，当我们必须查找和检索数据时，事情可能会很棘手。现在，在全新的流程下，物联网设备已经知道我们需要的是什么数据以及在哪里可以找到这些数据，然后这件设备会把相关信息发送给我们。很快你就会清楚地了解，有了这些数据后我们应该怎么做，因为作为物联网流程的一

图 6–1 新的旅程

部分，那些进行数据分析的软件工具会主动给出多个很好的选项。我们只需要决定哪个选项在我们当下的情形中是最合理的。

事实证明，这个团队中的每个人都能相当快速地掌握新的业务流程，以及其他必须遵循的新的流程。物联网不但使我们有了以截然不同的方式开展工作的机会，还能使我们以更加简单的方式完成这些工作。当智能物联网设备与智能物联网系统集成之后，需要人进行手工处理的情形也就大大减少，这就减少了错误发生的概率以及工作的复杂性。有了物联网，当机会出现的时候，任何对于物联网的能力有大致了解，并且清楚自己手上有哪些可用工具的员工都会明白应该如何去做。我们都同意，我们会喜欢上物联网的。

更多与之前截然不同的员工

随着物联网的不断发展，它会需要更多合格的员工。许多将会是现有的企业员工，特别是那些能够拥抱改变并可以在物联网项目中被重新培训的员工。物联网对于新的岗位和新的技能也会提出自己的要求，尤其是那些涉及数据以及流程管控的岗位。即便针对物联网项目进行了重新培训和调整，有些岗位还是会被彻底淘汰。比如，一些不需要团队和协作的独立岗位以及需要手工操作的岗位，都将是被自动化取代的首选对象。如果由物联网设备生成的数据将会被上传到数据分析引擎中进行处理的话，那么手工的数据采集工作将会完全失去存在的意义。同样地，只要你在物联网的流程中内建了数据分析，所有陈旧的数字运算和数据分析方式也将被彻底淘汰。其结果是，我们将不再需要那么多特定领域的专家以及现场技术人员。无论这些被削减下来的人员会被调整到什么样的工作岗位，所有的员工都需要重新定位，并且至少需要针对一些新的基于物联网的思考方式和流程内容进行培训。

寻找到足够多的具有物联网能力的员工是一个挑战。这就是为什么我在第 1 章提出要吸收并培训新的以及现有的人才。无论你在什么行业，无论你的公司提供的是什么样的产品和服务，你都会发现自己参与的是一场吸引人才的全球性竞争。因为基于物联网的经济驱动着数万亿美元的经济增长，所以必然会有一场世界性的、对于具有同样物联网能力的员工的争抢。这些员工的能力将包括：

- 能够处理基于物联网的业务流程
- 对于数据和网络非常了解
- 对于由数据驱动的决策和业务流程支持的敏捷运维非常熟悉
- 已经习惯了 API、移动，以及由数据驱动的经济——实际上所有这些早在物联网发展初期以及如今所看到的趋势出现之前就已经出现了。
- 拥有必要的软技能或者情商。他们能做到：
  - 跨越企业内各种天然的壁垒展开工作
  - 在多个不同的虚拟团队环境中开展建设并有效地执行
  - 影响头脑敏捷的思想者去拥抱而不是拒绝新的方式

对这些员工的争抢已经非常激烈，而且今后还会越来越激烈。工业领域，包括制造业，正在寻求与硅谷相同类型的员工。事实上，一些制造业领域当下就非常渴望能够拥有这些合适的员工。

比如在制造业和工商业领域，一种整体上的效率趋势正在推动着对更智能化的策略以及能够执行这一策略的人才的需求。这反过来又驱动了互联设备的增长——而这实际上只不过是对物联网的另一种描述罢了。

制造商在物联网上的投资将转化为数十亿美元的巨额支出。按照约翰·格里诺（John Greenough）于2016年3月11日发表在《商业内幕》上的文章[1]，曾有分析师预估，到2020年全球制造商在物联网解决方案上的投资将达到700亿美元，而在2015年这个数字还只有290亿美元。制造商们采用物联网的最初目的只是追踪其工厂中的资产、整合杂乱的设备控制房，以及增加和加强预测性维护，但所有这些却有些意外地通过前瞻性的实时数据分析给他们带来了巨大的回报。尽管现在很多物联网的解决方案依然还是很基本的，但是分析人员预期，制造商们最终将采用更加复杂的技术，比如自主机器人和增强现实工具。这些趋势将激起潜在新员工的兴趣。

“制造业在雇用劳动力方面承受的压力正持续不断地迫使制造企业向前发展。其中有些公司正在寻求降低固定成本，比如降低员工人数；还有一些公司则因为有经验的操作人员的退休，正竭力想办法应对专业技能的丧失。除了这些以外，降低设备的离线时间以及改善供应链的可视性（透明度）是始终存在的需求。在目前的技术创新发展的周期，企业正越来越多地把关注的重点放在如何通过搜集和分析来自工厂和机器的数据从而获取价值。但是，随着机器自己开始学习并逐渐积累起自己的经验，企业对于那些没有经验的员工的依赖度就会不断地降低。”IHS[①] 首席分析师亚历克斯 · 韦斯特（Alex West）这样评论道。

尽管物联网的成长可能使招聘变得复杂起来，但显然物联网同时也正在以各种不同的方式帮助企业实现自动化。在更加高效的制造业和商业贸易领域，实际上我们已经遇到了这种情况。自动化也包括对于远程通信、远程监测和控制的新需求。按照 IHS 的副总监马克 · 沃特森（Mark Watson）的说法：“因为制造商们面临的挑战是以更低的成本生产制造更多的东西，所以建立一个中央化的、由各种专家汇聚在一起的中心为远程工人提供支持就会广泛地被制造商接受。由于服务和技术支持的工作越来越多地采用了外包的形式，基于物联网的解决方案同时帮助拉近了客户与其供应商之间的距离。”所有这些更进一步地推动了物联网的成长，同时在一个与物联网的发展直接相关的趋势中促进了集成化智能、传感器网络、资产追踪、互联网连接、M2M 通信，以及能源计量和管理的成长。而所有这些又进一步地推动了服务于这一领域的 IP 连接的增长。

综上所述，仅仅在工业和制造业中能够预见到的增长就已经表现出了几乎无法满足的、对熟悉物联网的劳动力的需求。那么企业又应该到哪里寻找这样的劳动力呢？尤其是如果这样的人力资源并不集中在少数几个极其迷人的物联网中心，如硅谷、纽约、波士顿

① IHS 是一家全球市场、行业以及技术专业知识的领先供应商，总部位于伦敦，为政府和企业的商业决策过程提供信息和数据分析支持，它所涉及的行业和技术领域包括航空航天、国防和安全、汽车、化工、能源、航海和贸易，以及最新的革命性技术。——译者注

和休斯敦的园区时，这一问题就会构成一个极其严峻的挑战，解决这个问题需要一个创造性的解决方案（见图 6–2），而通常的招聘策略显然已经不够用了。

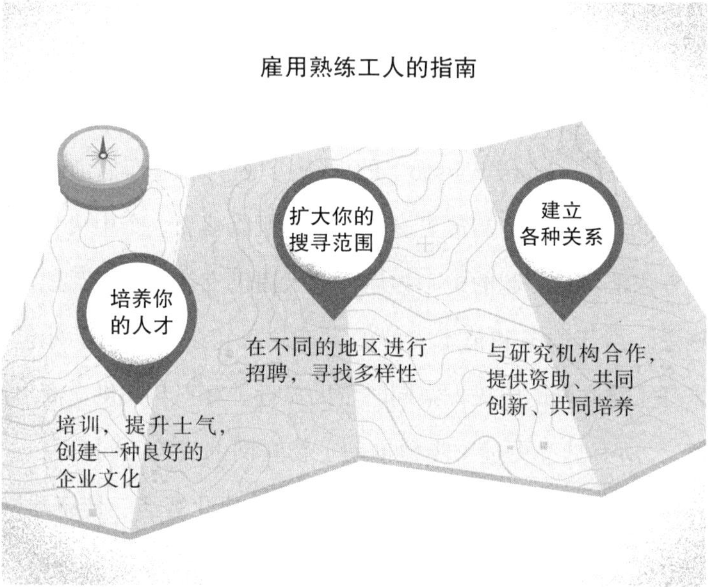

图 6–2 招聘指南

寻找合适的人才

一个简单的解决方案，也是传统的解决方案，是支付更多的薪酬。宣称支付更高的薪水以吸引更多的人前来应聘，这是一个很好的主意，但事实上这样做并没有什么效果。硅谷的企业早就在支付顶级的薪酬，但它们依然在竭力吸引足够多的合格对象。

当我与那些正竭力应对这一问题的世界各地的企业交流时，我发现这个问题的答案来自一个稀奇古怪的方法，即回归本源，从培养你自己的员工开始。这意味着你需要培训他们与物联网相关的所有技能——不仅仅是技术和流程，还包括一些软技能，比如组建虚拟团队以及与其他人合作。确实，这样做你需要承担一定的风险，也许会有另一家同样走投无路的企业因为急需这些相同的技能而很快地把你的员工吸引走。是的，有些员工也许会跳槽，因此你需要把这种可能性预先考虑进你的模式中。在大多数情况下，培训和激励你自己的员工依然要比从外面寻找、雇用并挽留那些拥有同样技能的工人更加容易且更具有经济效益。

如果你从一开始就与你的员工建立起了很好的关系，并且通过对他们的兴趣和需求做出恰当的回应，把这种关系向前推进了一步，那么你就能赢得这场竞争。这不仅涉及眼下的这一代劳动者，那些备受争议的千禧一代更是如此。在所有各种不同的需求中，他们尤其希望能够在工作场所接触到一些新的东西、有更多的灵活性、能够更好地平衡工作与生活，以及拥有为公共服务做出贡献的机会。如果你的企业能够提供这些东西，他们就会更愿意努力工作并留下来。由于这些是绝大多数员工想要的东西，向你的员工提供这些意味着你会在整个企业内改善员工的士气。

好消息是很多传统的培训公司，以及一些物联网专业培训机构和供应商不但已经围绕着物联网技术、应用案例和商业模式开办了一些特别的课程，而且针对变革管理中的软技能和最佳实践案例推出了一些综合性课程。这意味着你没有必要自己去开发这些课程，只需要充分利用他们已经在推广的课程就足够了。

接着，你需要扩大你的搜索范围。与那些4年制的文理学院和大学建立联系，但是你也可以去看看那些专科学校或者社区大学，甚至高级中学。比如，罗克韦尔自动化公司就举办了一个面向高中学生的暑期实习项目从而扩张公司的接触范围。波音公司、诺斯洛普-格鲁曼公司（Northrop Grumman）以及其他的制造商也开办了类似的项目。当然，你要看的是学生在科学、技术、工程、数学这些学科方面的成绩，但也不要忽略了其他的领域如通信、医疗保健以及零售。

另外，不要以为在开放参观日或者招聘现场简单地露一下面就足够了。你应该尽可能早和尽可能全面地与那些学校进行沟通，对学校的研究项目提供资助，向学生们提供实习机会，并与大学开展联合项目。当学生有机会与你的公司和员工一起工作时，他们就可以获得对于你的公司的第一手（当然你希望是正面的）体验，这样的体验也许很可能会让他们最后选择加入你的团队。“我喜欢我在X公司工作时所做的那个项目。那些人都很聪明，我们在一起工作时非常开心，我感到我们所做的事情会产生重大的影响。”这样的话正是你想从那些参与者的嘴里听到的，而且你肯定能听到，我自己就已经有很多次听到这样的话了。

还有，你可以考虑与那些学校共同开发培训课程。如果你需要更多的数据科学家，你可以与大学一起合作开发这样的课程，你还可以资助相关的大学建立相应的实验室等。在这些事情上你需要有创造力，不要在非正统的或者创新的方式面前却步。以西门子公司为例，该公司于2015年8月12日发行的一份内部刊物上提到了这样一个案例[2]，当时该公司位于北卡罗来纳州夏洛特区的一个设施迫切需要机械电子学方面的专家。西门子公司当时并没有采用传统的招聘方式，这家公司与一所本地的社区大学合作创建了一个招收学徒的项目。仿照德国式的学徒模式，这个 4 年制项目向学员提供了一个独特的在岗培训和结构化课程的组合。西门子对于这个项目毕业生的质量非常满意，决定将这个项目推广到全美的其他几个地方。经过多年的逐渐没落后，支付工资的学徒制又一次在美国重新盛行。从行业巨人如美国铝业公司到中小型专业公司如奥伯格制造（Oberg Manufacturing）都已经开始拥抱这一模式。很多州以及社区大学正在开始提供类似的项目。为了支持这些项目，美国政府最近拨出了 9 000 万美元的专用补助金支持美国的学徒项目。另一个很有意思的方法是通过提供物联网技术的在线课程来保持与物联网社区的接触。我已经看到了 IBM 和其他的一些物联网企业通过它们自身，或者与不同的慕课公司合作提供这样的课程。

另一个你可以采用的方式是将你的注意力转向其他的地区。在高科技企业最为密集的区域（比如在硅谷或者波士顿），你所面临的是与其他企业展开对于顶尖高校人才的残酷竞争。但是如果你选择与东欧的大学进行合作——众所周知，东欧的大学能够提供相当优质的教育——你很有可能会在那些地区找到争先恐后想要加入你公司的顶尖学生。我看到过这种事。

克里斯·刘易斯（Chris Lewis）是行业分析师，同时也是 Lewis Insight 公司的创始人，按照他的说法：“世界上大约有 10 亿人身患残疾。物联网加上智能设备以及无处不在的宽带正在为原本被排除在劳动力范围之外的人群打开就业的机会。无障碍技术将帮助所有人，不仅仅是残疾人。那些想要或者必须要过一种不受地点限制的生活的人，或者那些想要过一种比传统早九晚五的日子更加灵活的生活的人都可以参与进来，并从物联网经济体中获益。所有企业都可以采用一种以无障碍为导向的设计方法并从中获益，如果这些企业能够持有一种更加开放的态度，愿意让这个世界上的10亿残疾人从技术、就业以及今天我们所居住的这个数字环境中获益的话，那么这些企业也将获得相应的利益。”这里的底线是：你需要有包容心和创造力，需要去考虑物联网将如何拓宽你的候选人才库以包容那些刘易斯提到的，这个世界上的10亿残疾人、退伍老兵、护理人员、父母以及其他需要更大灵活性的人和那些有能力也愿意成为你的理念拥护者的人。

你还需要为继续教育做出计划，并且重新定义岗位要求以便把学习和再学习作为一种必要的技能包括进来。我们将在下一章讨论变革管理，但在这里我想指出的是：不要以为对你的员工进行重新培训是一次性的事情，或者你只需要雇用一个数据科学家就能一劳永逸了。这里有两个理由。第一个理由是，你需要你的员工能够真正地吸收和运用物联网，而不仅仅是学习一些知识。这需要付出时间和专注，所以绝不要过早地以为事情已经解决了。第二个理由是，物联网是一波又一波不断涌来的变革，这些变革将在今后10年，甚至更长的时间里不断地影响着你的企业。物联网的能力、工具以及成果将不断地快速演变。这就是为什么无论你今天对你的员工培训了什么，这些内容都将很有可能在今后的三年里遭到淘汰。你不妨这样认为：你的整个企业都需要定期学习。正如我们在

第 1 章中讨论过的那样，每隔 3—7 年，你的整个思维模式都需要重新改造，并持续不断地学习。对于一家企业而言，要么学习并采用新的方式，要么被淘汰。这就是转型变革的本质。

有了所有这些可能性以后，你就应该能够找到有能力开展物联网业务的员工。也许你需要一些额外的努力，但如果你能运用我之前讨论过的最佳实践案例，人们将很愿意为你的公司工作。通过采用物联网，你不仅给了员工一个机会，也给他们带来了在未来获得令人惊讶的成长的潜力。你给了他们在历史中留下他们自己烙印的机会，以及一种令人振奋的体验。谁又会拒绝一个牵涉到数万亿美元的未来呢？

新转折下的工作岗位

与物联网相关的一些技术或工作——云和雾计算、数据分析、预测性数据分析、远程监测和控制、远程资产管理、增强现实、3D 打印、无人机等——将涉及一系列相当广泛的技能。其中有些是相当新的技能，不过还有一些是早就已经存在的。甚至那些早就已经存在的技能也肯定会受到新的基于云计算和 API、由物联网驱动的经济的冲击。这种经济将会是敏捷的，并且需要与各种各样不同的企业建立合作伙伴关系。

在这一方面，我们将会看到一种特定类型的企业出现：我把它们称为物联网解决方案的集成商。这种类型的公司将会把组成物联网的不同部分归拢在一起，并使它们以一种无缝的、流畅的过程或者方案进行工作。集成商也许是一个中间件的开发商、API 的创造者、自定义应用程序的开发人员、系统专家以及各种类型的增值服务供应商。顺便在这里提一下，他们也同样正在雇用物联网从业人员，并为数万亿美元的物联网经济做出贡献。他们将是我们之前讨论过的物联网生态系统的一部分，而且他们中的有些人甚至还可能是你自己的物联网生态系统的一部分。

如果你已经开展了由物联网驱动的业务，你将注意到的第一件事是，围绕着你的日常运营，各种数据的流量出现剧增。当然，当数据汹涌而来时你需要有人能够处理这些数据，这些人需要知道如何利用这些数据，以及该如何对这些数据进行高效和实用化的管理。而且他们还需要能够理解这些数据，其中有些数据可能会涉及紧急情况的警报，或者需要立即予以人工关注的一些问题的迹象。其他的数据可能只是一些简单的信息，除了需要提醒对这些数据感兴趣的人之外无须采取任何即时的行动。但要管理这样一个负责处理所有数据的系统，你的团队所需要的技能已经远远超越了那些由传统方式训练出来的数据库管理员拥有的能力。你所需要的人才应该了解你的业务流程和产品的使用环境，以及进行数据分析的相关技术细节。这些人可以通过学习了解如何存储这些数据，其目的不但是确保数据的安全性、可用性和完整性，还要确保你的数据隐私准则能够得到严格地执行。他们还需要有能力创建规则和策略，并以此引导隐藏在物联网背后的数据分析以及智能流程。

例如，假设你的物联网信息报告说某一台关键设备出现了故障，那么应该采取什么样的行动响应这样一条信息呢？这需要你的企业中有人能够开发出处理相应情形的合理规则或策略。这个人需要能够明确定义哪个人或者哪件设备可以接收到一级、二级和三级的警报，以及这个人或设备在接收到警报后又该采取什么样的行动。很多这种类型的任务往往需要具有高超技能的技术数据大师，但是还有很多类似的任务实际可能只需要一些基本常识和商业意识。事实上，在现实中你的员工会越来越多地使用平常的、说明式的英语或者用一张简单的步骤清单来撰写这样的策略。所以这类工作应该会受那些流程管控人员的欢迎。

其他的岗位还可能有：数据流管理人、设备协调人、数据经理以及数据分析师。在这个数据管理层级的顶端也许是数据科学家，数据科学家的职责是赋予那些在系统中流进和流出的各种不同的数据一定的意义。在这个正在浮现的数据分析时代，数据科学家完全没有必要弄明白如何处理任何一家企业内部的数据。我预计会有各种不同的数据分析应用软件被开发出来，有些可能是横向的应用或者仅仅是一款通用的数据处理软件，但是绝大多数的应用将会出现在垂直领域和一些专业的领域。会有一些规则和策略引导这些应用程序的运行，这些规则和策略会很直观，而且很容易通过调整一些参数或者插入一段用平常的说明性语言写下的几条规则进行自定义，你不需要进行任何特别的编程。另一种可能是，你所在的物联网生态系统中的某个物联网解决方案合作伙伴可能会提供你想要的数据分析软件，或者他们会为你建立起直观的人机界面。（这也许就是当初你选择他们作为合作伙伴的原因）。

这并不是说你不再需要接触编程人员、不同的应用程序开发人员或者那些写代码的人，你当然需要继续与他们打交道。随着数据的不断涌入，你会很自然地产生一些想法，特别是一些非常有创意的想法，比如该如何利用这些数据改善运营、更好地满足客户，或者通过一种截然不同的方式利用这些数据创造额外的营业收入。为了实现这些想法，你就需要有人与你合作创造出你所需要的应用程序、API 和中间件。当然对于这样的人你可以进行内部招聘，但更有可能的是，这个人会来自你的解决方案生态系统中已经与你结成合作伙伴关系的某一家企业。

我在之前就这样说过，而且我相信在本书中我还会用很多不同的方式重复这句话：没有一家企业能单枪匹马地建设物联网。思科公司和罗克韦尔自动化公司无法做到，我同样不相信你能做到。想要从你所在的特定行业中，以及在你的企业的具体情况下从物联网获取最大的好处，你需要一个由合作伙伴、工程承包商、自由职业者、咨询师以及不同方向的专家组成的解决方案生态系统。你也许可以雇用其中的某些人，而剩下的可能是你的合作伙伴，他们可以是个人也可以是企业。这样的团队将以什么样的风格行事可以通过团队成员商议决定，因为每一种情形都将是不同的，而每一个参与者都会带来一些特别的技能和能力。

团队中的一些人也许可以构成一支所谓的虚拟团队。在这支虚拟团队中，会有你自己的员工、合作伙伴的员工以及（或者）独立的承包商。无论这支团队的成员来自哪里，你将管理这支团队从而为你的物联网解决方案工作。在雇用和合约的管理上，你标准的商业操作可能不得不做出一些调整，而律师可能也需要参与进来以处理任何可能会发生的关于知识产权的争议。你甚至可能需要重新思考该如何评估团队的绩效以及使用什么样的关键绩效指标。这些问题都不是什么大问题，我在思科公司与我们的很多合作伙伴一起处理这样的问题已经有很多年了，而他们最终表现出的是惊人的坦率。

物联网还会改变你的IT员工，一切将首先从网络部门开始。传统的IT网络专家将不得不学习新的技能以适应物联网，雾计算只是其中的一部分。你确实需要拥有在网络架构和设计、网络可用性、网络性能以及其他更多方面具有熟练技能的人才，IT部门的人早就知道该如何做这些事情。真正全新的东西是如何在你的整个生产或者运营环境中、在你企业的IT环境中、在云端以及与新的物联网能力进行集成的老旧系统环境中，对上述这些进行设计并一以贯之地实施，而且所有这些必须发生在物联网的覆盖范围内。你可以这样想象一下：在你的IPv6网络上，会有越来越多的新型智能设备，它们中的每一个都将全天候地采集、发送、接收各种信息。

这个网络最终必须能够支持不间断的物联网流量，并在确保网络的性能、高可用性和安全性的前提下处理这样的流量。而这只不过是一个开端，还会有一些不同的应用程序在性能、数据处理的速度以及实时处理的能力方面对你的网络提出一些不同的要求。你的虚拟机构和虚拟团队将包括多个职能部门、集成商、合作伙伴、工程承包商以及解决方案提供商。这些新的架构和系统必须能够以安全的方式容纳所有这些业务模式和业务场景。

你现有的网络部门的员工也许能够应付绝大多数上面提到的

这些工作。但是，网络中的流量规模和多样性，以及数据流进和流出的速度将很快地增长到超越手工处理能够应付的程度。这已经不再是一个招聘和雇用更多IT员工的问题，而且招聘也不是一个解决这类问题的现实方法。你需要部署自动化、数据分析以及预测性数据分析来避免被汹涌而来的流量和数据淹没的窘境，并使这些数据能够真正地服务于你的业务。我们在第5章讨论了针对数据使用合适的分析手段能够为你的业务带来利益。我现在讨论的并不是全球物联网中的巨大流量——分析师们预估那种流量将会是无法计量的。我所谈论的仅仅是围绕着你的日常运营所产生的物联网流量。哪怕你面对的只是一类相对较少的物联网活动所产生的流量，但如果你没有采用自动化，没有建立起一个大规模的架构，也没有采用数据分析提供支持的话，那么任何人类职员都必将被汹涌而来的数据淹没。因此，你的IT员工将会面临一个两难困境：忽视那些向他们涌来的数据，或者构建一个自动化的、基于策略的系统来处理这些数据并使你的运营可以从中获益。

另外，你还需要考虑业务流程中的各项工作，以及部署物联网为业务流程和工作流程带来的改变。为了适应一个可能会不断快速演化的商业环境，你的业务、运营以及客户也在不断地发生相应的改变，因此，理所当然地你也会想要改变相关的流程，并且还将一次又一次地对其进行各种调整。还记得吗，一开始我们被物联网吸引的一个主要原因是为了让运营更加流畅，而随着商业环境和技术工具的不断演化，想要使运营更加流畅你就必须不断地改变和改善相关的业务流程。另外一个原因是寻找新的市场营销策略和新的商业模型，而要做到这一点你更需要对现有的业务流程做出根本性的改变，或者更有可能的是直接采用全新的业务工作流程。

你也许已经至少拥有一个人甚至几个人专门维护和管理你的工作流程和业务流程。现在随着物联网浪潮的到来，你也许还想要对业务流程的指挥和协调人员，以及业务流程的设计和开发人员进行投资。这样做只是为了紧紧跟随一个很可能会演化成为由物联网驱动的、高度动态化的商业环境。如果你确实想要从物联网获得你一开始就设想好的完整回报的话，那么你就需要对这一商业环境进行持续不断的监测、维护和更新。

当然还有流程设计人员，这些人在过去被称为效率专家，他们会研究相关的业务流程并寻找最佳方式具体实施这些流程。然而我们现在需要解决的已经不再是传统意义上的效率。今天，流程设计人员所研究的整个工作流程实际上相当于一个多重的复合流程。他们需要从中寻找出最有效而且效益最高的方式来端对端地处理这些流程，并确保其中的每一个流程都能提供客户所要求的质量和服务。实际上，利用物联网现在你已经有机会重新设计你的大块业务，从而改善质量、客户服务、效率以及生产率，与此同时你还可以通过自动化和流程的重新设计节省相关费用。这正是我们一直在讨论的回报。

至此，我还可以一直这样不断地延伸我们的话题，但还是让我们停一下，先来讨论有关安全、隐私、合规的问题吧。我们已经稍稍讨论过了一些有关安全的问题，在后面的章节我们还将更深入地对这些问题进行探讨。现在我只是想指出，你会需要专门的技术处理物联网带来的全新安全挑战。在生产车间里的个人计算机前建立并维护一道防火墙并不会有什么太大的作用——在今天，仅仅这样做根本不够。请想象一下，当数百或数千种不同的设备持续不断地互相通信并交换信息时会发生什么。

所以你需要招聘和雇用网络安全人员，或者与从事网络安全的企业建立合作伙伴关系，后者将负责辨别和授权正常的用户，同时拦截和驱赶怀有恶意的用户，这些恶意用户在潜入你的网络后将会从得到授权的流量内部或外部对你的网络造成重大破坏。你需要部署能够快速鉴别黑客以及类似黑客行为的系统，这样一套系统还应该能够分辨出哪些数据已经被黑客利用或改变。另外你还需要部署能够使黑客造成的损失最小化的系统。当你这样做时，你需要设定策略并监测隐私和合规层面会发生什么样的问题。

现在整个行业正积极地参与加强物联网的安全性。这个领域将继续快速地发展，永远也不会有足够的安全专家以供聘用。所以除了你自己内部的网络安全人员外，你还应该计划建立一个网络安全生态系统，并与你的同行和其他公司一起建立合作伙伴关系。绝不要把安全性看作你的竞争优势，而应该把安全性看作一个需要你和你所在的整个行业（包括你的竞争对手）一起合作的领域。当谈论任何怀有恶意的网络行为时，我们实际上都被捆绑在同一条绳索上。如果你无法处理好这一点，那么对于安全性的担忧很可能会使你不愿意开放你的系统并实施物联网解决方案——这样你就无法从物联网中获益。最后，安全性的问题不应该成为你的拦路虎，相反它应该成为你建立物联网的基石。甚至当你利用你的生态系统，不断地发现和运用自动化的工具和数据分析处理不同的相关问题时，你还需要准备好为安全问题投入你自己的网络安全人员。

有趣的物联网职业生涯

当所有的东西都被数字化并在同一个 IP 网络上互相通信时，任何事情都有可能发生（见图 6–3）。事实上，你的公司想要招聘的与物联网有关的最早的职位之一是“物联网规划师”。这个职位的职责是追踪物联网的发展趋势，思考物联网带来的各种可能性以及这些可能性对于你的企业来说意味着什么。也许这个职位的候选人就是你，很显然，通过阅读本书，你已经开始思考物联网和你的企业。

图 6–3　内部及外部的职业选择

适合物联网规划师这个职位的人选没有必要必须是一个科学家或者工程师。没有人会要求他或者她去发明、设计、构建物联网。物联网规划师真正需要的是好奇心，会思考，而且还要有一些与众不同，因为你需要用一种全新的、非常规的方式对你所在企业的业务和相关流程进行重新审视。当然，规划师必须对企业当下的业务流程非常熟悉，但也不能过于熟悉以致无法在这些流程中引入变革——在必要的时候，他或她还要愿意并有能力为即将引入的变革进行宣传。每一家企业都有某种神圣不可侵犯的东西，而这些东西也需要经受物联网规划师的严格评估。这个人不但必须对你所在的这个行业，而且还要对受到物联网影响的其他行业的发展保持敏感。其目标是发现物联网的发展趋势，或者寻找在某个行业中正在实施的或已经得到解决的应用案例，然后他或者她还要对此做出判断，这样的解决方案是否会被你的公司采用，或者在经过调整后能否被用于应对你的企业所面临的挑战。

一个物联网规划师最需要来自公司行政管理层的支持、信任，以及愿意建立个人关系的意愿，并且了解公司里还有哪些不为人知的秘密，但与此同时他应该保持对问题的客观态度。当所有的事物都被数字化并能够与其他事物进行通信时，任何事情都可能发生。尽管并不是所有的事情都会发生变化，但其中的大部分可能而且也应该发生改变。最终，物联网将成为变化的同义词。

物联网也为企业中那些工作本来就是每天到处灭火的人提供了一个机遇。当然他们首先需要关注的应该还是那些早就已经存在的问题，尤其是如果这些老问题可以通过设备采集数据、相互通信、遵循相关的指令而获得解决的话。这对于前文讨论过的 4 类应用案例中的相关问题通常都是适用的。在这 4 类应用案例中，我们最先开始讨论的就是远程操作。接下来，你很快就能超越那些很容易实现的目标。

比如以无人机为例（你可以把无人机看作一种能够飞行，还能进行交互式通信的物联网设备）。亚马逊正在把无人机当作一种能够把物品递送给买家的便宜的交通工具。这可能是（也可能并不是）一种聪明的做法，但如果你把无人机看作一种能够前往人们很难抵达的地点的工具，比如移动通信基站的发射塔和石油天然气管道，那么你就能想象出一系列很有意思的应用场景——很多这样的场景也许同样需要远程监测和控制。还有一些其他的应用场景也许会涉及公共安全或者医疗保健领域。

这里的要点在于，物联网为你使用一种新的、与以往截然不同的方式重新思考自己的企业提供了机遇。例如：

- 如果我可以在一个危险的地方放置一个智能计量仪，并且它能够在读数过高或过低的时候向我发出警告，那么我该如何利用这一能力呢？
- 如果我可以在远处放置一个控制器，并且在某些特定的条件下，这个控制器能够打开或关闭某件设备，那么我能利用这一能力做些什么呢？
- 如果我知道我的每一个客户是如何使用我的产品的，以及这些产品的实际工作状况，并且我还能在不停机的情况下对产品的工作状态进行调整，那么我又该如何利用这种可能性从而改善我的客户体验呢？

好吧，所有这些并不是什么惊天动地的想法，但这正是物联网的部分意义之所在。获得初期的回报并不一定是一件非常重要的事。想一想我们最早提到的那个在露天采矿场底部运用预测性维护方案的案例。那个应用实际上非常普通，但当问题出现时，这个应用可以为你每天节省数百万美元。也许这确实很平凡，但谁又能忽视这样一个结果呢？

政府在物联网发展中的角色

政府在物联网的发展中扮演着一个清晰的角色。我们通过巴塞罗那的例子探讨了智能城市以及实施物联网对环境产生的正面影响。在这些成功的背后是政府的大力推动。现在已经有越来越多的政府开始意识到，采用物联网是定义他们的城市、省份、国家、地区的竞争力的关键因素之一，而且物联网还有助于解决很多长期困扰着他们的经济问题和环境问题。因此，不同层级的政府扮演着一些非常关键的角色：

- **监管者：**在带宽和其他资源上肯定会存在竞争，某些实施方案还会与公共政策相矛盾和抵触，有些不是那么有把握的关于物联网的创意可能会对公共安全造成威胁或者引发对于个人隐私的关注。比如，对于无人机这样的设备需要使用不同的方式进行监管并加以协调。而政府的监管有助于指导这个行业的发展。这里有一些美国开展立法的案例以及每一项立法产生的影响：

- 《能源法案》推动了对能源使用情况的监测，比如智能计量仪表的使用。
- 《铁路安全改进法案》明确了在美国主要的铁路上采用列车控制系统的相关要求以及截止日期（在延期后）。
- 《食品安全现代化法案》推动了对基于物联网的系统的市场需求，比如在整个食品的供应链上进行质量控制和来源追溯，以此防止食品安全问题的出现。
- 最近的《药品质量和安全法案》要求采用能够识别和追踪处方药的系统。

政府机构也在这些努力中起到了一定的作用。比如关于遵守标准的问题，美国政府最近强制要求采用第 5 版的北美电力可靠性（NERC）企业通用工业协议（CIP）——我知道这个名称有些拗口——这是能源行业的一个网络安全性标准。想要让这些法律和措施真正起效，政府以及它的一些机构需要与整个行业展开密切的合作。

- **议程的制定者：**在匆忙部署物联网的过程中，谁又能代表公众的利益？假定政府认为自己在禁止私人汽车上路以减少交通堵塞、节约能源、降低污染这些事情上拥有无可争辩的利益，那么相应地，政府就应该鼓励自动驾驶汽车以及其他节能倡议的实施。我们已经看到了很多政府参与这些努力的正面案例，包括通过共同基金的形式对于自动驾驶汽车的研发以及工业试验台的建设进行资助，同时政府还发布了新的政策以加速对这种交通工具的采用。其他的案例涉及个人隐私权，政府在这一方面正在帮助探索多种不同的模式、各种界限，以及与共享客户数据和客户对于他们的数据进行控制等做法相关的最佳实践案例。在 2015 年 1 月的“联邦贸易委员会工作人员报告”中，当涉及物联网、隐私、互联世界的安全性这些问题时，该报告建议美国国会“制定基于广泛基础的（而不是专门针对物联网的）隐私立法，这样的立法应该是灵活的而且是无关技术的，与此同时还应该对在数据采集和应用实践这类问题上如何向客户提供选择的空间为企业提供清晰的规则”。[3] 同样地，政府现在越来越多地开始提倡公共健康，因为物联网具有通过各种不同的可穿戴设备监控个人健康的潜力，通过参与对这些方面的投入，政府与医院、各种医疗保健服务提供商以及保险公司一同清晰地表明了他们对于公众健康的关心。

- **技术采用者：**通过自身的消费能力，政府可以推动对于物联网技术和解决方案的关注，并加速对于物联网技术的采用。总的来讲，政府代表了一个巨大的全球性市场。他们的重点项目、他们选择购买什么，以及他们选择处理和解决什么样的问题都能推动物联网技术路线图的出，同时刺激解决方案提供商的积极性。例如，军事领域的需求已经加速了对于无人机、可穿戴设备、传感器（特别是生物传感器），以及更多物联网通信技术的发展和采用。

政府能够扮演的其他角色还包括：

- 支持培训和教育
- 支持初创企业生态系统的建设
- 支持标准的建立
- 支持基础研究和发展
- 促使所在国家的市场具有更强的竞争力和更高的开放程度
- 促进和宣传最佳实践案例以及现代商业模式的建立

从全球的角度来看，各国政府早已参与其中。贝蒂娜·特拉茨–莱恩（Bettina Tratz-Ryan）是高德纳咨询公司的研究副总裁，按照她的说法，“无论在他们进入当下的角色前是否已经做好了准备，政府高级官员的一项主要责任依然是进行一项好的技术投资。带着‘数字化优先’理念上任的政府领导人会很直观地理解为什么在 IT 上的大量投资是优化项目运营成本的关键，而且他们也已经准备好了要这样做。”[4]

在德国，工业 4.0 的实施就是为了实现智能制造，也就是说将 IT 工具应用到生产上。在德语的语境中，这个词的主要含义是利用物联网技术将中小型企业与全球生产和创新网络更有效地连接在一起，这样它们不但能更有效地参与到大规模的生产过程中，还能同样方便和有效地对产品进行定制。类似的倡议也在很多国家不断地涌现出来，如“中国制造 2025”以及“土耳其 2023”。我们越来越多地看到私营企业和政府机构正在形成“私有 / 公共合作伙伴关系”。思科公司与欧洲的几个国家政府签署的“国家数字化倡议”就是很好的例子。一些全球性的组织如世界经济论坛也正在积极地参与进来，这些组织既是新技术采用的推动者，同时还提供了一个环境使得很多复杂的主题能够在一个良好的氛围中，在政府以及营利机构和非营利机构之间进行讨论、争辩并达成一致。

由市场需求驱动的私营企业当然在引领物联网的发展过程中处于最好的位置，而且随着物联网的不断变化，其本身也需要私营企业不断进行创新。与此同时，政府和公共利益团体在物联网的发展和采用过程中同样有着它们自己的位置。对此我们感到非常欣喜。

物联网规划师

你是否认为你已经准备好成为你所在企业的物联网规划师？

试一试下面这些非常有趣的思维练习（这些思维练习是你的课后作业）。放松一下，给你自己倒一杯红酒，然后开始思考如下这些问题：

- 当所有的事物都能通过云和雾（支持实时数据分析）进行交互时，会有什么样的变化发生？你又将如何重新展望现有的流程、商业策略以及客户关系？
- 你所知道的必须要解决的问题是什么？什么样的流程需要改善或者加以修正？
- 什么样的问题是你至今还无法解决的，只不过是因为你没有合适的工具（技术的或者组织架构上的）？
- 你如何用新的和更好的方式解决老问题（从考虑采用远程操作和预测性数据分析开始）？
- 你想看到的新的运营方式、新的流程以及新的策略是什么样的？
- 你将如何解决新出现的问题，或者利用物联网带来的新机会（想想新的商业模式、颠覆性的实践案例以及市场营销策略）？
- 你将如何与新客户进行沟通、满足不同的需求，并用新的方式开展工作？

在思考这些问题的过程中，你只是在物联网的背景下对你的企业和员工进行重新审视。现在从中选定一两个你想要首先解决的问题，这些问题应该是你确信你的企业能够在接下来的 12 个月内可以从中获得早期回报的，所以需要放在最优先的位置。现在你想从哪里开始?

让我们更深入地探究一下这一练习。在第5章中，我们讨论了那些轻而易举、可以立刻实现的应用案例，那些做法在今天已经非常成熟。我们还知道无论从技术的角度还是从商业和企业的角度看，部署完物联网都不意味着万事大吉，物联网还将持续不断地进行演化。这里有一些新的能力和技术的案例，这些新的实践将与物联网一起帮助你的企业在新的物联网经济中获得成功。

- **远程专家**。在这个相当简单直接的应用案例中，我们可以看到这样一个场景，当一个工程师用他手上带有摄像头的平板电脑或者智能手机拍摄生产车间里一个损坏的阀门时，在另一个地方的某个专家就能看到现场的情形并对问题做出诊断。确实，我们今天就能这样做。
- **虚拟现实**。我们都曾经看到过那种很大的虚拟现实眼镜，据说那是游戏领域中接下来的一件大事，但是我们也可以将虚拟现实眼镜与游戏引擎应用在物联网的商业世界中。想象一下你可以用这种设备培训你的员工和工程承包商如何操作一台机器、从矿井中撤离，或者执行一遍安全程序，所有这些培训都可以在他们实际到达现场前于实验室中完成。这也是基于你作为老员工的经验来培训新员工的完美工具。现在想象一下你的新员工可以在多么短的时间内就直接上岗，抑或你的运营安全性可以获得多大程度的提升。

- **增强现实**。人们在不断地谈论谷歌眼镜和微软的全息眼镜，这使得那种石油钻井平台上的工程师们所使用的经过加固的工业用增强现实眼镜具有了更加直接的意义。控制工程师们可以利用这种眼镜接收诸如循环周期、振动、操作以及维护等其他各个方面的数据，另外他们在诊断问题时也无须拿着诊断工具。对于这些工程师来讲，增强现实眼镜意味着他们的双手被解放了出来，不再需要携带各种设备，却依然能够获得他们所需要的数据。再想象一下现在有一个远程专家正在帮助你诊断问题，但他并不是通过今天这种远程摄像头，而是全数字化地出现在钻井平台上，他能看到的场景就是你所看到的场景。在增强现实眼镜的镜片上，增强现实软件甚至能在现实中叠加显示一步步具体的指令从而帮助你修复那件设备。或者想象一下，当一个医生进入病人的病房时，他的眼前会同时出现那个病人的姓名、病史以及相关诊断。这只不过是刚刚开始。这个行业正在尝试利用增强现实作为工具快速构建原型机，并以此加速从创意到生产的整个过程。各种应用正在不断地涌现出来，我期望增强现实眼镜能够被大范围地采用并产生重大的影响。
- **位置感知**。物联网技术能够对人、动物以及各种事物进行定位，并对他们（它们）所处的位置或实际状况做出解释（判断）。在很多使用位置感知的应用中，一个很重要的应用涉及危险区域，比如在炼油厂、矿山或者油田等地方对发生的紧急情况进行报警。具有位置感知功能的其他应用还包括对失踪的小孩和老人进行定位，在国家公园中对濒危动物（物种）或者对在农田中的牛进行定位。某个工程承包商好像突然失踪了，但实际上他正在一家家装超市内像迷宫一样的走廊里寻找着某件特别的小玩意儿；工人们有时候想要在一个庞大的建筑工地的现场、一个巨大的油田里、一架长途飞行的飞机上，或者一艘集装箱货轮上寻找某些工具或者其他的装备，所有这些场景都可以应用位置感知。另外，请不要忘记我们在之前的案例中提到的那家出租重型机械设备的印度公司。其他的应用还包括库存管理和智能制造，在这两种情形中，每一个部件都会有一个 IP 地址以供定位和实时管理。当然我们还有在物联网和位置感知的基础上构建全新商业的机会：还记得初创企业 Veniam 在出租车和公共汽车上建立的数字化广告平台这个案例吗？

- **机器人**。机器人早就已经走出了生产车间，它们被广泛地应用在一些非常危险的环境中，比如在具有高度毒性的储油罐中进行检测和维修。机器人领域正在快速发展，一些新的机器人类别正在成为主流。其中的一个例子是所谓的“协作机器人”，这种机器人能够感受各种外力，所以可以进行手工引导。
- **人工智能**。现在让我们赋予机器人更多的智能。想象一下，你没有派遣两个人到矿井中去调查并诊断一个可能会发生的问题，反而派出了一个机器人，这个机器人不但对那个问题进行了诊断，而且对于该如何进行修复在现场做出了一些非常聪明的决定——也许这个机器人向一组专家进行了咨询或者结合了它自己的判断。我相信，要不了多久，智能机器人就将和我们一起工作，它们将在一些自动执行的任务中与我们合作，并通过做出复杂且聪明的决定来为相关任务的完成做出它们的贡献。这是一个你不得不接受的可怕现实。智能机器人只是人工智能领域值得关注的焦点之一。机器学习以及最近得到完善的深度学习技术使各种新的物联网应用成为可能，比如视频分析、自主学习网络以及机器的实时预测性数据分析。

- **情境感知体验**。面向个人消费者的企业现在已经能够提供这样一种服务：例如，智能手机上的一个地图应用程序能够推断出你正打算下班回家，所以这个应用程序会主动地告诉你，现在的交通状况一切正常，你大约需要 24 分钟的时间抵达你的目的地。现在想象一下，在商业环境中，这种对于情境的感知能力可以变成多少种令人惊讶的应用。正如我们在前面讨论过的，通过把气象预报、风向的历史数据、对能源需求的模式、所使用的材料特性以及诸如此类的各种因素组合在一起，一个风力发电厂可以就使用哪一组风力涡轮机以及将其面向哪个方向提前做出聪明的决定，这使得能源的生产得到了优化，而且相关设备的使用寿命也实现了最大化。
- **移动的体验（任何时间、任何地方）**。我对你一点也不了解，但可以肯定的是我离不开我的智能手机。不过现在我需要待在一个生产车间里，而且不得不使用那台安装在机器人身上的固定的人机交互设备。我和很多其他人，包括与手机这些工具一同成长起来的千禧一代，更希望将平板电脑和手机作为人机交互设备。好消息是这个行业正在朝着这个方向努力。

- **自动驾驶汽车**。尽管要实现完整的（第 5 级）可搭载乘客的自动驾驶能力还需要一段时间（尽管所有主要的参与者，从福特、特斯拉到优步都在积极地进行着测试、试用并支持这样的功能），但自动驾驶卡车正在快速地变成一种现实。你也许已经在新闻中看到过这样的报道，很多自动驾驶卡车目前正在全球各地进行着测试。显然通过编程让一队卡车奔跑在两个调度和配送中心之间的高速公路上，远比让一辆搭载乘客的自动汽车自行处理城市道路中的弯弯角角容易得多。因此，我们很快就能看到自动驾驶卡车运送着各种配件并成为实时供应链生态系统中的一个不可分割的部分。
- **可寻址的配件**。想象一下如果每一个部件都有一个 IPv6 地址的话，那么你的供应链和你的生产设施将会发生什么样的变化。你又会用什么样的不同方式管理你的生产？你又将如何简化后面的工序呢？请准备好，这一天正在到来。

你能预见你自己或者你的企业实际参与到上面所谈及的任何一种场景中去吗？先放松一下，这可能会令你非常兴奋，同时也会让你感到非常过瘾。

关于物联网将如何改变你的业务和你的职业生涯，我已经给出了很多可以思考的内容。你也许会认为你的企业不可能做出如此巨大的改变，但不要害怕，在下一章我们将讨论变革管理——而且那是你完全能够做到的。

第 7 章

在企业中引入物联网——变革管理

人们通常并不喜欢发生改变。改变会迫使你离开一个熟悉而又舒服的环境，还会迫使你去重新思考那些原本不需要有任何新的想法的日常行为，改变要求你必须去熟悉一些新的流程和程序。在很多情形下，改变还需要你去掌握一些新的技能。改变是你根本无法回避的事。随着时间的推移，一切都将会发生变化，即便我们不喜欢这种变化，即便我们不认可因为改变而带来的新方向，但等我们都更为成熟以后我们就能理解这一点。有些人可能会选择抗拒某些转变，但对于变化的抗拒通常是不会成功的。在绝大多数情况下，改变是不可避免的，因为这个世界是动态的。

物联网的出现既是作为一场巨大变革的媒介也是全球推动变革的力量所带来的必然结果。想想汽车是如何终结马和马车时代的，以及随后汽车又是如何以好坏参半的方式来重塑我们现代社会的，当然总的来讲还是好的方面居多。你能够想象如果没有汽车或者没有能支撑汽车出现的汽车工业的基础设施，你的生活会变成什么样子吗？同样地，云和互联网的出现终结了私有计算的时代，取而代之的是以互联网和云为中心，可以在任何时间、任何地点向任何人提供的信息服务。你只需要想一下，如果没有互联网的话，你又将如何生活和工作呢？你能维持原有的生活品质就已经相当不错了。

现在物联网技术已经到来，它正在引领另一个商业和社会发生剧烈变革的时代。我相信在一个半世纪以前，很多人并不欢迎汽车的到来。在亨利·福特和其他人将汽车推向大众后，历史的车轮已经无法倒退。物联网也将推动类似程度的转变，其中还将包括对交通运输行业的再一次革命，而我们除了适应这种转变之外没有任何其他的选择。但为什么仅仅满足于适应这样的改变呢？让我们更充分地利用物联网，让我们尽可能快和尽可能多地对其进行资本化。这就是我撰写本书的原因。

防止 ATM 被破坏的解决方案

有一家在非洲的银行遇到了某类 ATM 遭到盗窃的严重问题。有些窃贼安装了一台假的 ATM，有些对读卡扫描仪进行了篡改，还有些使用撬棒或手提钻孔机将 ATM 的整个正面拆了下来，并取走了放在 ATM 中的现金。在这几种情形下，尽管钱没有了，但至少那些设备基本完好地保存了下来。但有一群窃贼采用了一种完全不同的方式，他们用手提钻孔机和冲击钻在 ATM 的背后钻了一个孔，然后在里面放上炸药进行爆破，待爆炸后再冲回来取走他们能够看到的所有现金，其结果是整台 ATM 被彻底地破坏了。在这种做法下，这家银行不但损失了现金还损失了一台设备，即什么也没有留存下来。之前这样的事情没有过于频繁地发生，这家银行下决心必须要找到一个解决方案。

你能猜猜它是怎么做的吗？给你一个提示：本书讨论的是物联网。没错，这家银行设计了一个物联网解决方案。它将智能传感器（主要是运动传感器）安装在了 ATM 的不同部位，同时还安装了一个摄像头以便能随时看到现场的情况。现在只要有窃贼对 ATM 动手——无论从什么角度或者使用什么样的工具——这些传感器就能马上探测到不正常的动作、振动、声音或者冲击，然后 ATM 就会发出警报并报警。那些窃贼立刻就知道他们已经被发现了。警告灯开始闪烁，警报声也响了起来，语音指令也大声予以喝止，这些做法通常会让窃贼产生巨大的混乱和恐慌，大多数的窃贼甚至在其安放爆炸物并摧毁 ATM 之前，已经开始逃跑，而且常常还会被警察抓住，因为这时警察正从各个方向朝此地赶来。

多亏了物联网，这家银行不但防止了偷窃，减少了损失，而且还确保了 ATM 设备能完好无损，而一台 ATM 要比任何可能损失的现金都要值钱得多。这种对物联网的应用方式已经被证明具有非常高的投资回报。

物联网解决方案

对于一些常见的或者有时候你可能会遇到但并不是那么常见的问题，如果你所在的行业或领域还没有用上物联网的解决方案的话，那么我相信这些解决方案要不了多久就会在你的行业中出现。这些方案很可能是将我们在前面已经讨论过的 4 种快速回报模式加以变形。非洲这家银行的 ATM 解决方案实际上是基于物联网的远程操作和监控的变形。银行所需要的只不过是快速的、基于雾的实时数据分析，这种分析会把传感器的读数解释成为窃贼对于 ATM 的盗窃才刚刚开始，所以系统随即触发了警报。

但是具体的物联网解决方案或者某些特别的物联网技术，比如雾计算和机器学习，并不是本书真正想要探讨的内容。本书想要探讨的是物联网的另一个方面，即企业在业务上所发生的转变。采用物联网，你并不是在实施一项解决方案或者一项技术，你实施的是对于你的业务流程所进行的变革。从始至终你需要思考的都应该是业务流程，以及这一流程可能会发生什么样的变化。从开始部署物联网到你最后完成部署的时间段内，你需要考虑的是技术、解决方案和生态伙伴关系，但所有这些只不过是让你能成功部署物联网的手段。真正重要的是业务流程的变革（也许甚至可能是业务转型）

所产生的影响。所以你需要从整体上看待物联网，思考在业务流程上所发生的变化，并且在你具体采用任何技术之前思考该如何对这些变革进行管理。

我曾看到这一点被客户和供应商一再地忽视。事实上，开发一项新的物联网解决方案的团队常常只关注新的技术。当原先预期的结果没有实现时，原因通常都是，要么没有在现有的业务流程背景下仔细思考该如何采用这项新的技术，要么没有事先改变现有的业务流程以适应对于新技术的集成。以远程操作为例，如果不对相应的业务流程做出改变就立刻实施这样一种解决方案的话，那么你获得的只能是令人失望的结果。你可以在你的工厂里部署一个非常好用的工具，但除非你改变了你的员工管理资产的方式、培训他们使用新的工具，并强制执行新的行为准则，否则你只是在浪费你的金钱罢了。如果这是你的第一个物联网项目，是你获得早期回报的希望所在，那么它还会危及企业更为广泛的物联网计划。我知道，我听起来就像是一台破的录音机，老是在那里喋喋不休，但是请把技术解决方案和业务流程看作同一枚硬币的两面。你应该同时对这两个方面进行思考。是的，也许你已经回想起来了，将技术解决方案与业务流程进行集成是物联网成功秘诀中的关键要素之一。

一直以来，企业就面临着巨大的改变。最早的时候六西格玛要求企业中的每个人都要做出改变。之后业务流程再造也要求企业做出重大的改变，如果无法做到的话，那么这一流程再造就需要企业裁减大量的人员。那些经理们迫不及待地让员工离职以提升他们自己的盈亏底线，却从来没有真正坚持下去并对业务流程进行变革。

精益制造、集成供应链管理、企业资源规划等同样要求改变你的企业。很多次我们听到有些企业获得了激动人心的业绩，哈佛商学院的教授们也在这些成功案例的基础上写出了令人印象深刻的专著，但是绝大多数的经理们根本无法实现那些书中所承诺的好处——仅仅靠他们自己是绝对做不到的。所以，如果你对于物联网可能会带来的深层次的业务变革以及相应的回报抱有疑虑的话，我对此表示完全理解。与那些书不一样的是，这里我并没有要求你从一开始就做出某种根本性的改变。

我真正要求你做到的是通过物联网这种形式来推动你的业务发生转变。从一开始你就应该认识到，物联网对于你的业务而言不是一次一劳永逸的改变，物联网将会是一场跨越很多年的业务转型，转型过程中的每一步都将为你带来实实在在的回报。物联网是一次旅程。正如前文所提到的，你应该为一次旅程做出准备，而不仅仅是参与一个一次性的事件，而且在整个旅途中，每隔 3—7 年，你都需要准备好重塑作为一个雇员和经理的自己、重塑你的公司，并最终重塑你所在的整个行业。我想起曾经有一个老的电脑游戏叫作《俄勒冈小道》，在这个游戏中那些早期的殖民者打包了他们所有的财产，装在一辆马车上，然后将他们过去的生活抛之脑后去寻找一个更加美好的未来。在这个意义上，物联网之旅（见图 7–1）就是一个跨越多年的征程，你将穿越很多高山和峡谷，而且有时候这一旅程在感觉上好像坐过山车一样。你可能会完全迷失方向却兴奋莫名、焦虑却欣喜异常、恐惧而激励不已，所有这些感觉将会同时出现。物联网与你之前所有曾经历过的业务转型的选项截然不同，它

图 7-1　物联网之旅

不是六西格玛、业务流程再造或者精益制造。与所有这些截然不同的是，你无法在忽视物联网的同时却依然期望你的企业能够兴旺发展甚至能够生存下来。

回想一下在第 5 章中所列出的那些得到快速回报的想法。它们都关注于如何改善现有的业务流程，并使这些流程更有效率。而且它们很可能就是你在早期能够获得的成功，也是你能搭上的第一波物联网的浪潮。这些成功有些可以靠运气获得，但绝大多数应该还是那些能够唾手可得的成果，其中会有很多集中于与 B2B 模式有关的领域。很快这些改变将带来更具颠覆性的想法，并产生更深、更具有变革性的影响力。一些颠覆性的技术，如机器学习、无人机、自动驾驶汽车、区块链以及情景预测将会引领下一波的物联网浪潮。你的业务环境和客户体验（也可以被称作B2B2C）将会发生根本性的改变。比如汽车或者摩托车的大规模客制化甚至个性化，还有经过增强的购物体验等，都将把消费者放在物联网推动者的位置上。在这一过程中物联网将那些能够提供这种能力的企业与其他的企业区分开来。不但现有的商业运作会发生转变，而且相关的商业模式同样会发生改变。新的价值将被创造出来，新的业务也将随之出现。是的，这的确将会是一次穿越很多高山和峡谷的旅程，以改善效率作为旅程的出发点，你将创造一条新的赢利途径并为消费者带来全新的价值。当你征服了眼前的山峰，下一座山峰就会出现在你的眼前，新的山峰将更加刺激和更具有挑战性。

在你明白了这些以后，余下的章节将集中于物联网的背景下的变革管理。你将会看到不同版本的以物联网为其业务基础的创业公司加入你的企业或者出现在你所在的行业中，比如数据科学家、工程师、远程操作者已经联起手来对工厂实行中心化运营。在其他的案例中，企业已经开始将各种不同的先进技术组合在一起（比如我们在前一章结尾的时候曾谈到的那些技术）。在这些技术中有沉浸式协作工具以及高密度Wi-Fi网络，后者通过一种相当令人信服的移动数字体验，在视觉上抓住了观众的注意力并使他们相互之间展开互动。各个行业中的客户都正在快速地提升他们的预期。他们希望能获得便捷、个性化以及全新的机会和体验。物联网为他们带来了能够更早地满足这些预期的能力。

在每一个行业中，在每一个项目或行动中，物联网将改变你开展运营和竞争的模式。物联网可以在更短的时间内就使你达成通常需要执行一项三年的战略计划才能够取得的成果。物联网将改变工人、公司、合作伙伴以及利益相关方的体验和预期。正如我们在前文中所讨论的，当你阅读本书的时候，业务流程、产品开发、技术支持、客户服务、营销策略、供应链管理和物流以及其他更多的事项也正在同步发生变化。

你所需要的变革管理

关于变革管理，已经有足够多的书籍、学术论文、研讨会、讨论会、行业代表大会以及类似的场合提供了我们想要了解的信息，所以我在这里不会赘述（如果你在变革管理上需要一些指导，很容易就能找到很多资料。你可以上网，然后直接搜索）。

相反地，让我们来讨论这样一个话题，我在第一章就已经提到了这个话题，在这一章的开始又重复提到了这一话题：每隔3—7 年，你就需要准备好重塑作为一个雇员的你自己，重塑你的企业，重塑你所在的行业。这在物联网到来前就已经发生过，而且无论在物联网出现之后又会产生什么样的新鲜玩意儿，类似的周期性企业重塑还将会继续进行下去。

有一点是可以肯定的：你的岗位、你的工作与生活肯定会发生改变。因此，你对于变革管理所需要关心的只有三件事：沟通、沟通和再沟通。物联网将会影响你、你的员工、客户、合作伙伴、其他的利益相关方还有监管者。不要让他们中的任何人猜测接下来会发生什么，尽早并尽可能频繁地与他们进行沟通。你需要防止出现任何意外，尤其是那些不受人欢迎的惊喜。而有些意外显然是没人想看到的，比如有些工作岗位会发生改变，有些岗位需要重新定位，而有些则将会被彻底取消。如果你打算让物联网来处理远程操作，你当然应该尽快地将这个事实与那些当下正在执行此类任务的员工进行沟通。但是，正如我们在前面章节中所讨论的，与物联网相关的还有很多新的工作机会。你需要给员工足够长的时间来考虑，并帮助他们针对新的机会重新定位他们自己。

关于物联网所带来转变的另一个有趣的细节是，传统的行业之间的区分变得模糊了。有了物联网后，任何企业都可以是一家提供产品、服务、数据或者技术的公司——可能同时提供其中几项，甚至包括上面所有的内容。一家企业可以按照客户或市场的需求频繁地从其中的某一项内容来回转向另一项内容。你很难确切地说这将会是一种什么样的情形，但有了物联网后，所有这些都有可能发生，而且一旦你的物联网部署到位后，想在技术上做到这一点并不是一件困难的事。

改变已成为一种新的现状

你可以期待技术、劳动力、业务流程以及职业发展的改变成为一种常态。文化的改变也可能成为一种新的生活方式。另外，你还可以预期在工资等级、资历，甚至工资的标准上也会发生改变。这是否会令人感到不安呢？也许会，但完全没有这个必要。

物联网的环境应该不会那么僵硬，反而会更加灵活，而且它还应该支持企业搭建新的组织架构。比如，今天一家制造业工厂的运营团队实际是在工厂里工作的，但是在有了物联网后情况有可能会发生变化。高速的全球 IP 网络意味着这支团队可以在任何地方，甚至可能分散在多个不同的地方。你想在哪儿工作和生活？事实上你可以居住在任何地方，只要你居住的地方可以接入高速可靠的 IP 网络服务即可。对于在 B2B 环境中工作的人来讲，物联网将终结位置套利[①]的好时光。

比如，远程操作和自动化就能降低在低工资区域寻找到某些设施的迫切性。延续同样的思路，硅谷和铁锈地带[②]的企业现在将有可能会竞争同样的人才。这既不能说好也不能说坏，不过是一种正在开始出现的可能性。B2B 公司的员工可以选择居住在一个生活成本较低的区域，但同时还能拿到顶级的工资。居住的位置成为一项个人的选择，而不再由工资决定。

我在想现在有多少初创企业是被那些远离其公司所在地的制造业供应商所收购的？现在又有多少高科技高管是在遥远的另一个城市为那些汽车和交通运输企业工作的？有了物联网后，我们已经不再需要对奖励、期望值以及员工家庭所处的地理位置这三者进行匹

① 位置套利一般指两种情形。一种情形是你在一个高工资的城市工作，但你的生活消费同样会很高，不过你也可以选择在一个工资相对较低的城市工作以享受该地的低消费。如果你选择恰当的话，如工作在纽约市内，但居住在新泽西，你完全有可能在维持生活质量不变的同时节省不少的费用，即拿高工资却享受低消费。另一种情形是，针对同一种货币，即便在同一个城市中的不同银行也可能会有不同的汇率，这种差异出现的时间很短，但交易商可以抓住这样的机会进行套利。——译者注

② 铁锈地带是指美国国内那些已经陷入经济困境的老工业区，主要位于美国东北部。——译者注

配。物联网使得我们能填补任何因地域不同而产生的分割，并使行业的区分模糊化。随着如此多的技术被应用在一辆现代的汽车上，我们什么时候会把汽车看作一个移动的数据中心，而不仅仅是一种交通工具呢？

看一看我的家——硅谷。在过去的两年时间里，又有多少技术高管已经转而为那些大大小小的交通运输企业工作呢？还有，你能不能找到一家汽车公司是没有在硅谷设立研究或技术中心的？同样地，那些风险资本以及大型制造业公司的兼并和收购部门（M&A）都在硅谷设立了自己的办公场所。按照专业服务公司普华永道国际会计师事务所在2016年2月9日发布的新闻稿，在工业物联网上的兼并和收购创下了10年内的新高。[1]与此同时，按照CB Insights①在2016年3月3日所发表的一篇博文，对物联网初创企业的投资正在快速地增长。[2]现在已经有越来越多的高科技企业与制造业或者交通运输业的公司一起共同进行投资。我已经和很多这一类企业打过交道，比如，西门子和思科公司就是拉维·贝拉尼的炼金术士加速器以及它的物联网分支的共同投资人。

所以那么多工业公司的CEO每隔几个月就会把他们的管理团队带到硅谷也就不足为奇了。已经有数百年历史的商业模式、生态系统以及市场营销策略正在被颠覆，这些人正试图理解物联网技术和商业模式的改变将会如何对他们的公司和所在的行业产生影响。

---

① CB Insights成立于2008年，这家风险投资数据公司会定期发布经济发展趋势以及独角兽公司名单。一些公司、投资人甚至媒体都会花钱购买它的服务。——译者注

在几年后，他们又将会从事什么样的职业？谁将是他们的客户？他们将与谁竞争？他们的公司还能生存下来吗？

为什么会发生这样的事？因为高科技和产业界这两个世界正在相互融合。10 年前，你根本不可能看到罗克韦尔自动化公司或者 ABB 集团与思科公司或者微软坐在一个房间里。我们之前根本就是在两颗不同的星球上运营。现在这些行业正开始走到一起（见图 7–2）。我们之前已经谈到了 IT 和 OT 两个领域都在吸引相同的人才。

这些只不过是一个更为广泛的趋势所表现出来的一些征兆。在接下来的 10 年里，很多产业将会发生转变，新的产业将会出现，而企业的使命以及业务范围将会扩大或发生迁移。改变已经是一种新的现状。

IT 和 OT 的融合以及其他的劳动力问题

需要进行变革管理的劳动力问题很多，让我们从我最了解的一个问题开始，即 IT 和 OT 的融合。在任何围绕着物联网的生产环境中，这几乎是会出现的第一个问题。

随着物联网的不断扩张，在人员、流程、数据以及设备之间所形成的网络连接将会出现指数级的增长。随着 IT 和 OT 世界开始融合，一场文化上的冲突往往也随之而来。我在物联网的成功秘诀中强调了这一问题：你需要随着技术的发展来改变你的企业文化。比如，OT 部门的经理们对于 IT 部门在不考虑生产需求的情况下就计划在周末关闭系统以升级软件可能会感到非常困惑。与此同时 IT

高技术和传统产业这两个截然不同的世界现在正在走向融合。产业界的业务模式正在被新的物联网技术所颠覆。
IT 和 OT 的经理们正开始在所有层面展开合作。OT 正在拥抱开放的与 IT 类似的技术，IT 正在成为业务和流程方面的伙伴。
传统产业＋
高科技
IT+OT

图 7–2　物联网驱动融合

部门的经理们却认为，OT 部门对于现代技术抱有抵触情绪，因为他们使用专利的、封闭的和专用的系统。IT 对于网络安全非常关注，但是 OT 在传统上却依赖在物理上将系统与其他的网络进行隔离从而确保系统的安全性。

至少在早期，这看上去并不像是什么天作之合。但双方肯定需要在一起进行合作，而且越早越好。如果双方无法做到这一点，那么就会有很多潜在的价值受到影响。在第 5 章中我们描述了所有的快速回报都依赖于数据首先从工厂流向 IT 的基础设施，然后再流向云端。如果没有 IT 和 OT 在技术、网络架构以及组织层面上的合作，我们就根本无法做到这一切。

尽管有这种潜在的文化上的冲突，在过去的十几年时间里，OT 以及其他的业务部门已经越来越多地采用了与 IT 相似的技术，比如以太网 /IP 以及云服务。与此同时，IT 也越来越像是业务上的合作伙伴，它现在能更好地理解在完成关键的业务和运营目标上所扮演的角色。正如我在前面曾提到过的，我常常把这种情形与约翰·格雷所写的《男人来自火星，女人来自金星》这本书来进行类比。

确实，其解决方案和约翰·格雷所给出的如何改善男人和女人之间沟通的建议非常类似，即让他们互相之间坦诚直言。作为变革管理的主要负责人，你需要督促 IT 和 OT 的人坐下来互相进行交流。让他们开展争辩、互相指责，把过去 10 年的老账全部翻出来，而且绝对不要对此进行干预。最终他们会意识到，对于公司的业务来讲物联网太有价值了，之后他们双方就会围绕着物联网的程序

（流程）达成共识。这样的场景已经在数千家工厂以及办公室中重复地出现，而任何可能出现的伤害很容易就能被治愈，所以不用太过担心。

从这以后，事情就会变得越来越容易。沟通是最大的障碍，而你从一开始就已经解决了其中最困难的部分。之后就是谈判、调停以及解决冲突。但因为人们互相之间已经开始进行交流，任何事情都能得到解决。你也许很快就可以做好准备以确认并实施一个能够带来快速回报的、具体的小型物联网项目。（你可以向前翻回到第5章，并挑选一个能够带来快速回报的案例，那也许会是一个涉及远程操作的项目）。一旦你已经有了成功的项目经验，在后续的工作中人们就会很乐意地积极参与进来。

当我们关注于IT与OT的融合，以及如何具体实施物联网的时候，不要忘了，绝大多数物联网项目的实施都将发生在“棕地环境”之中，在那样环境中人们早就部署了各种服务于企业现有的业务和生产线的软件与硬件。同样地，尽管有很多任务在不断地演化并已经自动化，至关重要的依然是捕捉和利用OT与IT的实践者在这几十年的时间里所累积起来的实用知识。在这里，我用我的岳父来举例，他作为首席技术专家为一家轧钢厂工作了几十年。尽管新的一代经理们已经上岗，并开始实施自动化的物联网流程，但当他几年前准备退休时，他的公司依然要求他能留下来继续作为公司的顾问。这又是为什么呢？因为他在40多年的时间里所积累起来的实际经验是独一无二的。比如，他知道如何才能炼制出满足独特专业需求的钢材。所以这家公司做了一个完全正确的决定，即充分利用他的专业知识和经验以作为其自动化决策系统的基础。

我还可以举出很多这样的例子。随着你的 OT 专家逐渐接近他们的退休年龄，请确保当他们离开的时候，其实践知识和经验并不会随之消失。你需要主动记录并捕捉他们对于自动化系统的洞见，然后再将这些知识传递给那些更加年轻的员工。

正在改变的角色和黄金机会

即便现在还不是那么明显，但可以肯定的是所有人都会有一个新的角色。首席信息官会不会成为物联网首席运营官？LOB 经理们会不会成为变革管理人？生产车间里的控制工程师这一角色在面对物联网以及自动化浪潮的时候又会发生怎样的变化？你会需要一个首席供应链管理官吗？可不可以由一个人来掌管信息安全办公室？顶级的数据管理员应该是怎样一个人？他或者她会成为首席数据官吗？应该由谁来负责集成、合规、物流等事务呢？所有这些问题并不需要你立刻做出回答，但总有人——或者很有可能是几个人——需要现在就开始思考这些问题、谈论这些问题，并在最后做出一些决定。

另一个令人关注的将会发生改变的领域涉及你的产品和服务以及对它们的开发。你的那些基于物联网的产品应该如何构思、开发、获得支持、定价以及进行市场营销？这些产品和服务会有几种形式？你的客户如何才能了解、购买、接受这些产品？还记得我们在前面所讨论的购买一本书或者一辆汽车的不同方式吗？关于你的公司、你的产品和服务，还有你所在的行业，你一定要非常仔细地考虑清楚这些问题。

有一点很清楚，在向物联网转型的过程中创造了一个黄金机遇，这样的机遇并不是经常会有的，在这样的转型中，你有了重新思考你的产品、服务以及公司发展的机会。将呈现在你眼前的是彻底重塑你的产品、公司、行业以及市场的机遇。你有没有想过利用物联网把你的产品当作一种服务来进行销售和交付，而客户只需要按月支付相关的服务费呢？如果这样做行得通的话，那么整个社会的经济又会出现怎样的转型呢？好好想一想吧。

某些行业可能会被彻底地颠覆，而其他的行业可能只会出现一些小小的骚动。你的产品和服务的机遇就在那里，这一机遇你可能已经抓在手上，但也许和你手上的并不相同。你会有新的市场营销策略并将面对一个新的市场，你将拥有的是新的截然不同的产品和服务，并将通过一种新的截然不同的方式来进行交付。我对你并不了解，但对我来讲只要想到这些就会令我非常振奋。在有了物联网以后，任何事物都可以成为你进行探索的全新机会。

假设你的企业当下正在从事飞机的生产和制造。随着无人机、自动驾驶汽车以及超高速的真空管道运输方式的出现，20 年后你还会制造那些飞机吗？到那时你所在的行业是飞机制造业，还是交通运输业，或者说是某个制造新的交通工具的行业？汽车制造业已经在经历这样的转变，它在重新思考基本的价值诉求、商业模式、价值链以及市场营销策略。在面对巨大的颠覆性力量的挑战时，这个行业正在快速地对自己进行反思。飞机制造业和汽车产业最终融合在一起并不是什么异想天开的事情。如果这件事真的发生的话，谁又胸有成竹，并抢占了有利的位置来引领这一全新的交通工具行业呢？毕竟，我们现在正在用同样的方式谈论“汽车成为安装在轮子上的智能手机”的可能性，所以你也完全有理由这样说，一架客机很可能会变成搭载了很多乘客的无人机，或者只不过是一辆装上了机翼的汽车罢了……

从物联网中涌现出来的一个相当有意思的可能性是，软件和硬件经济相融合。物联网对于软件、开发平台、API会产生一种无休无止的需求，甚至不同的API之间也需要做出调整来应对你已经链接起来的各种不同的设备。我正在谈论的并不是那些有着数百万条代码的软件，而更多是那些短而快的小程序，或者是那些能够很快编写出来的微服务，那些微服务在进行修改时可能速度会更快。这样的能力同时由硬件在模块、可编程性以及快速开发周期上的类似趋势进行平衡。这就像阴极阳生，阳极阴生。雾计算的发展趋势就是一个完美的例子，它将所有设备连接起来，然后捕捉和处理由这些设备所生成的不断变化的数据，从而满足对实时数据分析的需求。

学习和共享

简而言之，不要去重复发明早已存在的技术，相反，你应该向你的物联网同行们学习。你也可以把这一点看作我在本书中想传递的信息的另一种表述：绝对不要自己单干。整个物联网行业正在摸索自己的路，寻找什么才是行得通的方式而什么又不是，不仅学习用什么样的应用案例来解决问题，而且还学习如何实施这些应用案例。本着同样的精神，你没有必要去做一个孤胆英雄，你可以从其他人那里学习成功的经验和失败的教训，分享哪些做法对你是有用的而哪些又是无用的。事实上，在开发物联网的过程中你既是一个学生也是一个老师。

当然，你还应该参加物联网的研讨会，其中有些会议每年都会举行。随着一个又一个不同的行业加入物联网的行列，急切地想要知道该如何去做，我估计会有更多类似的会议不断地冒出来。很快你就需要进行筛选以决定参加什么样的会议，你的选择应该部分基于会议上所展示的应用案例。在会议上，你应该寻找机会与演讲者进行一对一的交流、在现场进行提问，或者在会后与演讲者进行联系。

与你的同行们进行交谈，但绝不要把你的话题局限在一个很小的范围内，否则你就会错过非常重要的洞见和经验。比如，假设你在离散制造型企业，但你依然可以从银行业采用远程操作的解决方案中学到很多东西。当我与客户谈论物联网的时候，我经常会询问他们，如果让他们重来一次的话，他们又会在哪些方面做出调整或采用不同的做法。你会很惊讶地发现，会有那么多的人愿意与你分享经验并帮助你。咨询公司也是如此。那些有经验的物联网公司或者个人可以为你带来丰富的实践知识并帮助你极大地降低学习曲线和项目的风险。

在产业级的试验基地你会有很多机会加入同行们的圈子，其中有些试验基地是由行业成员投资建造，有些则是由政府资助建立。密歇根东南部的无人驾驶汽车试验台、由工业互联网联盟（IIC）

所运营的互操作性试验台，或者像开放式设备网络供应商协会（ODVA）这样的工业自动化联盟组织，就是其中三个很好的例子。这是进行产业融合、解决一些关键性的问题，并加速采用相关新技术和解决方案的一个非常实用的方法，所有这些都可以与你的同行们一起完成。

你还可以建立一个正式的或非正式的外部咨询委员会来支持你在物联网上的投入。这个委员会的成员将自动地成为你的项目的导师，从他们那里你可以学到很多东西，也可以与他们分享你的实践经历。请记住，所有这样的对话都是双向的。另外，你的咨询委员会没有必要很大，也无须一定的组织架构。他们可能几个月才会碰上一次面。你可以在会议室或者通过网络召开在线会议，你只需要准备一些三明治就行了，这样的活动不会产生很大的费用。

合作经济

我已经在本书中多次谈到了正在演化的供应商生态系统。牵涉其中的关系需要你去培养、管理，并定期进行评估和重新考量，只有这样这些关系才能长期维持下去。你需要在面对一个快速变化的经济和商业业态的情形下做到上述这一切。在某种程度上，我们将会看到合作经济的出现，在这种经济结构中企业将在合作创新、合作开发、合作技术支持、合作进行市场营销、合作开展培训以及更多其他的事务上结成伙伴关系。物联网经济发展得如此之快、规模如此之庞大，以至任何一家企业靠其自身是无法推动这一经济向前发展的。另外，你肯定也不想等待。你想要尽快地部署完整的物联网解决方案，所以你和你的合作伙伴将会同时推进你的项目，你的合作伙伴将会关注他们那一边的问题，而你将处理你自己的问题。

相应地，这就会在企业内部以及企业外部产生出不同的组织架构。我们已经开始看到了合作伙伴共生生态系统的出现，在这样的生态系统中，所有的合作伙伴相互之间优势互补，并一起合作开发物联网的解决方案。这种新型的同盟关系以及新的合作管理方式，正开始对各个独立的企业如何开展运营、如何调整内部的流程来拥抱合作开发产生重大的影响。对很多企业来讲，这是一个未知的领域。但是你的企业越早拥抱这一模式，那么它也将能更早地从物联网经济中获益。在启动你的物联网之旅的同时，你就可以开始建立生态系统，每次给你的一个物联网项目配上一个合作开发伙伴。在这一领域，我在这里针对客户和供应商推荐 9 条基本的原则（见图 7–3）：

1. **不要开发客制化的解决方案：**解决方案越是标准化，那么对你来讲成本也就越低，而且供应商对此做出长期承诺的可能性也就越高。我们都从开放的、基于标准的技术中获得了不少好处。所以只要这样做是有道理的，我们就应该继续坚持这一做法。

2. **设定合理的预期：**你需要很清楚你想要达成的是什么，以及为什么、在什么时候，还有如何才能做到。理解所有的参与者真正关心的是什么——无论是作为个人参与者还是他们所代表的企业。确保所有的预期都是能兼容的，即便这些预期可能并不完全相同。

3. **对项目的大小、范围以及项目进展的各个阶段进行管理：**与任何项目一样，你也许会把你所面临的挑战分割成几大块，有些可

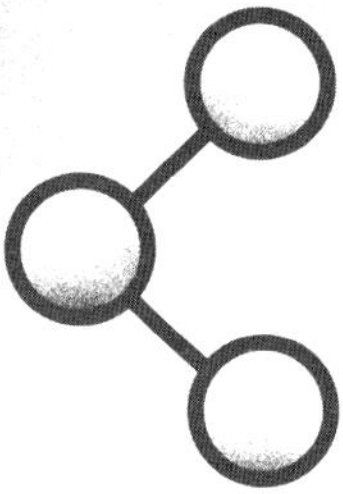

构建你的物联网
人才生态系统的 9 条原则

1. 不要开发客制化的解决方案
2. 设定合理的预期
3. 对项目的大小、范围以及项目进展的各个阶段进行管理
4. 构建一支合适的团队
5. 控制团队的节奏
6. 获得指导
7. 衡量项目的进展
8. 从一开始就让用户参与进来
9. 反应要敏捷

图 7–3　针对客户和供应商的原则

以同时进行，而有些则需要按部就班。这正是加快开发进度的一个已经得到验证的方式。

4. **构建一支合适的团队：**组建一支成员多样化的团队，成员之间在技能上最好能够互补。如果你与几家企业一起进行合作开发，那么它们互相之间就不应该有竞争关系。你需要有一支能综合各种立场和观点的合适团队，所以绝不要放弃一些拥有不同背景的团队成员，也不要排斥那些与众不同的个性。在创造性和纪律性之间寻找平衡，并为团队成员之间的沟通和互动建立指南。

5. **控制团队的节奏：**全新的合作开发团队也许可以从一些小的项目开始磨合，利用第一个项目来组建一支具有凝聚力的团队，其目标可以是获取那些唾手可得的成果。在早期的成功后，这支团队也许已经准备好接受一个更大的挑战、承担更大的风险。如果事情并不像所期望的那样顺利，你可以对团队进行重组并从这次失败中吸取教训。

6. **获得指导：**从那些正在运营一个成功的合作开发项目，具有实战经验的人群里寻求帮助。当你可以很方便地从其他人那里学到各种经验和教训时，你就根本不可能再重复他们之前所犯下的错误。

7. **衡量项目的进展：**合作开发有时候会显得相当地凌乱，但这并不意味着混乱和无政府状态。你可以通过建立衡量标准以及项目关键绩效指标来确保整个项目保持在正确的轨道上。

8. **从一开始就让用户参与进来：**永远不要认为你知道用户想要什么。如果用户能参与你的开发过程，他们就能在你每次的迭代过程中向你提供反馈意见。请认真看待这些反馈意见。没人会给你一些象征性的反馈。

9. **反应要敏捷：**不要纠缠于那些行不通的想法。当需要调整方向的时候，你需要能抓住合适的时机并且动作要快。简而言之，在任何想法和创意得到验证之前，都不要紧紧抓住不放。在初创企业的世界里，我们把这种做法称作“转向”。绝大多数的初创企业在他们寻找到一种成功的模式前至少会有一次从一个创意或者商业问题转向另一个创意。所以，在你的物联网内部创业团队中，你们也要准备好随时进行转向。

变革的障碍

有两种障碍会阻碍你的变革：战略性的障碍以及战术性的障碍。让我们来简要地看一下这两种障碍。

战略性障碍

在这里存在一个关键性问题，即企业的管理层对于一种极其深刻的、能够改变游戏规则的发展趋势缺乏认知。如果高层管理人员不认为有一些重要的事情正在发生，即便他们不理解那是什么，或者这件事情可能会带来什么样的后果，这个时候的你，亲爱的读者，就应该立刻停下手上的工作来帮助他们看到正在发生的事情（我写本书的部分目的就是帮助你处理这个问题）。如果这些高层管理人员没有意识到某种深刻的变革正从他们的周围不断地渗透进来，他们就不会在你想要拟定策略、进行规划，并进行先期尝试的时候做好准备同时向你提供必要的支持。最终，教育并确保管理层提供支持将成为你的物联网之旅能否成功的一个关键因素。花费一定的时间和精力来确保至少有一个企业高层管理者，从你启动第一个小型的物联网项目起就站在你的身边并为你提供支持，将是完全值得的。

接下来的一步是，你需要想好当物联网经济开始大步向前迈进的时候，你想开展的是什么样的业务。我们已经讨论了在汽车制造业正在进行的转变。在汽车制造商中越来越多的人认为他们现在所从事的是关于“人与物的移动”的业务，而不是汽车制造业务。随着他们思想的转变，很多与之前截然不同的决策成为可能。比如，现在他们可能会用完全不同的方式来设计他们的产品，并决定在哪些涉及“人与物的移动”的服务领域中进行投资，或者直接制造并运营一支由自动（自主）驾驶汽车或卡车所组成的车队。同样地，交通运输企业——比如卡车运输公司、铁路运营公司以及航空公司——可能会开始思考无人机所带来的影响。

诸如此类的思考需要出现在所有行业的企业管理系统的平台上。一旦真的做到了这一点，并且还引发了相关的讨论，那么就会有更多不同的可能性可以加以考虑：

- 运用数据的能力以及机会
- 对于时空跨度以及控制的不同理解
- 新的合作开发环境
- 合作伙伴的新类型、新的 / 或者不同的关系

- 客户变更的管理
- 重新定义与现有伙伴的关系
- 重新审视端到端的专有供应商的方式
- 定义更开放、更敏捷、成本更低和更好的合作关系
- 寻找多供应商的解决方案
- 建立一个物联网生态系统，或加入某一个生态系统
- 对全球性和本地的合作伙伴关系进行对比和评估
- 准备好对各种关系以及过去的同盟进行调整

战术性障碍

我在本书中一直尽力指出物联网所存在的各种战术性的障碍，希望现在你已经对这些障碍相当熟悉。此外，你需要在一个更大的、正在快速演化的物联网图景中对这些障碍进行思考。这些障碍包括：

- 安全性、私密性（更多的内容请参见第 9 章）
- 如何对以前所存留下来的基础设施和系统进行集成、支持和迁移
- 数据质量、数据管理
- 实时处理 vs 批量数据、数据储存以及易腐数据
- 软件开发、代码编写以及敏捷性
- 劳动力技能的开发，以及如何招募、培养、留住拥有技能的劳动力

- 改变和转换，以及不断重塑自身
- 如何围绕着你的产品或解决方案构建一个合适的生态系统

当然在所有这些问题的背后——无论是战略上的还是战术上的——实际上依然是你能够获得多少回报这一命题。当你提出你的第一个物联网项目的建议时，它就会浮现出来，而且在这之后的每一个环节上还会反复不断地冒出来。你可以参考前文中关于回报以及投资回报率的讨论，而且我们欢迎你在实际的讨论过程中随意使用其中的任何材料。

一些令人兴奋的关于物联网的问题

你认为物联网将如何改变你的企业或者你所在的行业？更重要的是，你希望物联网如何改变你的企业和你所在的行业？在这一点上，没有什么是一成不变的，你可以用任何你喜欢的方式在你的企业中塑造物联网。这里让我们从两个会引起争议的问题开始：

- 你想如何来转变你的企业、部门或者工作组？
- 你需要哪些关于企业 / 运营 / 流程的信息、控制权、业务变革以及衡量的标准来使这些转变能真正地发生？

现在让我们把这看成一个跨越 3—7 年，需要经历多个不同阶段的转变，接着再看得更远一些，比如 10 年之后又会发生什么样的改变。让我们从回答一些关键性的问题开始：

- 你想从事的是什么样的业务，你如何来定义这一业务，针对这一业务什么将会是主要的颠覆性因素，在这个业务中谁又会是潜在的进入者以及颠覆者，你将和谁展开竞争？

- 你所在的行业将会如何进行重组，谁将会是重组后的主要玩家，在行业重组的过程中你的切入点又在哪里？
- 你如何看待你的企业的参与，在哪一点上你能控制（影响）它的实际参与？
- 与你的合作伙伴相对比，你想拥有的是哪一部分的价值链？
- 你将生产和销售什么样的产品，你又将如何包装和销售这些产品？
- 谁会是你的客户？
- 谁能够成为你的员工，他们又将在哪里工作？
- 谁会是你的合作伙伴？
- 你靠什么来赚钱，你的合作伙伴又如何赚钱？
- 你如何开展市场营销？
- 你如何对你的客户提供服务和支持？
- 在你的业务中有多少是可以自动化的，以及 / 或者是可以外包的？
- 你如何来管理和掌控这样一家经过转变后的企业？
- 什么是你将要面对的，在业务、技术以及组织形式上的重大风险？

在即将到来的变革之前

变革也许会令人感到害怕。响应变革的最佳方式是思考应该如何就最有可能出现的未来场景重新定位你的企业。当然，我们中没有人拥有水晶球能以某种确定的方式预测未来，但是我们可以从历史中寻找将来可能会发生些什么的规律，或者了解什么是不该做的事情。这里有一些你应该仔细思考的历史事实：

- 马车 vs. 汽车——这一广泛和深刻的社会变革有利有弊，而我们将继续生活在它所带来的好处和后果中。
- 普通的老式电话服务 vs. 今天的数字化电信服务——这一变革以很低的成本给全球带来了大量的可能性，并且为自动化提供了多种模式。
- （在长途旅行中）火车 / 轮船 vs. 飞机——这一变革为交通和运输带来了高速和便捷，而与之相比较的是较低的成本但更长的耗时。
- 纸质出版和印刷 vs. 电子的基于互联网的出版和通信——这一变革已经对于纸质出版行业造成了很大的冲击，有迹象显示，一种混合出版模式正在缓慢地演化并已经表现出一定的生命力。
- 消费旅游行业 vs. 互联网——这一变革实际上可以归结为一种对个性化和特殊服务的偏好，或者对低成本、自助能力以及便捷性的偏好。

在上述描述中，我们对 5 次不同的历史变革进行了回顾，即便像上面这样粗略的审视也给了我们一些关于如何来推进物联网战略的思路，比如一种看起来很可能会成功的策略或许正是一种渐进的混合模式。在我们还没有清晰地看到来自物联网的快速而明确的回报前，该如何在推进物联网的过程中采用这一策略呢？

因此，我建议你在你的企业内部围绕物联网开展一次讨论。如果你无法做到从一开始就让公司的最高管理层参与到对话中来，那么你还可以邀请那些 LOB 经理们以及各个部门的经理，毫无疑问的是物联网将会对他们的业务产生直接的影响，所以他们肯定会积极主动地寻求参与。不过，正如我已经指出的，你早晚必须寻求公司最高管理层的支持。这意味着你应该从现在开始谈论物联网的未来，并启动对物联网的规划。你也许还可以提议开展一个早期的项目，这个项目可以围绕远程操作或者任何其他我已经描述过的快速回报模式。这种方式将能让你和你的核心虚拟团队在企业中测试物联网的可行性。随后，你可以在这个基础上再向前一步。

物联网并不像有些供应商和咨询师所暗示的那样是绝对不会失败的。很有可能你会犯一些小的但很严重的错误，这将使你的物联网项目无法达到预期。在下一章，我们将讨论的是一些企业会遇到的最为常见的错误和问题，以及如何避免这样的错误。既然你已经阅读到了这里，那么对于大多数的问题你应该已经有所了解，而把这些问题都汇总到一起将会更加直观。

第 8 章

如何避免犯错

你想让你的物联网项目失败吗？我知道这是一个很愚蠢的问题，但是很多物联网项目确实失败了。那么你又如何来确保你的投入不会成为一种痛苦的学习经历，相反成为一个令人瞩目成功故事呢？最好的方式之一是从其他人的错误中吸取教训，这样你就不会重复犯下同样的错误。通过研究那些痛苦的学习经历，我希望你能够避免承受同样的痛苦。这就是本章的目的。

你还记得我在第 1 章中所给出的“物联网成功的秘诀”那张图（图 1–6）吗？我在本书中反复不断地提到了这一秘诀。那是一张有 8 项内容的清单，我非常期望你能在开始物联网之旅的时候仔细地思考一下其中这些内容。请相信我，我并不喜欢去做一些华而不实的事情，我也不想让你感到无所适从或害怕。在看到很多物联网项目被推迟或者失败后，我非常期望你能够从其他人的失败中吸取教训，并最终在你的企业向物联网的转型过程中使成功的概率最大化。摩根士丹利旗下的AlphaWise研究中心曾进行了一次名为“摩根士丹利——自动化世界的工业自动化”的调查，在该项调查结束后的一份题为“物联网以及新工业革命”的报告中，他们罗列了在采用工业物联网的过程中企业将面临的一系列挑战。[1]这些挑战包括网络安全、标准化的缺乏、过去遗留下来的已经安装了各种设备的基础设施、大量的前期投资、缺乏熟练的工人、数据完整性问题。所以，当高德纳咨询公司声称从现在起到2018年，绝大多数物联网项目所花费的时间将会是其原定计划的两倍时就丝毫也不会令人感到惊讶了。[2]这意味着部署物联网不是一件容易的事，也并不像有些所谓的专家曾暗示的那样是非常简单的，但物联网也并不一定是什么高风险的投入。

我们知道物联网的部署并不是每一次都非常完美。一家企业的物联网项目确实有可能会失败。这样的失败很可能会推迟你原本所期望的好处和回报的实现，另外还可能消耗宝贵的时间和金钱，而后者恰恰是企业最难以接受的。尽管我不希望你们中有任何人把企业作为赌注全部压在你的第一个物联网项目上——而且我还将在本书随后的章节中多次重复这一警告——但你确实应该从一些低风险的简单的项目开始，并在这个过程中不断地学习。只有这样，你才有可能在遭受某个物联网项目的失败时积累起企业内部的认可、支持以及相关的专业知识，从而最终实现一些成功的案例。这个行业依然非常年轻，并且还在不断地演化，因此有很多最佳实践案例未能得到真正地验证。而所有人（即在本书中所提到的那些专家、你们，还有我）依然在不断地学习，并且在今后的几年中还将继续不断地学习。需要明确的是：我们正在进入的是一个未知的领域，需要不断地尝试并承担风险。并不是每一个物联网项目第一次就能成功，但是我们可以从其他人的错误中吸取教训，并确保自己不会重复同样的错误。

我曾看到的某些错误的发生是因为那些解决方案还没有成熟，而且在部署的过程中缺乏足够的实践经验。其结果是，原先所预想的投资回报率就显得过于乐观了。第一代的停车解决方案就是其中的一个例子。基于将物理传感器安装在街道路面上的解决方案后来被证实无论是安装和维护都过于昂贵了。另外，车辆以及天气因素所造成的传感器损坏的数量要远超预期。第二代的停车解决方案通过使用视频传感器解决了这些问题，其结果证明这一方案无论对于划定了区域还是未划定区域的停车应用都是更加经济和可靠的。关于对摄像头开机时机的把握（通过应用雾计算），这一解决方案还确保了人们的隐私权。同样地，在欧洲当智能停车场被设计出来并使用后，解决方案的提供方并没有预见到随后所出现的故意进行破坏情况。有人对那些汽车传感器动了手脚，并仅仅出于好玩而对传感器进行了重新设定，所有这些在方案原本的商业设想中并没有被考虑到。一旦解决方案成熟了，在基于实际的应用反馈，原本的商业设想变得更为现实后，这个行业就会通过自己所学到的东西做出相应的调整。

另一类常见的错误是处于一个封闭的环境、在与相关的业务流程完全分离的情形下部署物联网的解决方案（见图 8–1）。还记得吗，在前文中我强调了必须把技术解决方案和业务流程看作同一枚硬币的两面，这就是我会这么说的原因。下面有一个例子，有一个城市在检修井中部署了最先进的流入和渗透检测系统。这个解决方案完全达到了当初的设计要求，却没有实现原本所设想的投资回报。问题出在了哪里？被部署在地下的技术系统没有与包括这个城市的清扫作业在内的地面业务流程相集成。一旦把这两个元素合并在同一个工作流中，人们所期待的投资回报率也就随之而来了。

第三类错误主要集中在太过于关注现有的需求，而对于未来可能的需求则没有给予足够的重视。“我所看到的企业在当下的物联网实施中所犯的最根本的错误是缺少规划以及缺少架构性的方案来

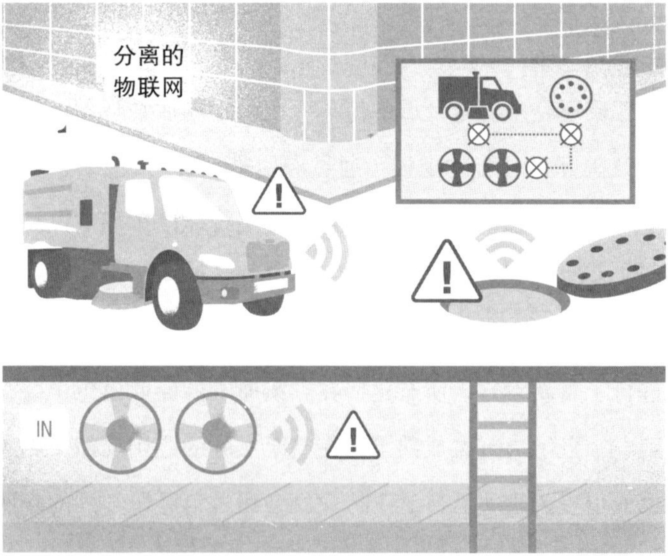

图 8–1　分离的物联网

扩大企业中互联的设备数量。”亚历山大·博涅维斯基博士这样评述道。亚历山大博士是安永咨询公司负责为 EMEIA（欧洲、中东、印度和非洲）服务的合伙人以及物联网项目的负责人，安永咨询公司的一部分业务是帮助企业在其全公司范围内实施绩效转换方案。“如果你没有在前期就定义一个基于标准的足够灵活的可扩张架构，以便你的企业在将来可以增加或替换设备，以及增加或多样化你的服务，那么你就会被迫在每次实现一个新的应用后重新改动你的网络架构，否则在你的系统中会有很多无法兼容的应用。无论是哪一种情形，你都将无法获得你所期待的回报。”他补充说道。

让我们来看一个石油和天然气行业的案例。有一家企业在它的炼油厂内安装了先进的流程控制（简称 APC）系统，每一次它对于在每一家厂内的安装要求都给出了详细的说明。所有这一切都进行得非常顺利。当这家企业在后期决定将其所有炼油厂内的系统集成为一个完全同步的系统以便能更好地协调产出，并在整个企业的范围内管理赢利能力时，它才发现，每一个单独的 APC 系统与其他工厂内的 APC 系统无法相互兼容，并且在一些关键的功能上还互不相同。最终的结果是，这家企业不得不进行了一次不但费时而且成本还非常高昂的改造，仅仅是为了使所有的 APC 系统都能拥有同等级的功能、互操作性以及网络架构。

在另一个案例中，一家企业决定采用基于云的平台来处理交易。在这个平台投入使用后不久，这家企业又决定为其添加预测性数据分析能力（还记得吗，这是获得快速回报的情形之一）。不幸的是，这家企业很快发现，他们刚刚安装完毕的云平台无法支持大容量的实时数据分析处理。毫无疑问，正如你已经猜到的那样，其结果是这家企业不得不重新构建它的平台架构以支持实时应用案例，整个项目被拖延了很长时间并且成本还明显上升。

另一类错误涉及如何在早期识别这是一个科学研究项目还是一个生产性项目（这是物联网成功秘诀中另一个关键组成部分）。我在前面已经使用了石油和天然气行业中物联网应用的一个案例，这里你还可以从其中一家公司的项目中吸取经验教训。在这个案例中，一家石油公司在一个项目上花了两年的时间，它想在其中的一家炼油厂中安装 Wi-Fi。炼油厂是一个很危险的地方，因此从一开始，负责这一项目的承包商就明白这不会是一个很轻松的项目。但是项目团队还是克服了很多困难，其中包括获得进入危险地点进行施工的认证、让整个 Wi-Fi 能在一个到处是金属结构的环境中可靠地工作，并且将这个新的网络与原有的技术和半专用系统进行集成。当整个系统完成后，实施这个项目的团队完全有权利对他们完成的工作感到自豪。但项目团队不知道的是，这个项目并没有被相关的业务部门批准，实际上那些业务部门才是他们真正的客户，最终这个项目被叫停了。这里的教训是，在你开始前首先应该获得所有必要的许可。

我感到最有意思的是，大多数我所知道的失败的物联网项目出现问题的原因并不是技术无法按照要求工作，问题的根源更多表现为项目团队没有能力来确定项目的确切需求，对项目做了错误的设想，在实施的中途对项目的范围和（或者）要求做出变更，或者用经典电影《铁窗喋血》中的台词来总结：在这里我们根本无法进行沟通。我还看到过这样的情形，从一开始整个项目的构思就极其糟糕，或者其想要解决的问题并不适合采用物联网解决方案。

任何形式的新转型肯定会出现失败的案例，尤其是像物联网这样需要大尺度转型的项目更是如此，我们在物联网中已经看到而且还将继续看到很多失败的尝试，甚至其中有一些很可能会是极其惨痛的失败。在物联网实践的方方面面比如技术、解决方案、合作伙伴关系、业务案例、方案的具体实施等，你都可以发现存在着各种错误和失败。重要的是我们自身、团队以及整个行业能够从这些错误和失败中吸取什么样的经验与教训。我们的最终目标是不再重复这些错误，但是我们也需要寻找方法来降低这些错误和失败再次出现的可能性，以及由此带来的影响。

我知道这听起来有些像老生常谈，但我还是会这样说：我们不应该害怕失败，我们更应该害怕的是不愿意去承担风险。我们需要项目团队能主动地承担合理的风险，并尝试新的技术和商业理念。同时你也应该明白，在承担相应的风险之前你应该已经对这些风险做出仔细的权衡，而且我们还应该竭尽所能地增加我们成功的机会并降低相应的风险。我绝不会念叨“尽快失败”的咒语，但我更希望能看到所有的项目团队采用“快速失败并共同学习”的方式。这就是为什么我们不但需要对自身的成功进行庆祝，而且毫无疑问，我们还应该分享自己的失败，尤其重要的是应该分享我们从中汲取的教训。如果你想从你的同行的失败中吸取教训，那么你也应该与他们分享你自己的失败和教训。

在下面的表 8–1 中，我总结了过去几年我所观察到的一些最为常见的错误和挑战的类型。这些错误和挑战横跨了几个不同的类别，从企业的组织架构到业务和项目的规划，从管理到合作伙伴关系、变革管理以及采用的技术等。

表 8–1　在实施物联网解决方案时常见的错误和挑战

错误 / 挑战	建议（解释）
从技术出发而不是从商业机会出发	关注一个你想解决的与业务相关的问题，并向其他人学习。记住：物联网的主要目标是解决业务上的问题，而不是用一个很酷的项目来让技术供应商赚钱或者让公司内的技术极客们感到兴奋。
在没有考虑如何与业务流程进行集成，以及业务流程在将来可能会如何进行演化的情况下，仅仅孤立地推出了一个技术解决方案	物联网项目并不是在真空中实施的。如果你没有对现有的工作流程进行调查，并思考如何对现有的工作流程进行改变以及将其与你的物联网解决方案进行集成，那么即便在最好的情况下，你的投资回报率也会大大地缩水，而最糟糕的情况是你的物联网项目将对你的业务完全没有任何影响。
仅关注互联的设备，而不是数据和相关的应用	应用和数据分析是物联网解决方案中的关键元素，正是应用和数据推动了对于设备互联的需求，而不是相反。
把解决方案的实施放在了首位，而没有从战略以及更长远的角度关注企业内部可能出现的对变革的抵制，也没有主动地进行变革管理	正如我们在前面所讨论的，物联网将是一个需要经过多个阶段的旅程，在此过程中物联网将改变你的企业如何开展运营并向客户提供价值的模式。一路上，你完全可以预见在你的企业内部会出现各种形式的对于变革的抵制，你需要准备好为此进行长期的投入和沟通。
在没有战略愿景的充分支持下，或者在缺乏一个可执行的愿景的情形下，就从战术上开始实施一个物联网项目	从大处着眼，从小处着手。在实施物联网的时候需要面对现实。从一个低风险的、利益明确的项目开始，随着你的专业知识以及在企业内所能够获得的支持不断地提升，你就能逐渐地扩大你的雄心。（更多的信息参见高德纳咨询公司 2016 年 3 月 9 日的报告，报告的标题是《为什么集成是物联网成功的关键》[3]。）
在没有一个合适的安全基础的情形下就开始设计物联网解决方案	从一开始就将安全性与你的方法论和项目实施进行集成，并使之成为每一个人的职责。（第 9 章会提供更多关于安全性方面的信息。）

（续表）

错误 / 挑战	建议（解释）
在公司内单干，或者作为一家公司在行业内单干	单打独斗听起来好像很有格调，但在物联网项目上你不会成功。这是需要团队配合才能完成的工作。在公司内部和外部开始组建你的合作伙伴生态系统，并确保他们互相之间能很好地开展合作。适当地调整相关的流程和关键绩效指标。自始至终坚持开放性的标准。
实施单一供应商的解决方案（与上面所说的情形类似）	主动地推动你目前的供应商开放他们的架构、拥抱开放的系统、改变他们的模式，使得他们能够与合作伙伴一起进行开发。
在推进物联网项目时没有让公司最高层参与进来	你必须获得企业最高管理层的支持，你正在重塑你的公司、组织架构、企业文化、业务模式。你需要企业的高层来为你背书。
在对原来旧的系统进行集成时低估了你所面临的挑战，并出于谨慎没有将该系统迁移到一个开放的标准	绝大多数物联网项目的实施都是在对原有的旧系统进行改造的环境中进行的。你应该推进一个有些激进但经过深思熟虑的计划，以便用开放的标准来替换原有的专用系统。基于事实、行业基准以及经过验证的结果来推进这样一个计划。
购买而不是共同开发，对解决方案进行客制化而不采用开放的解决方案	不要简单地要求你的供应商为你开发一个解决方案，你应该与他们共同开发，但绝不要开发一个客制化的解决方案。你需要在一个能够被你所在的行业采用的开放平台上进行开发。
无法进行沟通	无论是对内还是对外，绝对不要粉饰你在沟通上的失败。将你所学到的经验教训以及成功的案例传播出去。沟通要比你所认为的更加重要。
低估了那些你原本就已经建立起来的关系以及客户群体能够给予你的帮助	很多传统的行业有着非常稳固的、可以进行长期合作的生态系统和关系。其中有些迫不及待地想要成为你进行变革的合作伙伴，但也有很多会拒绝这样做。你应该寻找那些持开放态度的企业。
在不成熟的技术上下赌注	新的技术可以带来远大的前景，但也有可能是一场赌博。你需要分阶段来实施新的技术，并和你的同行们一起这样做。互相学习并分享经验和教训。

（续表）

错误 / 挑战	建议（解释）
在互操作性上进行妥协	这个错误会使你的项目变得非常短命，同时令成本急剧上升。在物联网的应用中有两个关键词：开放和互操作性。
没能恰当地管控各种风险	知晓并思考在一个物联网项目中你计划会引入多少个新的变量，并小心地按阶段逐步引入。
沉迷于各种炒作而不是建立一个实际的业务上的合理性	拒绝炒作。如果你当下还无法为你的物联网项目寻找到业务上的合理性，那么你就应该继续学习、尝试，并将你的结果和你同行的结果进行比较。等到某个时候，你将为你的第一个小型的物联网项目寻找到一个极有说服力且非常吸引人的投资回报模式。

正如我在本章的开始就已经提到的，并不是每一个错误都是致命的。我可以肯定的是，你在物联网之旅中会犯很多错误，但如果能在早期就发现这些错误，你就能从这些错误所造成的后果中恢复过来并纠正这些错误。例如，我曾经参与了一个项目，这个项目需要我们接入一个安全帽网站。项目团队最初因为没有获得许可被挡了回来。在打了很多电话并完成了很多必要的文档后，我们最终获得了许可。这并不是什么致命的错误，只不过让我们多花了几天的时间并让我们有些恼火罢了。同样地，依赖专利技术或者半专用技术和系统并不会让你的项目彻底失败。如果你想让你所获得的利益最大化并确保整个项目不会在未来被淘汰，那么你就需要在项目进展到某个节点的时候重新审视这些技术，并将它们转换成为开放的系统以及被广泛采用的行业标准技术。

然而，你依然有可能会犯下致命的错误，所以我们需要对所

常见的错误
变革管理上的失败
分离的物联网
关注设备，而不是数据
不成熟的技术
单干
只考虑当下的需求，忽视未来发展
会不断浮现出来的需求

图 8–2　常见的错误

有可能会犯下的错误特别地小心。比如，你没能限制并控制好风险的载体、没能实现业务工作流程与你的项目的集成或者想自己单干等，所有这些都有很大的可能性增加项目的风险等级，并导致出现明显的成本超支、项目实施的不稳定性以及令人失望的投资回报率。

与此同时，克服在物联网项目推进过程中所出现的错误并解决相应的问题对你自己的职业生涯而言将会是一个很大的促进。对于拥有物联网经验的人才的需求始终在高涨。一个精明的经理人可以通过在实施物联网过程中获得的经验把他自己推向越来越好的岗位。这一点是毫无疑问的，因为物联网就是这样一个拥有无限潜力的领域。

现在你已经了解了来自其他人的关键经验教训，那么你是否已经准备好开始你的第一个物联网项目呢？事实上你还没有完全准备好。首先让我们稍稍接触一些更多的技术细节，并在接下来的两章中思考一些关于安全、标准以及技术的问题。

正如我们已经多次谈到的，现如今安全性是经理们对物联网最大的担忧。他们害怕怀有恶意的人侵入物联网，对数据、系统、员工以及客户造成重大的伤害；偷窃各种专有的信息，或者更改产品的生产配方。他们不但担忧短期可能会受到的伤害，而且还忧心对他们的业务和品牌可能会造成的长期负面冲击。很多这样的担心并不是没有道理的，但有些可能过于夸张了。在下一章我将对物联网的安全现状给出一个基于事实的评估：在哪些领域我们正在获得进展，而又在哪些领域事情并没有发生任何改变——当然其中会涉及

“好的、坏的以及丑陋的”一面，但我们依然能看到很多好的方面，而且更多好的方面还在不断涌现。有些担忧是健康的，因为这能够让我们更加谨慎小心，并使我们避开因粗心而造成的错误。和很多其他的原则一样，你不应该害怕物联网的安全性，而应该从中学习经验和教训并加以实践。

B U I L D I N G

第三部分

THE INTERNET

物联网的当下与未来

OF THINGS

BUILDING THE INTERNET OF THINGS

第 9 章

物联网安全性

在某种程度上，物联网的力量源自它不但具有在真实事物所组成的物理世界中进行操作的能力，而且还具备了在所有事物均被数字化并仅以数字信息化形式存在的虚拟世界中进行操作的能力。正因为物联网跨越了两个世界，所以它能够透过网络将数字化数据传递给一台位于远方、依附在一件物理设备上的控制器，而这件物理设备很可能是一台重要的生产机器。然后这些数据就能按照你的意愿命令这台机器打开或关闭自己。

让我们花点时间来思考这样一个情形：你现在有一个虚拟系统能远程控制一台真实的机器。你知道为什么安全性对于物联网如此重要吗？如果没有一种有效的安全手段，黑客也许可以在生产过程中的某个关键时刻关闭一台重要的生产设备，并命令这台设备始终处于关闭状态。你甚至可能不知道究竟发生了什么，尝试让机器重新启动，但直到最终你发现整个生产停了下来，并派人到现场手动启动这台机器后才发现问题的真实原因。

你有没有听说过震网病毒攻击？这是世界上首个专门针对工业控制系统编写的破坏性病毒，这种蠕虫病毒最开始渗透进一座伊朗的核设施。病毒的攻击使该设施内的设备过热并超过了警戒线，其结果是相关的生产被迫停止了好几个月。这种蠕虫病毒随后在很多国家的工业生产系统中蔓延开来，这使得系统管理人员不得不采取措施以预防类似事件再次发生。由于缺乏相关的攻击实际发生时的细节，系统管理人员选择了一些高效对策，如在车间设备的前端设置防火墙。从那以后工业界终于明白，在 IT 防御时代所遗留下来的传统防火墙根本无法阻止类似于震网病毒的攻击。

物理分离并不能提供防护

在 IT 和 OT 开始协同工作之前，OT 很喜欢采用将系统进行物理分离这种安全策略。现在我们知道它并不是最有效的方式，却是我在本书最开始的部分就鼓励你将 IT 和 OT 进行集成的关键原因之一。

安全性已经成为企业采用物联网的主要障碍。我已经无法计算有多少我曾参加过的研讨会或者客户见面会是以物联网的安全性作为主要议题的，而且选择这一主题还有很好的理由。因为你已经无法再依赖于物理分离，而所有的东西都必须互相连接起来。假设现在你无法登录电子邮件和互联网，那么你的企业还能维持正常运营多长时间？现在所有的事物，实际上你所有的业务流程，都依赖于联网的能力。回想一下在第 5 章中所描述的快速回报的分类。它们中的任何一个模式都依赖于数据从工厂流动到企业的 IT 网络然后再到云端。今天任何把你的企业与全球网络断开这样的想法（尽管看上去并没有什么大不了的）都将是非常愚蠢的。

所以从全球网络中撤离已经不再是一个选项，但是这并不是让你恐慌的理由。事实上，并不是所有的安全威胁都是相同的，而且也不是所有受到威胁的目标对于你的企业都具有同等的价值。你对不同的威胁以及受到威胁的不同目标所做出的响应需要极其审慎且恰如其分（见图 9–1）。这就需要你进行风险管理。

把安全性当作风险管理的又一个挑战

今天那些领先的企业都把安全性与所有其他风险放在一起，当作一项可管理的风险来进行考虑和加以处理。管理物联网安全性风险的流程与管理任何其他风险的流程是完全相同的：

- 识别可能会发生的某一个威胁
- 评估每一个威胁出现的可能性以及会造成多大的损害
- 识别并部署与每一个威胁出现的可能性以及将造成的损害相匹配的防御措施。

不同的漏洞类型会产生不同的威胁，并产生不同的潜在伤害。可能关停一家工厂的组装生产线或者某一座石油钻井平台的威胁，与只能够干扰库存管理流程的威胁完全不在同一个层次上。通过评

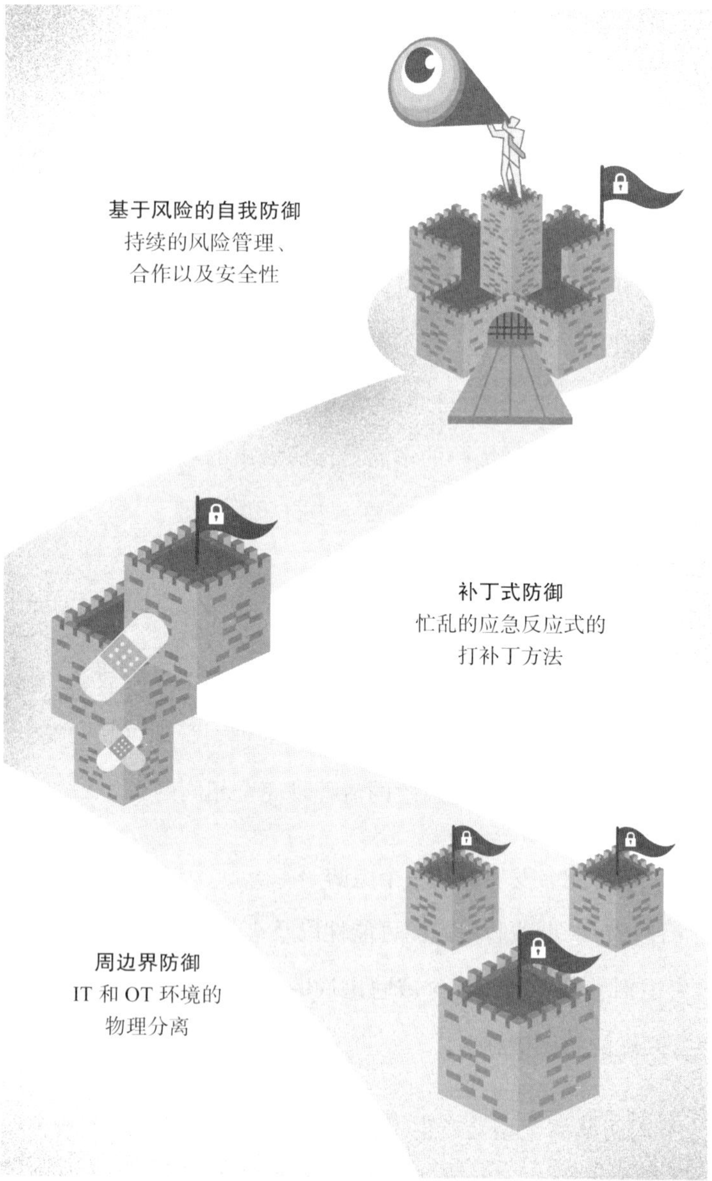

图 9–1　基于风险的自我防御

估风险的价值，你可以做出理智的决策来决定应该在防御措施上投入多少预算。通过这种方式，在物联网安全性上的投资与购买一家企业所需要的不同种类的保险实际上没有任何的区别。不管怎样，在安全性上的投资应该与出现风险的可能性以及潜在的价值损失或伤害相当。

正如你已经在本书中读到的，这些年很多企业以不同的理由成功地部署了物联网。的确，你会面临很严重的风险，对此我将会在下面详细地说明，但是这个行业也在不断地开发各种不同的防御策略，并且还以共同合作的形式引入了多种防御的方法、产品和最佳实践案例来抵御各种风险。请不要以为你没有办法来保护你的企业。你完全可以做到，但要做到这一点就必须从有效的风险识别、评估以及管理开始。

重要的是你必须理解，物联网并不存在某种神奇的安全性屏障。物联网解决方案所涉及的范围和多样性已经表明一种不会失败的安全性防御是不可能存在的。物联网技术在不断地发生改变，各种解决方案也在不断地演化，因此各种威胁以及攻击的载体也在发生相应的变化。你所面对的是一群极其活跃的对手，他们正竭力地想向你显示他们比你以及你的防御软件更聪明。我非常抱歉，物联网并没有某种能一劳永逸的解决方案，所以你对物联网的防御也同样如此。正如我曾经说过的，风险管理是一个持续不断的过程，至少每年你都需要对其进行重新评估——或许应该更加频繁，这是因为随着不同的解决方案不断地发生演化，新的威胁也不断地出现。对我们所有人来讲，关键是要比潜在的对手更聪明，并清醒地意识到物联网正面临的风险，而不应对此感到害怕。

安全性和与之相随的风险管理不应该只是 IT 和 OT 从业人员需要关注的，对于所有人尤其是企业的最高管理层来讲，这应该是头等大事。对于你和你的物联网虚拟团队来讲这更是一件关键的任务，我在第 1 章就已经提到应该让安全性成为每个人的首要任务。按照 ISACA（国际信息系统审计协会）和 2016 年信息安全大会的调查数据，82% 的企业董事会现在对于网络安全性极其关注，这是一个很好的迹象。[1] 我不知道剩下的 18% 都在想些什么，但毫无疑问现在所有人都应该紧随安全性这一潮流。

我原本的想法是在这里给你们讲一些关于物联网的安全性所引发的灾难性事件，但你肯定早就知道了类似的案例，比如一个男孩入侵了一个当地的火车调度系统并让整个交通陷入混乱，黑客试图入侵一家核电厂或者一家自来水工厂等。你肯定不想再多听这一类的故事，然而供应商们却在不断地讲述这样的故事以兜售他们特定的物联网安全性解决方案。

我唯一想兜售给你的安全性解决方案是：在有充足数据的情况下对你所面临的安全风险进行评估和监控，并以评估结果为基础做出恰当的响应来应对特定的安全威胁，而这一响应还应该与所承担的风险的价值量相匹配。一旦你对应该做出什么样的响应有了决定，你就能从最合适的物联网安全性的解决方案中挑选出最好的供应商，而且你的项目从一开始就应该将其嵌入你的物联网生态系统中。另一个正在出现的值得考虑的选项是网络安全保险，有些保险公司正开始推出这样的业务。此外，最后但也非常重要的一步：是让公司的高层参与进来并获得他们的支持，因为他们中没有人会想让公司成为报纸头条新闻中物联网网络攻击受害者的典型。

如果某个人想要入侵你的物联网，他肯定会有很多理由。对一些人来讲，这是一件很刺激且令人兴奋的事，对另外一些人来讲这可以是一种宣告他的政治主张的方式，对少数人来讲这就是一种战争和恐怖行动。我认为，绝大多数这种攻击的目的是通过盗窃数据或者商业机密的方式来获取某种商业竞争优势，或者只是想让作为竞争对手的你步履蹒跚，乃至最终彻底颠覆你的商业策略并以此赢取某种经济上的利益。一个受到委屈的员工也可能会利用这种方式来进行报复，其理由可能和电视中播出的很多警匪片中的情节类似。多年以来对于安全性问题的研究有一个相当明确的特定结论：绝大多数安全防护被攻破的事件都利用了一些知名的漏洞，通常尽管在这之前已经发出了足够多的警告，但这些漏洞依然没有得到处理。绝大多数的攻击者都是你所熟知的，他们可能是你的员工、承包商或者某种形式的合作伙伴。一般来讲，攻击者既不神秘也并不怪异。

请记住安全性的问题并不仅仅是IT或者OT的问题，它甚至不是一个技术上的问题。而这一点也正是企业的最高层所忧虑的。通过部署物联网，你的公司正转变成为一家数字化的企业，因此你需要有一个集成的、覆盖全公司范围的安全策略和风险管理计划，这一计划将涉及企业内部的每一个人。安全性必须是每一个员工的职责中重要的一部分。持续不断地强调安全政策、最佳实践案例以及各种工具必须成为你所有工作的一部分。你还应该把对安全性的教育融入你的企业以及你的物联网合作伙伴生态系统中，并使安全性也成为他们职责中的一部分。

图 9–2 安全性是每一个人的职责

最终，一个有效的物联网安全策略需要对全局性的做法提供自上而下的支持，这种全局性的方式将把顶尖的物理安全手段与数据安全集成在一起。绝对不要把这两者看成各自独立的领域，并且始终记住大多数的网络攻击来自你的企业内部。在下面我列出了三个物理安全的领域，这些领域应该被看作你的集成安全策略的一部分。

- 专注于处理最为重要的物理安全性问题，比如“尾随”，即未经授权的人员紧随着获得授权的员工进入一扇安全控制门。

- 综合考虑所有的工作人员，包括所有员工、承包商以及供应商，将物理访问系统、视频监控以及其他类似的系统与数字凭证和许可系统集成在一起。
- 考虑部署生物识别和多级物理访问系统。

与我在前面谈到物联网时所强调的一样，实现安全性也不是你可以单干的事情。你需要在你的公司内部和外部寻找合作伙伴并与之进行合作，你还应该与你的首席信息安全官所组建的团队一起合作。他们能够帮助你将他们的IT安全架构延伸至OT领域，然后再进一步地把这一架构扩大到足以包容具体的安全需求、各种争议以及你正在担心的一些问题的程序。去参加一些关于物联网安全性的研讨会吧，不过你所选择参加的活动应该包含这样的内容：你的同行们演示他们正在部署的实际应用，并分享他们的最佳实践案例。

激进的安全新方法

确保安全性以及系统安全的传统思路是将坏的东西和坏人阻挡在系统的外面，这常常被称为安全隔离或者边界防御。

一种新的方法是把安全上所出现的问题看作日常生活中很正常的一部分。这种方法已经认识到，只要没有彻底关闭系统，那么安全性就不可能是无懈可击的，显然你根本不会关闭你的系统。这种方法会利用风险评估来判断，对于每一个系统和相关的业务流程你能够承受多大的风险，然后再运用各种政策、数据分析以及自动化的方案使你的系统能基于评估的结果自动地排定、遏制并击败所有的攻击。

其目标是在安全的、不间断的系统运营所带来的好处与任何潜在的因安全出现问题而带来的风险之间寻求恰当的平衡。正如我们在前面曾提到的，并不是每一种威胁都是相同的，基于持续的风险管理和评估，对于不同种类的威胁做出不同的响应将会成为一种常态。这种新的方法无论对物联网的用户还是供应商均适用。具体来讲，用户需要采用一种架构化的方式，打破目前各个部门相互独立的状态，以防出现部门之间的相互推诿。供应商也应该采用一种架构化的方式，并推动行业合作以及互操作性的实现。最重要的是他们应该从一开始就将安全性融入所有的设计中。我的同事张涛（Tao Zhang）、郑仪（Yi Zheng）、雷蒙德·郑（Raymond Zheng）和海尔德·安图内斯（Helder Antunes）所撰写的《5G 和物联网中的雾计算》即将正式出版。你可以从这本书“确保物联网的安全：对一种新的范例和雾计算的需求”一章中对这些话题获得更多的了解。[2]

在所有其他的问题中需要考虑的一个事实是，作为一种安全防御策略，物理隔离根本没有起到作用。震网病毒已经使得这种方式完全不再受人信任。当然，这并不意味着突然之间你需要走向另一个极端——完全开放你所有的数据并将所有的东西都迁移到云端。你根本没有必要这样做。这就是为什么这个行业会实施混合的方式以及基于策略的数据架构。但是，如果你选择了继续采用通过隐匿来获得安全的方式，即便你认为你的设施与外部世界完全隔离，你也只不过是活在了一个自我欺骗的世界中。想一想你又如何与你的承包商、供应商、集成商和合作伙伴打交道？我敢打赌如果你真的这么做了，那么现在你的工厂里肯定有10个或者更多的VPN（虚拟专用网络）正在与外界相连接。

接着还有所谓的“影子IT”，这造成了一些重大的安全隐患。“影子IT”这个说法是指，有些团队或者部门会自行决定在他们的部门中使用什么样的工具、设备以及网络连接。对于一个等待IT来为他或她的业务部门做些什么的经理来讲，这样的等待实际上是非常令人尴尬的，而这时他们往往会自行做出决定。显然这会使公司安全系统的完整性和有效性出现重大问题。所以你必须采取行动：你应该与你的IT和安全团队一起尽可能地减少“影子IT”的现象。这可能需要对某些政策进行松绑并加速一些其他的转变。在这个问题上，外部的公司也许会对你有所帮助。例如，我的一个朋友经营着一家非常成功的企业，他的公司会对一家企业所使用的多种基于云的服务做出评估。通常来讲可能会有数十种，而每一种都可能代表了一个安全上的漏洞和潜在的攻击点。这家公司在对这些云服务中的每一种都进行了安全评估后，会向你建议，只有那些被证明无论从安全性还是性能的角度都是企业级的云服务才可以被你的企业所采用。无论你做了什么，把“影子IT”减少到零都是不可能的也是不现实的。但是，你所使用的不合规的工具越少，那么你所建立起来的安全防护也就会越好。

好消息是安全行业已经在开发适用于物联网的安全性产品。他们正越来越多地提倡采用一种综合性的、前期/中期/后期的安全防护模式（见图9–3）：

- **前期（受攻击前）：**其目标是防止有人突破你的系统并获取未经授权的访问权限。预防内部和外部的攻击是同样重要的——请记住，一些最为引人注目的网络攻击来自不满的内部员工。部门的区分、基于角色（工作岗位）的访问控制或者反电子欺骗机制是一些你能部署的最为有效的工具，这些工具可以预防某种特定类型的流量在某一种系统（比如你的人事系统）和另一种系统（也许是你的现金管理系统）之间进行流动。
- **中期（攻击发生期间）：**其目标是判定你多快可以鉴别出你的数据和/或者基础架构是否已经被侵入了。如果你有能力做到成功地鉴别，那么最好是在几秒钟之内完成，而不是要花数小时、数天或者数周的时间。几秒钟意味着你能阻断对方的动作，并有可能在他或她逃离前抓住这个侵入者。另外有一点也同样非常重要，即你多久才能注意到有大量的数据突然间从你的公司被上传到一个你不熟悉的云服务，而不是你的企业通常所使用的服务。这种能力的建立需要用到智能自动化和预测性数据分析。在这里雾计算、自动化以及数据分析显然能起到很大的作用。私有区块链——一种刚刚被开发出来的高度安全的分布式账本技术——也许在这样一些类别的场景中会被证明是相当有效的。
- **后期（攻击发生后）：**一旦黑客攻击被确认，你的下一步任务就是进行快速的评估并减少损失。这就需要能记录、分析以及比较攻击发生前后在信息内容上是否存在差异的工具，

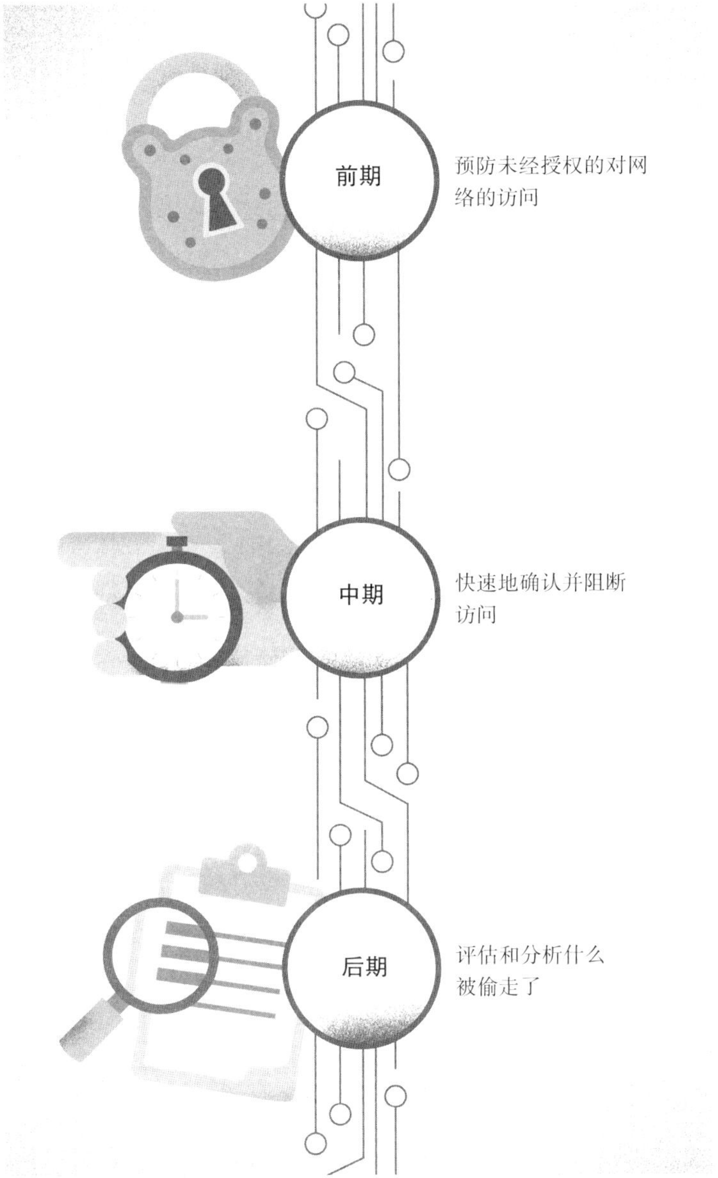

图 9–3　物联网安全的全面防护方案

并以此来判断什么信息已经被偷走或者泄密了。然后你就能决定哪些数据需要进行修复以及该如何进行修复，与此同时，你还需要降低对你的基础设施或者业务流程可能造成的任何损害。

其他注意事项

正如我们在第 6 章中所讨论的，无论我们多么努力，在这个行业你永远也无法找到足够多合格的安全人员。因此，你和你的同行们将很有可能会面临此领域的人才短缺。不过，与其在市场上到处去追逐一些刚刚新鲜出炉的以及（或者）某些极其昂贵的安全人员，更合理的选择或许应该是部署智能安全系统。实际上这一类系统不但能降低你的安全操作的复杂性，而且还能减少在执行关键任务时所需要的时间。这样的系统可以有效地降低安全资源缺口所造成的影响。例如，那些可以给你很多数据、极其出名的工具在理论上听起来可能相当不错，而且还令人印象非常深刻，而某些仅具有适度性能的安全工具同样能够降低虚假信号的数量，并向你提供高质量的可操作数据，甚至其他类似的工具在实际应用中一样也是非常有用的。在所有案例中，你会发现智能数据分析和自动化几乎总是能够帮上大忙。

那么你所需要的安全产品和服务的方式应该是怎样的呢？你可能会从你的同行中听到一些截然不同的观点。有人会建议你部署所谓的一流产品。这种做法通常会需要你对由很多种截然不同的最佳工具所构成的集成系统进行大量的投资，并且还需要对一些内部资源的使用做出承诺。但很可能你已经没有足够的内部资源来进行重新分配。其他人则可能会推荐你专注于一些产品的套件，这些套件能够很好地协作并向你提供对所有套件元素的集成管理、编排、可视化展示以及功能描述。这种方式实际上能帮助你降低产品部署和集成的成本。另外，套件通常来讲要比一大堆不同的最佳工具更容易学习和使用。不过，这样的套件通常无法为你提供最佳的组件，因此你就不得不在功能以及受益方面做出妥协。我的建议是结合这两者中最好的部分（见图 9–4）：用一致性的安全策略集成你能够找到的最佳组件的架构，这种做法将给予你最先进的功能、简单性以及自动化，同时又能减少你对于劳动力和各种资源的需求。是的，这样的方案确实是存在的，但是你还必须做到心中有数，因为这样的解决方案肯定不会便宜（你可以从另一个角度思考，即便最

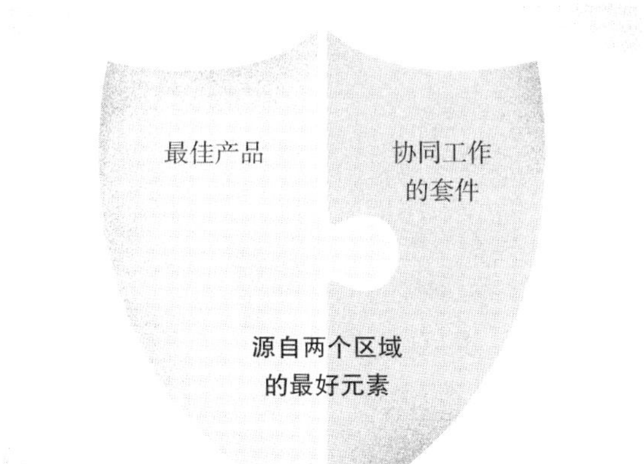

图 9–4　结合两个不同的区域

昂贵的软件也要比雇用一个有经验的安全专家便宜很多）。

你所采用的架构需要非常灵活。物联网不断地带来新的应用案例（V2V 通信和传感器集群只是其中的两个例子），以及具有独特功能和配置文件的新型终端设备。越来越多的数据正在被加密。另外，企业还在不断地部署各种新的功能，这些新功能将基于机器学习、网络启发式算法、分割（segmentation）以及流量隔离等全新的技术。尽管过程非常缓慢，但毫无疑问这个行业正在走向设备类别以及配置文件的标准化。我们还在学习如何利用智能化的方式来分享加密数据。除此之外，还请记住确保你的企业的安全并不是一件一劳永逸的事。这是一个不断持续的过程，是一场黑客与你之间进行的赛跑。确实，我们所看到的绝大多数的攻击都利用了众所周知的漏洞。而且没错，尽快应用官方的补丁是你需要做的第一件事，但是，你依然需要有足够的灵活性来处理新的安全挑战，比如勒索软件以及其他类似的新的威胁。鉴于各种不同的攻击类型在不断地增加，让你的员工和各种安全工具预先为此制定出应对的方案就显得非常重要了。灵活性显然将会是无价的。

最重要的是，你所采用的安全架构应该是全面的、基于策略的，并且无论你的数据在什么地方都能够保护它们。我们曾经谈到安全架构应该横跨 IT 和 OT 这两个领域，但这只不过是一个开始。敏感的信息现在可能会驻留在任何地方——在车间、零售店、移动设备、IT 基础设施、本地的数据中心或者云端。所以你需要关注数据可能会驻留在哪里，并且部署能够应对所有可能情形的数据安全架构。与此同时，你还需要在所有可能驻留数据的区域间以及区域内应用一致的安全政策。始终记住数据是可以携带和动态的，很多目前正在实施的物联网应用案例就是基于不断移动的数据。可以说，这意味着你企业中的数据持续不断地在多个不同的传感器、雾节点、数据中心、移动平板电脑、云端以及其他的设备之间来回流动。这些数据将以很多种不同的方式进行流化、备份、提取以及转移，其中很有可能包括通常被禁止使用的仅有拇指大小的存储设备（这就是震网病毒最初在工业网络中传播的方式）。作为一个对物联网感兴趣的经理，你现在需要对 IT 和系统架构均予以一定的关注。你无须自己参与设计系统架构，但你需要了解相关的信息，因为这一架构对于你想利用物联网完成的事情有着重大的影响。

专家的角度

在肖恩·迈克尔·肯纳（Sean Michael Kerner）所发表的一篇文章中，他谈到国际数据公司负责安全产品的项目副总裁克里斯琴森·克里斯蒂安森（Christian Christiansen）曾提到，当涉及物联网的安全问题时，他总是会遭受巨大的困扰。[3] 国际数据公司认为当下 90% 的物联网安全产品只是通用安全技术的重新包装。有些供应商为物联网提供了一种通用的网关，并承诺这种网关将适用于当下的各种技术。或者他们会提供一种通用的防火墙，这种防火墙被安装在了一个经过加固的外壳里，其病毒数据库将包含一些额外的病毒签名并且还提供对工业协议的支持。实际上这种类型的产品根本就没有抓住问题的关键，当面临物联网的安全挑战时完全起不到任何作用。

肯纳这样写道：按照国际数据公司的意见，很大一部分的问题是你很难找到有经验的能够负责物联网安全的员工。在国际数据公司的报告中，雇用有5—10年经验的网络安全专业的人才要远比雇用入门级别的IT安全人员困难得多。国际数据公司认为解决之道在于，通过满足持续不断地对于智能化的（设备）调配以及自动化的需求，降低在安全工作流程中对于人工干预的依赖和需求。我相信，（设备）调配和自动化流程中涵盖的数据分析，尤其是预测性数据分析，将在相当长的一段时间里，对克服熟练的安全从业人员短缺这一问题起到很大的作用。我想重复说明的是，好的软件可能看上去很昂贵——依然比雇用更多的人手要便宜。

高德纳咨询公司在2016年4月25日的新闻发布会上预测，到2020年，超过25%的对企业的可识别攻击将涉及物联网。[4] 因此，这家公司预估全世界在物联网安全性上的花费在2016年将达到3.48亿美元，与2015年的2.815亿美元相比，增长幅度将达到23.7%（此外，这一数字在2018年预估将达到5.47亿美元）。尽管在初期整体上的花费并不大，但高德纳咨询公司预测，随着相关技能的改善、企业组织架构的改变，以及更多可扩展的服务选项提高了执行力并推动了物联网的扩张，2020年后，物联网安全性领域将以更快的速度增长（见图9–5）。

这次新闻发布会引用了高德纳咨询公司的研究总监鲁杰罗·孔图（Ruggero Contu）的一项研究结果，他预测，尽管到2020年，超过25%的对企业的网络攻击将涉及物联网，但企业在物联网安全性上的投资可能还不到IT安全预算的10%。如此有限的物联网

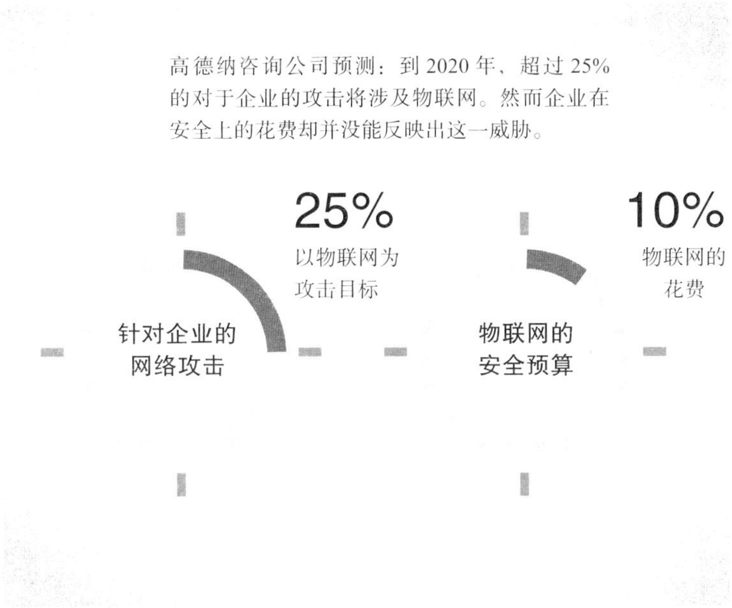

图 9–5　安全威胁与在安全上的花费

预算，再加上早期物联网实施过程中所采用的非中心化的方式，这对于竭力想在其产品组合中强调物联网功能优先级别的安全供应商来讲是一次挑战。孔图还认为，很多供应商会把发现漏洞和攻击作为他们的优先选项，而不是利用功能的分隔以及其他长期的安全措施来实现物联网的安全性，但恰恰是这些长期的安全措施将为物联网的安全性提供一个更加可持续的，以及在架构上更为合理的方式。孔图继续说道：

在物联网安全性上的投入将越来越多地集中在管理、数据分析以及设备和相关数据的配置上。物联网的业务场景同样需要一个能够不断成长并可以与监测、发现、访问控制以及与其他的安全需求保持同步的交付机制。

基于云的安全服务的未来在很大程度上将与物联网的未来联系起来。没有基于云的安全服务，物联网因为其规模和存在而表现出来的基本力量就无法完全实现。基于云的安全服务能够向很多企业提供一种合算的能够被广泛接受的安全运营模式。高德纳咨询公司预测，到2020年半数以上的物联网解决方案将使用某种形式的基于云的安全服务。

按照我自己的经验和观察，我基本上同意国际数据公司和高德纳咨询公司所给出的结论。物联网的安全性并不仅仅是一个技术上的挑战，你还需要投入一些工具来处理具体的安全问题。更重要的是，你需要让整个企业都参与到物联网的安全事务中——一切从企业的最高管理层开始做起——并要求所有的决策都基于明智的风险管理、威胁评估以及安全政策。以这些为出发点，你就能决定自己需要什么样的安全技术以及采用哪一种能够减轻损害的工具。

最佳安全实践案例

物联网的安全实践还在不断地演化。通过在我和很多不同的客户以及专家的会谈，我已经收集了一组实践案例，这些实践不但对当下有借鉴的意义而且在将来还将继续发挥作用。你已经在前面几章中阅读到了其中的大部分内容，不过还是让我们来回顾一下吧。

- **从一开始就设计（安全架构）并构建一个整体的覆盖全公司范围的安全策略**。不要让安全性成为最后添加上去的一个螺栓。安全性应该从一开始就内置于你的物联网流程。
- **让企业的高层管理人员立刻参与对威胁的评估和风险管理**。安全性问题已经把他们的工作和业务置于危险的境地，所以物联网的安全性已经构成一个对业务而言至关重要的挑战。高层管理人员应该知道如何评估威胁和管理风险，而且作为其工作的一部分，这些问题应该受到重视。这只不过是要求他们将上述方法应用于处理物联网的风险罢了。（他们可能在具体的问题以及所涉及的范围上需要一些指导。）
- **只要有行业认可的标准，你就应该采用这些标准**。专用技术方案将削弱你在物联网安全问题上所做出的努力。如果有必要的话，你完全可以向标准组织和行业协会寻求指导。
- **全方位部署你的安全方案——从部署在公司防火墙内和墙外的中央数据中心一直到各种网络的边缘设备**。这意味着在你的安全策略中你需要强调合作伙伴和生态系统供应商的参与与合作。
- **对物联网的安全性采用自动化技术并实行端对端的监控**。在安全性的解决方案中构建智能化和预测性数据分析功能，尤其是基于雾的数据分析，以便使你实时掌握事件所发生的数量。一旦问题变得显而易见，你就应该立刻通知相关人员采取行动。人工监控在庞大的物联网活动面前将微不足道，即便在一个很小的企业中也会如此。

- **将物联网流量与IT网络中的常规流量区隔开，然后使用一种多租户网络基础设施将问题独立出来。**运用分段技术以及其他众所周知的流程，同时与你的IT供应商们一起扩展他们现有的软件和工具的能力以处理物联网的安全漏洞。你还需要坚决抵制部署物联网专用工具的诱惑。
- **在安全问题的实践上，培训企业中的每一个人以及生态系统中的所有合作伙伴。**另外，定期刷新和更新物联网安全信息。事实上，正如我在前面已经说过的，应该让安全性的问题成为每个人最优先考虑的事情。

我还可以继续罗列下去，但那将过于深入地涉及安全性问题的一些细节。如果想要找到关于物联网安全性最佳实践案例的更多信息，你可以与指定的首席信息安全官进行沟通或者向行业协会咨询。

物联网安全性的挑战

在风险管理和威胁评估中最大的挑战是：你能够预想到的物联网的巨大规模。我们已经在前文中谈到了数十亿的互联设备。当然，很多企业不会有数十亿的互联设备。然而，即便你的企业规模不是很大，你也会发现你所要面对的是数以百万计的互联设备，尤其是如果其中还包括了合作伙伴的互联设备的话。即使你只有数以万计的互联设备，如果你没有引入可以在数据分析、设备的调配、检测以及更多其他的功能中使用的自动化工具，处理安全性挑战所需的工作量也会超乎想象。仅 1 000 件互联的设备就能以每周 7 天每天 24 小时的节奏产生庞大的数据流以及数量惊人的警告，只有利用自动化、智能化（基于规则或策略）、可扩展的工具和技术才能免于你的员工被大量的数据所淹没。

你在安全问题上的挑战是网络中所接入的各种各样不同的设备，包括不同种类的控制器、监控器、仪表和家电设备。其中很多设备属于你的合作伙伴，因此你很可能根本不知道会有哪些设备以及它们能干些什么，更不用说理解并与它们进行通信了。而且即便你是那种最终极的控制狂，我也可以向你保证，你根本没有可能做到始终监控公司内的所有设备。

解决方案实际上相当直截了当，但是要实现这一方案并不是一件很容易的事，它需要你能协调整个生态系统中的合作。如果你从一开始就重视整个生态系统的合作——你绝对应该这样做——那么实施基于共同架构和策略的协同通信和安全运营就成为一件很自然的事情了。

个人隐私

现在所有人都已经意识到关于消费者隐私的各种担忧。在 B2B 的世界里，目前隐私问题也许还不是那么明显，但忽视这个问题你就需要承担相应的后果。我最近和几个数据科学家一起在一个小组讨论中探讨了在 B2B2C 市场中的这一问题。其中一个最为热门的话题涉及许可 / 选择的问题（尤其是关于哪些数据可以被分享，以及如何进行分享，如何使数据泄露所带来的伤害最小化，如何使数据随机化和匿名化），即在不损害个人隐私的前提下，如何对用户数据进行分析并使其变得有用。这个行业正在就这些担忧讨论各种不同的解决方案，包括“去身份识别”以及“假名化”技术。这些问题在本书出版以后的很长的一段时间里也不一定能得到解决（如果最终能得到解决的话），所以在目前，你只需要保持关注就可以了。

在 B2B 的世界里，对于隐私问题的主要考量可能是完全不同的。它们可以分成以下几个大类。

- **员工数据：**我所观察到的各家企业所采用的一般规则是，无论什么样的信息，只要用户将这些信息输入该公司所拥有的设备或者基础设施，那么这些信息就由这家公司来进行控制。员工有权访问和 / 或者监控这些数据，由此我们可以很自然地做出这样的假设：员工是自觉自愿地允许或者故意将其数据输入这些设备和网络的。鉴于这一假设，隐私问题的关注点更倾向于对规则的清晰沟通——员工必须知晓相关的政策以及可能造成的后果。
- **数据存放的位置：**数据应该储存在哪里？无论是存储在某一件物理设备上，还是存储在某一个特定的地点，这个问题不但对面向消费者的企业，而且对那些 B2B 企业以及与这些数据相关的管理单位而言都是一件非常重要的事情。其中一个被激烈讨论的话题涉及跨国数据，以及针对这种数据跨境是否需要建立不同的规则。你的安全架构需要有足够的灵活性来处理这样的需求。

- **对敏感雇员数据的保护：**就像你不想让你的信用卡和其他的个人数据被盗或者被暴露一样，你和你的雇主同样也不希望你的那些敏感的与劳动合同相关的秘密数据被盗或者被暴露。因此，针对你的数据，一些在消费者领域所使用的规则和工具，比如规范对数据的访问和使用等，也在商业世界中被采用。如果你使用了公司的设备、网络以及基础设施，那么你的活动和数据受到相应的规范就是一件很公平的事。与此同时，企业不得不就一系列与个人以及个人数据相关的普遍问题做出恰当的决定，并就此与其员工保持沟通——这些问题涉及的范围从雇主有多大权限监控其员工的数据并对这些数据进行访问，到该如何对员工的敏感数据（比如工资和奖金）进行保护等。多年以来这些都是非常棘手的问题，现如今企业应该在物联网的背景中对这些问题进行重新思考。当涉及处理公司内网中员工数据的一般规则时，这将是一项非常细致且需要对所有的细节做出规定的工作。

好消息是物联网行业中的企业正越来越多地聚集在一起来推动建立通用的安全标准和最佳实践案例。我将在下一章探讨令人困惑的标准化世界，这里我们可以先看一些例子：横向标准组织如互联网工程任务组（IETF）、电气和电子工程师协会（IEEE）以及美国国家标准和技术协会（NIST）已经开始在几个新出现的垂直市场关注一些关键的物联网安全应用案例。另外，开放式设备网络供应商协会、国际自动化学会以及其他的垂直标准组织已经扩大了其对安全应用案例追踪的范围，以期能兼容对现代 IT 安全协议的采用以及相应的最佳实践案例，与此同时它们还在密切地关注如何才能将这些现代的 IT 安全协议和案例与过去存留下来的老系统以及物联网进行集成。这些组织还广泛地关注了教育、培训以及最佳实践的分享。就在最近，工业互联网联盟正式发布了“工业互联网安全框架”，这一框架在端点、通信、监控和配置等领域提供了一组最佳实践案例和指南。我们衷心希望这一耗时两年的努力所获得的成果将成为工业物联网社区在安全性问题上的一个转折点。

新成立的开放雾联盟（OFC）也把优先使用雾计算作为解决安全性问题的一个关键要素。想象一下我们在一辆车或者石油钻井平台的雾节点内部署实时数据分析工具，只要一出现安全威胁和安全问题，这些工具就能马上发现和确认，并立即在现场采取恰当的行动。作为一种安全措施，这种做法现已开始出现。到你完全准备好开始部署物联网的时候，这一做法也应该可以进行实际应用了。

最后，这个行业终于开始一起努力推动设备互操作性的实现，以及加速安全标准的实施。例如，在汽车行业，美国政府正在联合位于密歇根州安娜堡的多家研究机构以及领先的汽车制造商，在互联和自动驾驶汽车的新标准和最佳实践案例方面进行开发、测试和培训。

安全性是物联网的基础

安全性已经成为物联网最重要的领域之一。尽管安全性是一个能引起热议的常见话题，很多担忧和一些切实的误解却依然存在。除了给予供应商们机会，让他们围绕着新的安全应用案例展开创新外，安全性已经成为供应商们最为重要的获得新收入的机会。

与 IT 或者 OT 的安全性相比较，物联网的安全性所涉及的范围更广，牵涉到更多截然不同的设备，并且更加动态。它涉及多个不同的企业和多个不同的角色，甚至包括已经集成在一起的物联网生态系统，你所面临的挑战是截然不同的。因此，物联网的安全性需要一种新的处理方式，这种新的方式需要关注的不仅在于防止入侵，还要能做到快速识别、损害评估以及对损害的修复。

至少我们现在已经知道，将工厂与企业和互联网进行物理隔离已经被证明是不起作用的。针对物联网的安全性，你所需要的是一种包括物理安全性在内的、全局性 / 架构化的方式。每次当我和那些首席信息安全官见面的时候，我都会力劝他们自主地建立包括 OT 和物理安全性在内，能为整个企业服务的安全架构。有些人接受了这个建议，有些人没有，有些人想这样做，但因企业内部的政策以及“非本公司发明”等影响而受到了限制。所以，如果你打算在你的企业内部推动物联网，你应该使首席信息安全官成为你最好的朋友。从长远来讲，你们两个都将从中受益。

然而，新型物联网应用，例如 V2V 或者传感器集群，创造了新的安全性挑战。对此你又该如何应对？以下是一些你可以以之着手的建议：

- 通过部署能够吸收攻击并同时维持正常运作的弹性系统来增强边界防御。
- 同样地，为你的物联网项目提供即便在攻击下还依然能够正常运作的替代性容错设备和系统。
- 追踪已经被破坏的系统、数据和设备以便在后期进行修复。
- 追踪最新的对物联网安全性的研究，关注那些初创企业所使用的各种技术；初创企业通常会倾向于应用新的物联网安全应用案例和全新的技术，比如区块链技术。

在过去 5 年，物联网安全性的状态发生了翻天覆地的变化，从通过隐匿在 OT 环境中获得安全性的古老方式，到震网病毒所造成的恐慌，再到疯狂地对系统打补丁。现在，企业终于开始采用一种更加成熟的方式，一种更加全面和灵活的安全架构。尽管总的来讲——从行业、客户以及供应商的角度——当谈及安全性问题的时候，我们已经有了越来越先进的技术，但我依然发现很多客户会顽固地采用安全架构出现之前的古老方式。很多企业拒绝了 IT 和 OT 的集成，并且避而不谈开发和实施联合安全架构。一些首席信息安全官不认为他们应该负责 OT 环境的安全性。与此同时，有些客户还继续生活在虚幻之中，他们要么部署了不充分的安全解决方案，要么通过解决其 IT 同行们在数年前就已经成功解决的问题，启用了那些早就存在的技术。除此之外，我还看到很多供应商依然试图以传统的方式继续提供点状产品或者 IT 产品，尽管这些产品已经被强化，但仍然无法完美地适应越来越架构化和标准化的行业环境与协议。毫无疑问的是，这个行业真正需要的是更多的教育、培训、意识以及分享。请记住，我们还只是处于物联网安全旅程的开端。

“想要获得一个成功的结果、在经济上获得收益、得到机会、培养自信，并建立对于个人、组织以及政府的忠诚，安全性就是其中一个极为关键的因素。相反，如果出现了任何利益输送以及信任的破裂，安全性就会减弱。因此，企业需要认识到，如果希望在一个由物联网所驱动的市场上展开竞争和实行差异化，那么它就必须拥抱安全性这一业务支柱。企业应该从业务的角度来看待安全策略和运营，并用一种全面的方式来处理安全性这一问题，这种方式将包括架构、数据分析、数据治理、数据隐私以及数据主权。同样重要的是，企业内部的跨部门团队还必须拥有多样的技能以及培训才能满足一个互联世界的要求。”创造性智力咨询公司的创始人和研究总监博拉·罗蒂比（Bola Rotibi）这样总结道。该公司是一家从事分析研究、提供建议和咨询的企业。

如果你正在阅读本书并考虑在你的企业中推行物联网，那么你还需要帮助推动你的企业采用一种全面的、基于策略的物联网安全架构。如果你在推行和实施物联网的过程中没有考虑对安全性的需求，那么你实际上是在为自己制造麻烦。不要把安全性看成一项孤立的任务，从第一天起你就应该把安全性嵌入你对解决方案的设计中。好消息是你在很多方面都可以获得帮助。正如我在前面所说的，从一开始你就应该与你的首席信息安全官进行沟通，并说服他或者她与你进行合作。一旦你做到了这一点，接下来就应该马上实施以下几个步骤。

- **采用一个单一的安全体系架构，这一架构应该以一种开放、统一的方式来进行构建，并且还应该具备自动化以及基于风险的自我防御和自我修复能力**。这种类型的架构既灵活又全面，它跨越了OT、IT以及云，并允许你一旦设定好安全政策就能在多个不同的领域内加以实施。这一安全架构还应该与你的物联网架构、基础设施以及解决方案进行集成。这一架构将能够解决在攻击发生的前期、中期、后期三个不同时间段内所出现的问题，并且还能让你在将来另行添加额外的功能。安全性是一个持续不断的挑战，需要采用一种长期的、可扩展的解决方式。
- **向标准靠拢**。标准的存在有其自身的道理，所以你应该要求你的技术供应商支持并使用它们。你可以考虑参加一些标准组织如开放式设备网络供应商协会或者工业标准结构的活动——它们有一些非常优秀的供应商，而且其客户也已经在标准的开发、互操作性、培训以及标准的采用上与之展开合作。
- **合作和共同开发**。在你的企业内部与首席信息安全官以及IT安全团队一起构建合作联盟，同时让你的供应商和咨询师参与进来。与你的同行们一起工作并相互学习。请记住，安全性绝不是企业进行差异化的着眼点，它应该是你建立物联网的基础。不要羞于和他人分享你的最佳实践案例以及向他人学习。

你不应该感到惊慌和害怕。请运用风险评估和管理，针对安全性问题采取一种基于策略的架构化方式，并从一开始就把安全性作为你的物联网实施决策标准的一部分。只有这样才能让你获得最大的成功机会，并使你在物联网的旅途中充满信心。

在下一章我们将讨论标准，而标准与安全性密切相关。

第 10 章

标准和技术

我在之前是否曾提到我们将在这一章讨论标准和技术？那么好吧，我很抱歉，我说错了。这一章实际要讨论的是为了获取商业上的利益，如何让各种不同的技术协同工作，这就是物联网存在的唯一理由。没有无缝的互操作性和技术集成，物联网的存在就失去了意义。所有那些异常美好的预测——由数以百万计的互联设备所产生的数以亿万计的营业收入，所有的互联设备在数量极其庞大的网络上进行通信从而为无数垂直应用产生几乎无穷无尽的数据——都基于这样一个假设，即一旦所有这些元素能够进行通信，它们就会采用一种智能的方式。如果它们无法做到这一点，谁又会需要物联网呢？我们将回溯 20 世纪由单一的供应商来完成一切的传统解决方案。我们在本书中已经反复谈到了一些能够改变游戏规则的关键技术转变，在本章中我们将更仔细地审视这些技术。

如果从这一角度来说，在本章中我们要谈论的依然还是标准，不过我们会强调，只有利用被广泛接受的有效的标准，这些各式各样的设备、部件以及网络——无论它们是新加入的还是原本保留下来的，才会有机会进行有效的沟通；也只有通过各种数据的上传和下载，所有这些设备才能进行数据交换并形成一个整体，为各种应用构建相应的功能，并最终用一种开放的可互操作的，以及行业能接受的方式形成对业务的洞见。围绕着物联网所开展的构建标准的努力已经持续了很多年，最开始的做法是推动采用和适应开放的网络技术，而这一做法实际上在物联网流行之前早就已经出现了。其中有些标准目前已经变得相当成熟，并且还具备了互操作性，正是这些标准支撑起了我在本书中所提到的那些应用案例。更进一步而言，这个行业还将在接下来的数年里继续演化和改善各种标准以此追赶技术变革的步伐，并造就更多先进的应用案例、应用功能以及价值诉求。

标准的案例

物联网出现后，与 IT 或者 OT 的场景进行比较，现在的技术已经呈现出更多样、更复杂、更灵活的形态。而那些 IT 或者 OT 的场景你现在可能已经非常熟悉了。那些以前存留下来的、专用的半标准化的专业技术就其数量而言就令人感到不可思议。与此同时，这个行业已经在开始消灭一些传统的供应商市场结构，并逐渐淘汰端对端的专有的单一供应商解决方案。如果你的公司是其中之一，那么我建议你现在就应该参与行业标准工作组的活动。如果你想在由物联网所驱动的经济中获得一丝发展的机会，那么你现在就应该学习如何在一个开放的世界中发展自身。

让我们在这份清单上再加上供应商生态系统的复制，这种复制甚至可以发生在同一个垂直领域中。你只需要比较一下德国和美国的一线汽车制造商的供应商生态系统，就会对此有一个大致的了解。令物联网标准更为复杂的原因还在于各种终端设备、传感器、传动装置、计量仪表、控制器、家用电器以及其他设备与生俱来的多样性，所有这些设备均具有不同的功能，采用了不同的专用技术、不同的管理方式，而且还有着完全不同的数据接口和数据格式。而这里我甚至还没有算上嵌入式操作系统、嵌入式芯片的供应商数量，所有这些都更进一步地增加了标准的复杂性。这就是物联网平台这一行业，或者说那些专门从事对第三方专有终端设备进行互联和集成的企业会不断涌现出来的原因之一。他们所采用的方式是构建他们自己的抽象层和开发环境，这样应用程序的开发人员就能通过这一平台与所有其他各种不同的设备以及由这些设备所生成的数据进行互动。尽管在今天，这种方式依然还有一定的市场需求，但这种方式非常低效且有过多的冗余。确实，你肯定需要一些中间件来支持原来的旧设备，但是让这个行业为未来的新设备制定标准并采用通用的数据格式和 API 将会是向前迈出的一大步。我们现在非常迫切地想要做到这一点。

想象一下，每一家采用这种方式的平台公司自行承担所有中间件的开发有多么昂贵。甚至更糟的是，并不是说你只做一次就足

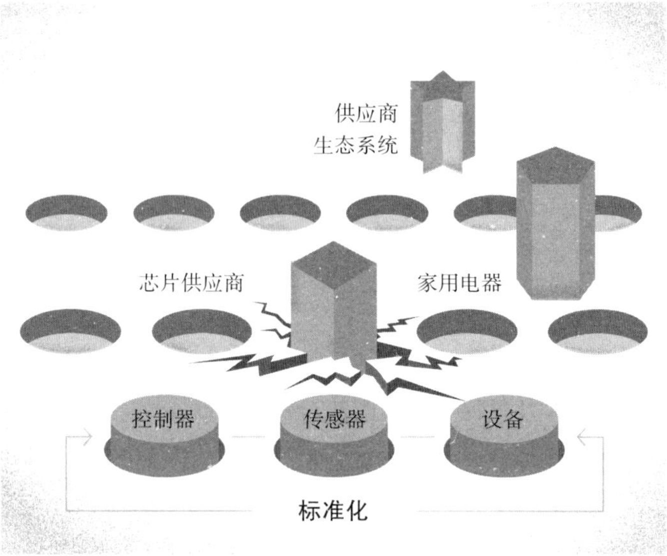

图 10–1　构建物联网标准的需求

够。每一次这件或者那件设备，抑或它们的接口发生变化时，你就不得不重新再来一次。这就是为什么在这个行业中甚至那些最大的玩家也会非常愿意加入标准开发团队。虽然每一家企业都希望它们自己的方式被接受成为行业标准，但随着时间的流逝，仅靠某一家企业自己进行开发——更为重要的是，独立维护这一标准——其成本实在是过于昂贵了。在整个行业内开展合作、共同开发这一标准的经济性是根本无法被忽视的。

但是请等一下，还有更多其他的因素。我们已经有数十亿计的互联设备，其中包括汽车、公交车、火车、办公大楼、工厂、石油钻井平台、家庭以及整个城市。有些设备是固定在一个位置上的；有些设备是移动的；有些会拥有一个 IP 地址，而其他的则可能什么也没有；有些将始终处于开机状态，而其他的则可能会时断时续；有些会被集中部署在一起，而另外一些会在地域上分布得很广。而这只不过才刚刚开始，对于具体的解决方案的要求其差异也会非常大。有些设备需要每秒传输以兆字节计算的数据量，有些每隔几天才会有几个字节的数据；有些设备需要对数据进行实时分析，有些则没有这样的需求；有些设备可以直接由电网供电，而有些则需要在20年里仅依靠一块电池板进行操作。我希望你能理解整个现状。[1] 所有这些变量正在推动一个有趣的现象。与互联网的最初阶段完全不同的是，我们实际上正在看到的是访问量或者“最后一英里”（从网络到设备的最后一段路程）技术的急剧增长。网络的接入也不再仅局限于以太网、Wi-Fi以及3G/4G。今天物联网的部署还包括卫星、低功耗蓝牙、低功耗广域网等各种不同的联网技术，比如LoRa①、输电线通信以及各种无线个人局域网络，后者又加入Wi-SUN②和ZigBee③、NAN等。对于不同的情形哪一种技术才是最适用的将取决于几个标准，对此我们将会在后面进行讨论。我首先想传递给你们的信息是物联网世界的复杂性和其规模的庞大——尽管在今天，物联网依然处于早期阶段。

我想要谈的另一个要点是，现在你就应该开始行动起来，从专利以及半专利技术向开放的标准进行转移。我的意思是，如果你有

① LoRa是超长距离低功耗数据传输技术的简称。

② Wi-SUN是为工作在Sub-GHZ即低于GHZ频段的无线通信设备建立的低功耗联网标准。

③ ZigBee是基于IEEE802.15.4标准的低功耗局域网协议，具有短距离，低传输速率的特点。

能力的话，你明天就应该行动起来。这一技术上的转移将不但涉及应该何时何地对数据进行分析，还将涉及对系统安全性的考虑，以及中央 IT 功能和 LOB 中的 OT 所扮演的角色之间不断演化的关系。同样重要的是，你还需要鼓励你的供应商和生态系统的合作伙伴采用开放的标准、参与创建行业标准的各种活动，并尽全力推动和采纳各种基于标准的技术。当你开始在生产环境中部署物联网的时候，这样的做法将最有可能为你节省各种费用、减少出现的麻烦和所花费的时间，并为你提供一个可扩展的基础使你在你的物联网旅途中能够长期受益。

但这种状态的物联网也为我们出了一个难题。一方面我们迫切地需要对技术进行融合、简化以及构建互操作性，且与此同时还要围绕着开放的标准对各种不同的技术进行合理化，然后再将这些技术与先前留存下来的系统进行集成。另一方面，物联网的要求和应用案例如此多样化，并且还依然快速演化着。每天都会有新的设备、技术以及方法被引入物联网，且这些新的东西同样很可能没有任何标准。那么你又该如何来解决这样的难题呢?

泛滥的网络访问技术

正如我们已经提到的，我们正面临着网络访问技术的泛滥。而各种不同的设备，以及我们希望能够通过各种不同的物联网解决方案来完成的任务，毫无疑问会令这一情况变得更加复杂。在如此众多的联网访问技术中做出你的选择之前，你还需要回答以下这些最基本的问题：

- 在你的网络中有多少以及有哪些类别的设备？
- 这些设备是移动的还是固定的，它们在地域上的分散程度如何？
- 这些设备将在什么类型的物理环境中进行操作？
- 需要传输的数据量有多大，又需要多大的带宽支持？
- 数据传输的时间敏感度如何？
- 对于由电池供电的设备，设备操作的时间间隔可能会有多长，电池需要维持多长的时间？
- 什么是成本上的限制？

请注意这些并不是技术问题，只是一些基本的业务问题，对此，任何 LOB 经理都能够回答。在设计物联网的各项功能时，选择恰当的网络访问技术只是第一步，你所设计的所有功能都将提升你的企业效率，并产生可执行的洞见和更好的决策。在你拥有一个可以实际运作的物联网解决方案之前，你还需要处理从专用技术向开放标准的迁移（是的，我知道我好像有些啰唆了），决定何时何地应该对数据进行分析、对安全性和风险进行评估，并协调中央 IT 功能和 LOB 中的 OT 角色之间不断演化的关系。

共同的物联网框架

你是不是已经有些不知所措了？幸运的是，这个行业很快就认识到，我们不可能在没有解码环[1]的情况下弄明白某一个解决方案

① 解码环指的是为解决方案中所涉及的设备的参数和技术而编写的应用指南。

中的每一个构建单元，并提出类似于上面这些最为基本的问题。因此我们已经开始在为构建一个共同的物联网框架而积累共识。[2] 这一物联网框架并不仅仅是一个华而不实的用于市场营销的噱头，它实际上代表了认真的物联网玩家对诸如架构、术语以及逻辑块等问题的思考方式。如果换一种说法，那么这一框架实际想要解决的是，如何在方案的设计过程中采用通用的构建模块、对问题使用相同的术语进行描述，并令所采用的元器件和设备使用相同的名称。目前所有这一切还没有完全成为现实，仅仅处于解决问题的出发点。

这样一个框架可以指导我们降低物联网技术和解决方案的复杂性。它能够帮助我们决定在哪些层面进行抽象化，在哪里需要关注互操作性、创建一个开放的 API 和共同而开放的标准。因为物联网依然在不断地演化并且在今后的数年里还将继续演化，所以我们需要有一种能够容纳创新的新方式，并同时确保任何新的事物能够和现有的事物协同工作。否则任何时候只要有某个事物发生了改变，我们所有人就不得不对所有相关的事物进行重新改造。“物联网世界论坛参照模式”就是这一努力的很好例证（电气和电子工程师协会的物联网架构框架则是另一个例子）。这一共同框架推动了所有物联网组件的互操作性，其中包括设备和控制器、网络、边缘计算或者雾计算、数据存储、应用以及数据分析。这一模式还将所有这些组件进行了分层，并对物联网以及所有它所需要的事物给出了一个图形化的描述（见图 10–2）。

在拥有了这样一个参照模式后，物联网行业现在主要关注三个不同的标准化分支：

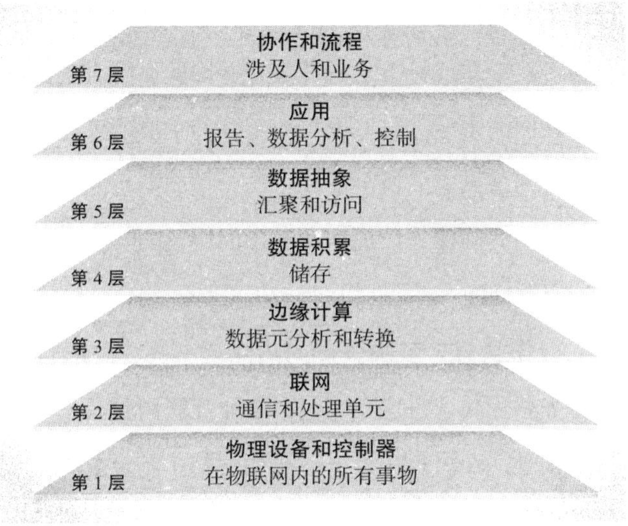

图 10–2 物联网技术堆栈

图片来源：物联网世界论坛架构委员会，2015

1. 现有横向标准的演化。和之前很多次技术转变的情形一样，稳健的 IT 世界的标准目前正朝着包容 OT 和物联网的具体要求而逐步地演化。在电气和电子工程师协会、互联网工程任务组，以及其他的标准组织中，几十家利益团体正在研究物联网的一系列具体要求，其中包括可用于汽车、工业控制系统以及网络安全的时间敏感网络（TSN），将多种不同的事物如汽车、火车以及其他交通运输工具进行联网的高速移动通信技术，用于低功耗窄带传感器的高覆盖低速联网技术等。

2. 把专业的、专用的、半标准化的技术向开放的标准进行转移。正如我们在前面所讨论的，制造业、交通运输业以及其他垂直领域中的主要行业玩家已经历史性地围绕着他们自己所开发的协议和技术申请了相关的技术专利，或者建立起了某种行业标准。这一做法通常很可能会造成标准上的冲突，并因此而阻碍互操作性的实施以及对物联网的采用。物联网行业正在和主要的工业标准组织包括开放式设备网络供应商协会一起工作，他们期望能够通过向开放的标准转移并同时确保与以前留存下来的协议的互操作性以此避免标准发生冲突的问题。

3. 创立合作联盟来解决关键的痛点。一些主要的行业玩家正在新的联盟中累积共识，这其中包括工业互联网联盟、开放连接基金、开放雾联盟，以及 OPC（开放平台通信）基金会。

物联网技术被组装成一个技术堆栈，在这一堆栈的底层是各种物理设备，在物理设备的上方则是数据以及应用，而更上面的就是各种业务流程。正如我已经提到的，数据分析以及垂直应用是物联网的关键推动者。最近，我已经看到有越来越多的人开始关注移动中的数据以及实时 / 近实时的数据处理能力（回想一下预测性数据分析和快速回报的场景），而正是这种关注在近期驱动着人们对雾计算的兴趣。在如何利用数据这个问题上，一个很大的挑战是数据流会逐渐老化，这使得这些数据的价值会很快地下降，因此你需要在网络的边缘部署实时数据分析能力。想象一下你正利用这些数据鉴别和阻止诈骗的发生，你绝不会想在几个小时、几天、几周或者几个月之后再来处理这样的事情。除了对基于雾的数据分析的兴趣在不断增长之外，这个行业正快速地采用一种开源的创新模式来处理数据的储存和管控，而这一模式同样会加快对数据的处理速度。

最后我想说的是，物联网所面临的很多挑战与技术并没有太大的关系，相反，所有的挑战实际上均来自产业界对是否应该采用物联网的迟疑，以及更为常见的是源自人们对于变革的抗拒。有一个例子能够用来说明为什么创建一个共同的标准是如此重要：Wireless HART 和 ISA100 是两个不同的无线标准，它们主要都应用于将传感器连接入网。这两个标准同样源自电气和电子工程师协会的 802.15.4 协议，但它们却分别由两个毫无关联的、由不同的行业玩家所构建的生态系统所推出，其结果是这两个标准无法相互兼容。当我的团队在几年前遇到这两个标准的时候，我们认为我们可以帮助这个行业将两者融合，并为传感器的无线连接建立一个共同的开放标准。这样的话客户就能很容易地在很多传感器供应商以及架构供应商之间进行选择，而不会被迫购买仅支持一种标准的设备。我们拜访了这两个阵营，并提议由我们出一个方案把 Wireless HART 和 ISA100 融合成为一个新的开放的标准。不幸的是，这个想法刚一提出就被否决了。我仍然希望，有一天这两个标准能够融合，但估计近来这还不太可能会发生。只有当客户提出这样的要求并用订单来投出他们的选票时，这种形式的标准融合才有可能会出现。

与业务相关的标准活动

校际微电子研究中心（IMEC）是在纳米电子研究领域中的世界领先者，马克斯·米高里（Max Mirgoli）是这家研究中心的全球战略合作伙伴关系执行副总裁。我最近与马克斯·米高里进行了一次交谈，他对于当下的标准现状做了这样的总结：“随着快速和更加简单的联网技术的出现，以及在图像感知和其他先进感知能力上的进步，物联网革命实际上已经开始，在这一变革中我们已经有能力将这些传感器的感知能力与一些简单但非常有力的算法和应用结合在一起。我们已经看到了在智能制造、自动互联汽车以及智能电网领域中开始出现的早期成功案例，但是缺少在标准上的融合将减缓整个产业界对物联网的接受和采用程度。好消息是几乎所有行业的主要参与者都已经认识到，没有一个共同的标准，没有一家企业具有完全实现物联网经济潜力的能力。因此，随着 5G 这种标准的出现，我非常乐观地认为，行业将整合在一起，所有的参与者将通过共同的标准和互操作性协同解决物联网在关键的技术和架构上所面临的挑战。”

我无法给出一个比上面更好的总结了。在标准上所做的投入是非常重要的。由于物联网面临着如此众多的挑战，在任何时候只要有可能，我们就应该避免标准的混乱以及在制定标准过程中引发争端。还记得在 20 世纪八九十年代，视频行业在 Betamax 和 VHS 这两个标准之间的大战吗，或者在这之前，盒式录音磁带与 8 轨录音带之间所进行的较量吗？标准总是能让每个人受益。物联网的标准也同样如此，但是物联网标准将为我们带来更多的好处。

下面是对主要的标准方案所做的一个简短总结，这些方案对于企业开展物联网非常重要。这里所列出的并不是一个很全面的清单，而且随着对标准方案制定的投入、撤出以及改进，所有这些方案也将随之而发生改变。

在横向标准上的投入

- 电气和电子工程师协会已经启动了一个具体的物联网方案（参见 http://iot.ieee.org/）。“电气和电子工程师协会长期以来一直在通过建立标准和互操作性来推动技术的转变。电气和电子工程师协会的物联网倡议是一个涉及多方面的承诺，它把产业界、学术界、创业者以及投资人都聚集在了一起。”奥列格·洛格维诺夫（Oleg Logvinov）说道。他现在负责追踪产业界对于这一倡议的参与。他继续对我说：“从为物联网架构框架建立标准（IEEE P2413），到填补政策和技术发展之间的鸿沟（电气和电子工程师协会互联网方案），电气和电子工程师协会正在以一种非常全面和雄心勃勃的方式，在开放标准的基础上培育和创造一个物联网生态系统。”
- 国际电信联盟第 20 个研究小组正在开发物联网的标准化需求，这些需求在最初将主要关注智能城市方面的应用（参见 http://www.itu.int/en/ITU-T/studygroups/2013-2016/20/Pages/default.aspx）。
- oneM2M 联盟（http://www.onem2m.org）正在为一个公用的 M2M 服务层，以及与 M2M 应用服务器相连接的各种设备定义相关的标准。它所瞄准的目标是如下这样一些商业领域，如互联交通运输业、医疗保健业、公用事业以及工业自动化。
- 在 AVnu 联盟和电气和电子工程师协会，整个行业正围绕着时间敏感网络开发一组标准。“时间敏感网络的目标是为物联网建立一个更开放、更易访问、更安全的实时控制系统的基础。”格奥尔格·科佩茨（Georg Kopetz）这样解释道。格奥尔格是TTTech公司执行理事会的成员，这家企业也是时间敏感网络的早期开拓者。“对于那些具有任务敏感型应用程序的客户，时间敏感网络针对在合并网络中的关键流量提供了实时延迟、低抖动和零拥塞损失。”他继续评论道。正如我在前面所提到的，实时数据分析和应用是物联网的关键推动力。这就是时间敏感网络所提供的网络延迟保证如此重要的原因。时间敏感网络对于很多应用案例，包括从互联汽车一直到在工厂车间里的运动控制应用，都提供了一种基于标准的方法。

产业联盟

- 工业互联网联盟正努力加速在工业部门内的物联网开发和采用，其目的是让机器、业务流程、智能数据分析以及在职工人能连接在一起。它已经创建了很多参考架构、建立了一系列的创新试验床，而且目前还在帮助确认各种核心标准、未来的工作岗位需求和相应的劳动力缺口（http://www.iiconsortium.org/）。“工业互联网联盟已经成为工业物联网合作的全球联盟。该联盟目前有250个企业会员和20架试验床，它现在正在改进工业互联网的参考架构，并且还与工业4.0联盟建立起了紧密的合作关系。”这些就是思科公司在工业互联网联盟的代表保罗·迪迪埃（Paul Didier）告诉我的具体情况。

- 开放连接基金正在为数以千亿计的设备之间的连接定义联网和互操作性的具体要求（https://openconnectivity.org/）。它正在通过定义技术规范，创建开源代码和一个认证项目来推动设备和设备之间，设备和基础设施之间，以及设备与云端之间通信的互操作性。如果你想把数以千亿计的设备、传感器以及它们所产生的数据以一种可扩展的方式集成到物联网的解决方案中来，那么开放连接基金正在做的就是一件必要的事。
- 开放雾联盟，正如我们在前面已经提到的，开放雾联盟正在开发一个开放性的雾计算架构，其目标是把计算服务以及相关资源分配到更靠近用户和端点的位置上，并以此来满足物联网中不断增长的对本地化计算的需求。此外，开放雾联盟也将发布其雾计算的参考架构（https://www.openfogconsortium.org/）。
- OPC 基金会正通过其联合架构在数据的互操作性、制造流程以及自动化领域中的设备等各个方面引领相关的投入。正因为 OPC 基金会被普遍看作一个行业中立的论坛，它正在吸引新的参与者并将其所关注的技术课题扩展到覆盖整个技术堆栈。我期待它继续加强其作为整个行业凝聚共识的场所这样一个角色。

特定的行业标准组织

- 开放式设备网络供应商协会从 20 世纪 90 年代起就坚持不懈

地在自动化世界中拥护开放标准，并将现有的工业自动化标准向 IP 和以太网环境迁移，与此同时它还确保了新的标准具备与老的协议的互操作性。

- 国际自动化学会正在为自动化行业解决涉及标准、认证、教育以及培训等各种广泛的问题。
- PI 是 PROFIBUS（流程申请总线）和 PROFINET（流程提交网络）的联盟组织，它正推动着这两组技术的发展。

从标准的角度来讲，有时候我们的工作看上去好像是进两步然后又退一步，但是大体上我还是非常乐观的。开放标准的支持者们显然是有其内在的动力的。你只要去参观一次汉诺威工业博览会——目前地球上最大的工业展览会，你就会看到所有的设备都在很自豪地展示它们新的标准以太网或者无线的界面。我们接下来的一步实际上是让我们的客户关闭在他们自己的智能设备上的 I/O 界面以及专利 / 专业网络，并开始使用这种基于标准的联网。所以现在的问题是，在什么时候——而不是是否——物联网的开放性标准会成为一种常态。

新技术的到来

当我在写本书的时候，新的技术还在不断地涌现，而且这种情况还将不断地持续下去。很快我就清楚地知道，在我写完本书的时候，我根本不可能将所有新的技术都囊括进来。所以，我决定重点讲述一些我认为最为重要的技术，而且仅讲述这些技术就已经足以说明很多问题。至于今后还将出现有什么技术，那就要靠你自己去发现了。这应该不会是一件很困难的事，你只需要与你的行业协会保持联系，并且 / 或者大致上每年参加一次工业和物联网的研讨会以及相关的展览会就已经足够了。

雾计算

你已经读到了之前我对于雾计算的一些描述。尤其是雾计算创造了一个由雾节点组成的平台，这一平台在部署在当地的终端设备和云计算的数据中心之间提供了一个包括计算、储存、控制以及网络服务和事件流处理的过渡层。雾计算并不是一个分开的独立的架构，相反，它把现有的云计算架构一路延伸并扩展到了网络的边缘，使云计算尽可能地靠近了数据的来源，其目的是为大量的数据或者移动中的数据提供数实时处理和分析的能力。雾计算的目标并不是用不同的方式连接各种设备，而是为了用更快的方式、更少的时间延迟、更有效率的手段来分析这些来自不同设备的数据。事实上，有了雾计算后，我们可以更充分地利用那些生成或采集这些数据的设备，并随后就在本地进行实时数据分析。

内比奥罗技术公司是一家专注于物联网技术在工业自动化领域应用的企业，几年以前，这家公司的创始人和 CEO 弗拉维奥 · 博诺米（Flavio Bonomi）与他的团队一起领导了对于雾计算的定义（以及命名）。当我向他咨询关于雾计算的问题时，他做了一个很好的总结："当我们参与涉及互联汽车、智能电网以及智能城市这样一些项目时，我们发现在部署于当地的终端设备和更远处的云端

图 10–3 雾计算：把云扩展到网络边缘

这两者之间还存在有很多紧凑的、可扩展的、有着良好管理的、安全的、已经集成在一起的联网、计算和存储的设备以及其他各种资源，市场对于所有这些资源存在着一组共同的需求。使用雾计算这个词事实上就是受到了这一需求的启发，市场需要将更多类似于云计算的能力部署在靠近这些设备和资源的现场。随着时间的推进，现在已经越来越清楚雾计算实际上促进了 OT 和 IT 的融合，它使得需要实时数据分析能力、明确的性能、物理安全性以及网络安全的新的物联网应用案例成为可能。因为它继承了 IT 和 OT 的一些元素，所以很自然地，雾计算有能力在整个堆栈的不同层次，从网络层、安全性、数据层到应用层，在整体上协调这两个不同的领域。”

那么雾计算到底有什么重大的作用呢？乍一看，它与其他的技术并没有什么不同。事实上，它是一个截然不同的创新。雾计算把数据分析能力和处理能力导向数据的源头。这就是区别，而且是一个很大的区别。在过去，我们总是把数据送到某个处理数据的地方。这通常意味着将信息送到某个在远处的中央数据中心，这大大地增加了成本和时间上的滞后。现在有了雾计算，我们就能扩展云的范围并使其对实时应用案例也同样适用，这样云和网络边缘就可以作为一个系统集成在一起工作。云软件可以向雾节点发送一个规则，要求其仅仅发送某个特定类别的数据或者某种例外数据，比如临界温度等。所有的数据将在雾节点基于这一规则进行处理，而只

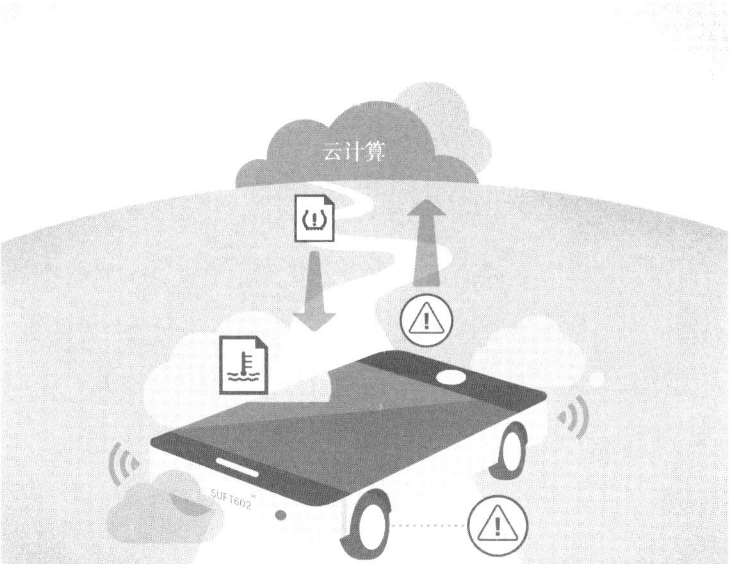

图 10–4　雾计算：物联网最终极的支柱

有那些例外数据以及符合特定要求的数据会被发送到云端，其他的数据要么储存在本地的雾中要么被抛弃。

其结果是，我们现在有能力将各种互联设备所采集到的原始数据转换成可以立刻采取行动的有用信息，而且这种转换常常还是以实时或者近实时的方式来完成的。当雾计算在一个物联网的设备互动过程中消除了时间滞后，所有的事情就会很快发生。利用这一能力，我们还可以通过新的应用程序将各种信息转换成有价值的商业洞见，而这里所谓的新应用程序包括实时数据分析和预测性背景分析。

总而言之，雾计算给我们带来了：

- 对云的边缘赋予了近实时或者实时的数据处理和分析能力
- 在生成数据和使用这些数据的位置附近对相关的数据进行处理和分析
- 透过一个基于政策的由边缘至云端再回到边缘的系统，实现更快和更有效的数据分析

回想一下在互联网的第一阶段，我们主要关注的是数据的批量处理，而不是时间敏感数据，更不会使用消耗大量带宽的机器。现在即便是一辆汽车也能产生大量的数据而且还需要相当大的带宽——尤其是这些数据在时间上更为敏感，所以相关数据也就显得更加重要了（你只需要问一下自己，如果你的车开始过热，那么你会需要多长时间才能做出反应呢）。

采用了雾计算后，我们实际上解决了当下最为常见的一些挑战，其中包括了：

- 网络上的高延迟
- 终端设备的移动性
- 网络连接的丢失
- 高带宽的成本
- 无法预测的带宽瓶颈
- 系统和客户分布在广阔的地理区域内

雾计算是物联网的一个关键支柱，而且雾计算还在我们生活和产业的每一个领域——从零售到医疗保健再到石油和天然气的开采——推动着一系列新的应用案例的出现。预防性的车辆保养就是其中一个例子。每一辆新的互联汽车中的传感器每年将产生最高不超过两千兆字节的数据。把所有这些原始数据透过移动网络送到云端进行实时处理既不现实而且还极其昂贵。雾计算把这些车辆转变成了移动的数据中心，车辆自己就能实时完成数据的分类和索引，并在需要采取行动的时候发出相应的警报——比如检查发动机是否过热或者轮胎是否需要打气等。

我们已经认识到雾计算所具有的变革能力，雾计算能够支持在以云为中心的解决方案中根本无法实现的新的一波应用案例。因此，2015年11月开放雾联盟成立了。“创建开放雾联盟的目的是为了加速对雾计算的采用，并以此解决我们在紧张的带宽、时间延迟以及通信等方面所面临的挑战，而所有这些挑战在当下的数字世界中与物联网、人工智能、机器人以及其他的先进概念紧密相关，”开放雾联盟的主席赫尔德·安图内斯（Helder Antunes）这样对我说道，“我们的技术工作组正在创建一个开放性的雾架构，这一架构将使终端用户的客户端或者靠近用户的边缘设备能执行计算、通信、控制以及存储等操作。而且我们还计划以合作的方式来达成这些目标，因为只有通过这种方式技术供应商之间的互操作性才能得以确保。”

区块链技术创造了物联网新的可能性

通过维护一个你无法进行篡改和修订的并且还在不断增加内容的数据记录列表，区块链这种全新的技术使得以分布式方式存在的实体之间进行安全的价值交换成为可能。这一技术在几年前首先通过比特币的形式出现在了大多数 IT 的雷达屏幕上，比特币是一种虚拟货币，它依赖区块链技术来确保它的安全性和完整性。尽管比特币的未来并不确定，但区块链技术是另一个故事。

作为这种虚拟货币背后的技术，区块链技术因为具有确保在网络上任意双方之间所进行的交易的完整性这一能力，它正吸引着大量的关注。例如，我和一家能源公司进行过交流，这家公司正在寻求使用区块链技术来管理太阳能电板和电网之间的互动。汽车公司正考虑使用这种技术在 V2V 环境中对互联的车辆进行验证。在区块链的很多正在被考虑的各种应用中，其最受关注的能力是追踪货物的来源、增强食品的安全性、创造智能合约，以及执行审计。最终我们会看到，在各种各样不同的应用案例中，区块链将很自然地成为物联网安全性的自然补充。

区块链在物联网中的具体实施目前还依然处于概念验证的阶段，但是其标准已经开始涌现出来。Linux 基金会设立了一个“超级账本项目”，这同时也是一个与数十家主要的技术和资金参与者共同建立起来的合作伙伴关系，这一项目的目标是锤炼出一项关于开源区块链标准的协议。现状是，区块链被看作某种分布式的共识系统账本或者数据库，这个账本，没有人或者实体能控制其所有的数据。事实上，区块链对于每一次交易都将创建并储存一个永久性的或者不可更改的账本记录。作为一种正在涌现出来的开放标准，通过智能合约，区块链各种兼容的变形能够让产品或者解决方案提供不同层次的控制和可编程的业务逻辑。对此我们将继续观察并关注今后会发生什么。

按照福雷斯特研究公司的首席分析师马莎·贝内特（Martha Bennett）的说法，区块链很可能是一次重大的技术变革，它将改变银行业、物联网以及其他相关行业的游戏规则。“从长远来看，区块链具有对分布式计算进行革命的潜力。单纯从技术的角度来看，很多目前正在进行的项目正在为多种在银行内外部署分布式计算的全新的方式奠定基础，这些方式对于存储和应用层所做的事情和互联网对通信层所做的事情是相同的。当然这些应用目前还处于早期阶段，要解决所有涉及安全性、隐私以及规模化的问题还需要时间。”贝内特这样评述道。[3]

就我们目前所知，区块链对于任何种类的交易行为都将生成并存储一个分布式的记录，它使人们能够信任一个“没有信任机制”的交易环境。它实际上消除了在买卖双方之间需要存在一个中央信任媒介的需求，或者说在物联网产业中，消除了在互相通信的设备之间需要存在这样一个中介的要求。事实上，在绝大多数的交易中，区块链很有可能做到不再需要任何形式的中介。对于那些想要在不依赖任何中介的情形下有一个开放的、可值得信赖的物联网通信环境的企业，区块链，尤其是私有区块链，也许能为此提供解决这一问题的答案，并使得一种前所未有的分布式的物联网交换成为可能。

通过机器学习获得增强的实时数据分析能力

和区块链一样，对于物联网来讲，机器学习是另一种非常重要的技术。隐藏在实时预测性数据分析背后的一项关键技术就是机器学习，而预测性数据分析是物联网关键的应用案例之一。机器学习的出现已经有很多年了，但是最近在深度学习，尤其是在“监督式学习”这一技术上的进展，使得它对于物联网具有了更高的价值。基本上来讲，使用监督式学习这一技术，你可以通过训练数据分析系统来改善其预测的准确程度——你输入这一系统的关于设备的操作、失败以及维护方面的数据越多，预测分析系统的精确度也就会越高。另外，尽管非监督式机器学习技术并没有以同样的步伐向前发展，并且依然存在着很多开放性的问题，但这一技术同样被证明对于物联网是一种非常有价值的能力。想象一下系统遭遇“零日漏洞攻击”（即零时差攻击）的情形，在这种攻击中，黑客所利用的软件漏洞在攻击发生时是该软件的提供方完全不知道的。在这样的场景中，因为你没有任何数据可以被用来训练你的分类设备，比如你的神经网络，探测这样的攻击就需要用到先进的非监督式机器学习技术。

自我学习网络（SLN）就是在物联网中机器学习技术所具备的颠覆性力量的一个很好的例子。简而言之，自我学习网络是将一组涉及面非常广泛的机器学习技术与强大的数据分析能力融合在一起后所构成的一种架构化的解决方案，这些机器学习技术（包括从机器到机器的认知学习）使得网络变得聪明起来，且具有更高的适应性、主动性以及预测性。最初构想的时候，自我学习网络的架构就具有高度的可扩展性。正因为这个原因，一组非常宽泛的机器学习算法被应用在了网络的边缘，这一算法会不断地学习网络中所出现的流量模式以便能最终建立起一个数学模型。

而之后通过这种方式所获得的数学模型就能被应用于多种不同的场景中：

1. 对于应用性能的预测：通过预测物联网中的应用程序从网络所获得的服务品质的水准，网络就有可能对相关的应用需求做出预判并进行相应的调整。

2. 正如我们已经讨论过的，我们这个行业的主要挑战之一是安全性，各种各样的攻击在不断地演化而且攻击也变得越来越复杂且无孔不入。自我学习网络使用机器学习可以计算出一个能够捕获正常基线的高度复杂的模型。这样的模型可以探测出各种非常先进的攻击，比如数据渗漏以及针对物联网所发起的拒绝服务攻击。

随着遭遇到的各种事件不断增多，自我学习网络也会变得越来越聪明：网络中的每个节点会运用机器学习技术执行建模并持续不断地学习。自我学习网络会驻留在网络边缘的设备中并通过先进组网技术进行联网，因此自我学习网络能够使网络以更快的速度探测并对各种问题做出反应。

"自我学习网络这一概念诞生于 2012 年，当时我们正在处理物联网中的一些非常具有挑战性的问题。在过去数年里，我们遇到了好几个非常有意思的技术挑战，这导致我们开发出一种非常新颖的极具颠覆性的架构和技术。我们刚刚发布了自我学习网络组合家族中的第一件产品，我们将其称作‘隐形监控学习网络’，这件产品的用途就是探测一些非常先进的威胁。毫无疑问，能够应用于物联网的更多的自我学习网络创新产品将在接下来的数年里不断地涌现出来，这些产品将对物联网的架构产生重大影响，并将支持范围广泛的一系列新的服务和功能。”JP · 瓦瑟尔（JP Vasseur）这样评论道——瓦瑟尔是自我学习网络的发明者以及思科公司的研究员。

雾计算、区块链以及机器学习只是围绕着物联网正在不断涌现的无数技术和架构转变中的三个例子。请对它们继续保持关注。在物联网所创造的新的机会和新的挑战的驱动下，目前还有更多的技术正在得到孵化。

在融合了开放标准、互操作性以及新的技术后，物联网正在获得强大的新功能和新商业模式，而正是这些新的功能和商业模式将会在整个行业内决定谁输谁赢。那些有远见的业务线经理们正在寻求开放的、基于 IP 的物联网架构。而像思科公司以及罗克韦尔自动化公司这样的企业正在和越来越多的合作伙伴们一起努力工作，其合作伙伴已经做出了战略性的决策要拥抱开放的标准以及逐渐采用开放的物联网模式。这些公司所获得的回报是非常真实的，2015 年在迪拜举办的物联网全球论坛上，我亲眼看到了物联网的早期实践者所展示的成果。

在下一章中，我将要讲述的绝对不是你到目前为止已经读过的所有内容的总结。我会带给你们一些新的概念，并让你们能窥见物联网的未来，尽管无论从体型还是外貌上我都不是一个未来学者。

第 11 章

未来 10 年：物联网将成为主流

你还记得我们在第 7 章所做的那些练习吗？那些练习都围绕着这样一个问题，即你希望在 10 年后你的公司会是什么样子。现在让我们来试一试另一个不同的练习：你希望物联网在你的公司对财务产生多大的影响？

分析师和专家估计在今后的数年里，物联网对企业销售额以及盈亏底线的影响值将达到数十亿美元甚至数万亿美元，对此你有没有感到兴奋不已呢？毫无疑问，这些数字是极其诱人的。那么你的企业又希望从中分到多少呢？这就是众所周知的“馅饼有多大”的问题（因为专家们所预言的数字达到了数万亿或者数十万亿美元，即便最小的那一块也将有数百万美元）。在你回答这个问题之前，让我提醒你一下，下面的预测是基于一些统计学的公式，你不应该将你公司的未来都寄托在这些公式上，至少在确实有一些明确的回报流入你的账户前请不要这样做。

你可以指望的能够获得的最好结果是，要么通过尝试在第 5 章中所描写的快速回报模式，你很有可能在早期就可以省下或者回收你之前的投入，要么刚好可以获得你所预估的在你的试验项目上可以获得的回报。以远程操作为例，如果远程操作使你不再需要每周派人去另一个地方实地检查某一台监控器，并且在这件事情上你每周还节省了 200 美元的费用，那么全年 52 周，你一共能省下 10 400 美元的费用。现在把这个例子扩展到 5 个人和每周 5 次不同的出差，那么你省下的费用就是上面这个数字的 5 倍。如果是 100 个人或者 1 000 个人呢……你可以自己来完成这道算术题。无论怎么样，相比一台读取仪表数据的设备再加上几个字节的网络带宽的成本，这已经是相当不错的回报。但这是真实的回报，立竿见影且长期有效。当然，具体你能省下多少依赖于你特定的应用案例。

现在让我们在一个截然不同的方向上讨论物联网所产生的影响。在你客户的企业内部你想有多深层次的参与？你想和他们成为合作伙伴吗？你的客户会成为你的产品和服务的共同开发者吗？他们作为客户和合作伙伴的长期价值有多少？这个或者任何某一个客户（这个或者任何某一个合作伙伴）的生命周期的价值是多少？同样地，对这些问题的答案取决于你、客户 / 合作伙伴，以及你所采用的应用案例。

当我们从客户的角度来具体审视这一讨论又会发生什么呢？在

10 年后你的企业将会用什么样的方式来采购设备、机器以及各种配件？请记住，你的企业不仅仅有它自己的客户，对于你所采购的所有东西，它同时还是其他企业的客户。因此你会与其中某一家、某一些，或者所有的供应商成为合作伙伴吗？你是否已经准备好与他们进行合作，并对他们的产品和服务做出有意义的贡献？你期待从共同创新或者共同开发中获得怎样的补偿或者奖励？

显然，物联网触及了客户 / 合作伙伴关系的方方面面。在物联网的经济中你的角色不会只是供应商或者客户。无论对于购买和销售，还是对于使用和制造以及（或者）分销相关的产品与服务，物联网的双向特性均会同时对这些角色产生影响。事实上，物联网会对产业的整个价值链产生影响。

现在请再考虑一下，你希望物联网在当下为你的企业解决什么样的问题？对你来讲，解决其中任何一个挑战又会具有什么样的价值？在这里你所面临的挑战之一很可能就是你的第一个物联网实验项目。接着试着想象一下，10 年后你可能需要解决什么样的问题？到那时物联网将会更加成熟，而且你对于物联网相关问题也会更有经验。我并不期待你现在就能给出所有这些问题的答案，相反，随着你不断地进步，我希望这些将会是你想要思考的问题。最终每一个项目在成本核算上都应该是合理的，并且还需要能为企业带来一定的投资回报。物联网同样也不例外。

新经济

物联网正给我们带来一种新经济。现在你已经马上就要读完本书了，对于这种新经济会呈现出什么样的形态你是不是有了更好的判断？当然，这种新经济将会是完全数字化和互联的。人和企业也将以不同的方式在一起工作。具体来讲，物联网将在下面这些领域作为走向合作经济的第一步而出现：

- 人和企业将以不同的、更深入、更多样的方式进行协调和合作。
- 所有设备都将与其他的设备进行通信。
- 开放的规则。
- 专用技术将成为一种临时性的体验。
- 客户将基于他们的需求而做出自由的选择，而不再受到事物属性的约束，且无论相关的事物是物理的、逻辑的或者虚拟的。

所以我们将与我们的客户进行协调和合作，而他们不但将与我们，还将与我们的物联网生态系统中的其他企业开展协调和合作。我们的传统角色将很快从采购方和销售方演化成为共同创造者，从竞争对手演化成为合作者，从技术供应商演化成为商业价值的创造者，以及从代理商转换成为解决方案的集成商。我们都将成为多个不同的生态系统中的一员，因为我们都将扮演多个不同的角色——专家、合作伙伴、合作方、服务供应商、技术支持者、集成商、客户等。

这听起来是不是有些过分？你会问，我如何才能把所有这一切都搞得清清楚楚？不错，这是一个很好的问题。可以肯定的是，所有这一切并不会同时发生。智能化管理、设备的部署、配置、数据分析，以及流程工具与同样智能化的交付、开发和部署系统，所有这些组合在一起不仅能帮助我们保持理智，而且还能够让我们比以往任何时候都更有成效。如果我们不想上班的话，我们甚至没有必要每天到办公室或者去工厂。利用物联网的远程操作，几乎没有什么是我们不能够通过网络进行虚拟访问的（当然只要我们有合适的授权）。你只需要想象一下，一家无人生产工厂的远程操作人员坐在总部办公大楼内的情形，以及在地球的另一端远程操控石油钻井平台或者组装生产线的场景。我们最大的问题也许将是如何抗拒每天 24 小时、每周 7 天进行工作的压力和诱惑。

顺便说一下，这并不仅仅是与工作相关的场景。10 年后物联网也将对我们的个人生活产生深刻的影响。它将会像第一波互联网改变我们与一个更大的世界的互动方式那样深刻地改变我们的日常行为方式。物联网关系到我们将如何控制并自动化我们所居住的环境，如何购物、如何找到医疗服务，以及如何去完成更多其他事情的方式。可以肯定的是，它将会重新定义我们生活中的很多细节，无论是你的个人生活还是职业生涯均是如此。

所有这些都使我们更加明白为什么物联网的成功推行对我们如此重要。我们需要用一些最佳实践案例来建立一个合适的基础，这些最佳实践案例将主要表现在安全性、开放性标准、架构、流程、政策和规则、文化以及业务等各个方面。我们需要关注为我们的企业现在的员工以及新的雇员划定职责范围，并重新定义工作岗位的内容。我们不但需要明确我们的愿景，还需要为我们的企业或团体确立一条现实的物联网路线图，即便你所服务的是非营利性组织或者政府机构。

10 年后当你成功的时候——对此我毫不怀疑——你也许甚至不会再谈论物联网。我们没有人还会这样做。“现在我们已经不再谈论电子商务。我们只要做就是了。同样地，在 10 年后没有人会谈论物联网，它将成为你日常运营的一部分。”保罗·格林（Paul Glynn）这样说道。保罗是物联网平台供应商 Davra Networks 的 CEO，上面这段话是他在 2016 年 6 月在蒙特利尔举行的 McRock IIoT 研讨会上的发言。换句话说，在接下来的 10 年时间里，物联网将成为主流。到那时它不但已经跨越了鸿沟而且还将成为标准的作业流程。

赢家和输家

谁又将在这新的物联网化的经济中成为赢家和输家呢？或者，换一种说法，在一个物联网化的世界里，以及与之相伴的合作经济中，你又将如何让你的企业实现差别化？

克洛伊·格林（Chloe Green）在 2016 年 6 月 8 日发表在《信息时代》杂志上，题为“到 2020 年物联网将占用几乎一半的 IT 预算”的文章中这样写道：“按照行业专家的观点，随着企业争先恐后地数字化并将所有的事物连接在一起，到 2020 年物联网将占据几乎一半的 IT 预算。”[1] 在这里，我们所谈论的不仅仅是物联网和 IT，LOB 和 OT 也将扮演关键的角色。这已经不单单是 IT 或者 OT 的事情，甚至也不仅仅是 LOB 的事情。物联网将由上而下地改变你的整个企业，因此你应该尽早做出计划以尽快获得企业最高管理层的支持。

在近期内，物联网的发展将主要集中在 B2B 领域——更具体地说，将主要在工业 B2B 领域。在 B2C 领域，企业目前主要关注的是购物、个人健康以及健身，另外还有一些企业对于家用安保产品也予以了一定的关注，但这些产品也没有像原先所期待地那样能够快速地起飞。最终，我期待最具有颠覆性的物联网应用会来自 B2B2C 领域。尽管我们还没能看到这些应用，但它们将很快地浮出水面。

除了工业以及交通运输行业之外，医疗保健行业应该会成为物联网的一个大赢家。这一行业可以利用物联网来远程监控病人的情况，甚至有可能在某些情况下进行远程干预。通过减少到医院和急诊室看病的次数，物联网实际上降低了提供医疗保健服务的成本。此外，通过将大量嵌入在衣物中的微型传感器或者可摄入传感器连接在一起，并将它们与个人局域网相连接，医疗诊断以及预防性保健服务很可能会发生革命性转变。

零售业也有希望成为物联网的赢家。零售商们已经在运营多渠道的方案，他们利用各种不同的工具来提升购物者的体验，并使他们可以拥有一个更轻松的购物环境，他们还利用物联网理顺供应链和库存管理流程。在更远的将来，通过快速系统重组、3D 打印专业和通用的配件以及由无人机来完成及时交货，物联网将推动生产与零售的融合，并以此来支持按需销售和交付大规模客制化和个性化的产品。长期来看，整个零售行业的价值链将会被彻底颠覆：食

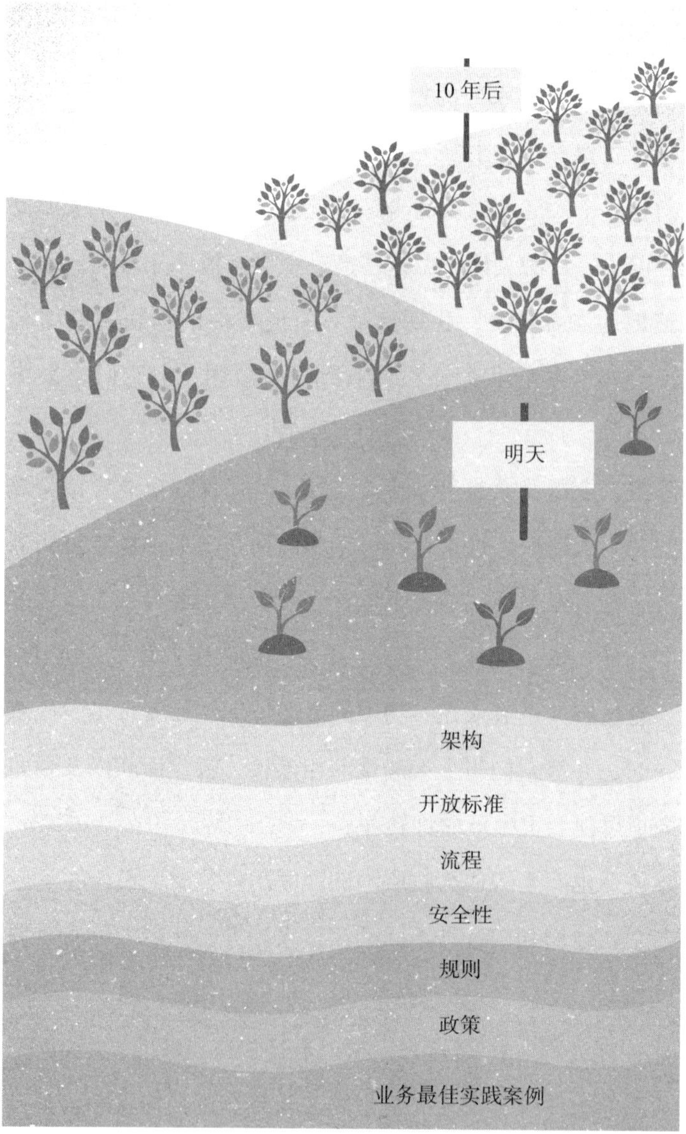

图 11–1 对于未来的预测：在合适的基础上进行构建

品将会在你的家里进行烹煮或者被“打印”出来，其他物品如衣物等也将采用相同的模式。在类似这样的能力不再只是科学幻想之前，可能还需要一段时间，而最终你甚至可能会利用物联网来控制多种不同的机器人——对机器人的控制不过是连接更多事物罢了。

金融服务行业（目前主要的形式依然是银行）正运营着一个庞大的、互联的 ATM 网络。银行早就在利用这些机器以及他们的网站向他们的客户提供一种真正个性化的面对面的远程银行服务，并以此来降低成本、增加营业收入、获得更高的客户满意率。所有这些今天已经可以做到。未来，区块链和物联网技术甚至很可能会给金融交易和非金融类交易带来更多革命性的变革。

与此同时，我们还会有其他的赢家——那就是你们，本书的读者。作为物联网的早期采用者（我希望你要么已经成为或者即将成为早期的采用者），你将会先于你的很多竞争者获得非常有价值的经验。明天，你就能够让你的物联网项目启动，这些项目将开始重振你的企业。你将会获得赞誉，在研讨会上进行演讲，并在贸易展览会上获取奖项。然后在 10 年内，你将会拥有新的截然不同的商业流程、市场营销策略、定价和交货模式、支持和售后服务模式，以及人事和上岗模式。到那时你甚至根本想不起来这些早期的投入，它们只不过是你已经数字化的企业日常运营的方式。这就是当我说欢迎加入“物联网一代”时的真正含义。

当下物联网发展的现状

当我写到这里的时候正是 2016 年的仲夏，而物联网的现状却令人千头万绪。物联网正在获得更多向上的推动力，并正在工业领域、物流、交通运输以及智能城市等各个方面迎接巨大的成功。其他的领域，如医疗保健、零售，以及农业则刚刚开始推出一些试验性的项目。按照 MPI 集团所发布的、标题为“物联网终于降临”的研究报告，“大多数制造业企业对于物联网的了解都非常有限，或者根本不清楚如何在他们的企业中应用物联网”，但是“大约有 2/3 的制造业高层管理人员相信物联网将会在接下来的 5 年里为他们的企业带来更多的利润”。[2] 换句话说，企业的最高管理层很希望物联网能够为他们的企业带来一定的冲击，但是他们现在很困惑，不知道该从哪里着手。而这恰恰是我写作本书的原因，我的目标是让你和你的同行们现在就启动你们自己的物联网项目，并使你们成功的机会最大化。

事实上，现在对于物联网的宣传仍然有些过火了。大大小小的技术供应商、解决方案的开发商以及集成商都在推广、宣传以及夸大物联网现状等事情上扮演着某种不同的角色，不管是有意为之还是无意之举。我必须承认我也在这些方面做了很多工作。我们都已经看到了物联网能够为企业和客户带来的那种转型的能力，以及为供应商带来的那种庞大的新的营收来源，而且我们还想让物联网在明天就成为现实。但正如你已经在本书中所看到的，物联网并不需要这样的炒作。到目前为止，物联网已经稳步发展了 10 年甚至更久，好像每周都有新的进展和新的参与者的加入。尽管预期的物联网的成长速度和其所造成的影响在统计上也许是完全正确的，但相关的数字依然大到令人震惊从而让人无法理解——这几乎就像你在尝试去理解政府的预算数字一样。

并不是所有的炒作都是坏事。在很多方面炒作还是有一定的正面作用的，它能鼓励创业者关注物联网的应用案例和技术上的差距，鼓励供应商对物联网进行投资以加速整个行业向开放标准和互操作性的转移，并最终使众多的企业能一起合作。当然这样的炒作还是会带来一定的负面影响。由于过分夸大了现有解决方案的能力，过于简化了在物联网实施过程中所面临的挑战，并且过于夸张地描述了物联网对于企业业务所带来的影响，围绕着物联网的这些炒作已经增加了早期物联网项目的风险。

你也可以这样来解读我们在前面所引用的 Davra Netuork 公司的 CEO 格林的那段话：当我们不再把物联网当作一种独特的现象来加以谈论，而只是简单地把物联网融入我们日常的业务和生活，就像我们现在对待互联网、电子商务以及其他技术那样，那么我们就可以肯定物联网已经成功了。上一次你是什么时候在业务会谈中听到有人提及面向服务的架构（SOA）？也许你已经有很多年没有听到这种说法了，但它并没有消失。只不过这种方式已经完全被 IT 所吸收，并随后彻底地融入我们的日常业务。事实上，在面向服务的架构方面最新的进展很可能是以微服务的形式成为你的物联网项目中的一部分——微服务是为了响应某些物联网上的事件而需要采取某种行动时所使用的一种服务。尽管在业务领域中你一般不太可能会听到有人谈论这些服务，但那些被你引入物联网生态系统并与技术管道工一起工作的专家们会大量地使用这一系列的服务，包括微服务和其他服务。

正如我在第1章中所提到的，尽管关于物联网的炒作非常火爆，但今天物联网已经是非常真实的存在，而且在今后的几年里物联网还将继续不断地演变和发展。对于任何迫切地想要开展试验性项目的企业来讲，它们现在已经可以利用很多能获得快速回报的模式，以及几乎肯定能获得成功的应用案例。至少，物联网还可以作为期盼已久的不同技术和新商业模式进行融合的催化剂。当你看到那些不断冒出来的新企业正兜售着无数种“物联网即服务”的产品，推销精益生产，或者叫卖各种开放的和基于订阅机制的定价模式时，你就应该完全明白了。

还记得我们曾讨论过的在未来购买一辆车的不同方式吗？关于工业资产和工业元件采用基于用途的业务模式你认为怎么样（比如在工业领域中不断涌现出来的以产能和能效为基础的租约，从而将传统的资本性支出转换成为一种经常性的运营性支出）？当然我们还有对消费者进行免费赠送的业务模式（想一想剃须刀和刀片），在这种模式下制造商对数据的使用进行收费（比如对各种警报和异常情况进行收费），但对相关的硬件则完全免费。甚至我们也可以采用那种已经炒作过头的共享经济模式。有些尝试将会失败，但还有很多尝试将为客户和供应商带来大量新的价值。若想恰到好处地实施这些模式，客户需要对他们自己的物联网业务流程具有很深刻的理解，并基于他们的实际运营掌握总体拥有成本的数据。在拥有了这些相关的实际数据后，他们就能够理智地评估采用不同的定价方式所能带来的投资回报率。我已经注意到很多大型企业正在尝试这类物联网商业模式，并有选择地实践了其中的一些模式（比如在需要较高投入的医疗保健业和交通运输业）。如果想要在整个企业范围内全面采用和实施物联网，那么你所选择的业务模式首先需要达到一定的成熟度和规模。话虽如此，但我还是看到很多中小企业中对于“物联网即服务”拥有浓厚的兴趣。因此，如果集成商和服务供应商基于快速回报模式将物联网解决方案打包推销给那些中小企业，我一点也不会感到惊讶。

创新和颠覆的时代

我从 21 世纪初就已经涉入我们现在称之为物联网的领域。我当时并没有对能参与到从 20 世纪 90 年代初起就已经开始的创造一个全新的行业感到多么兴奋，因为当时正是网络行业以及互联网爆发的年代。而现在我们正在构建的是互联网的下一波浪潮。尽管我们刚刚开始踏上这一旅程，但我们已经有了一组快速回报的商业应用案例。我们完全没有必要等待物联网的资本化。

你常常会听到人们在万物互联的背景下谈论物联网，但是这种联网的形态实际上是一些非常有吸引力的应用案例得以实施的前提和结果。这些应用案例以及相应的商业价值诉求推动了相关设备的联网，而不是相反。我们把所有这些设备连接在一起并不是因为无聊，其中涉及非常严肃的价值和利益。这也是为什么你会阅读本书的原因，同时还是进行创新的理由之一。

当你回顾创新和对现状进行颠覆的历史，这两者在不同的行业实际发生的次数和情形并不是完全一致的。这一点在一些描述未来的电影中是主要的缺陷，那些电影的编剧们会错误地假设，创新的步伐在很多不同的行业中是均匀的、恒定的以及会同时发生。但很抱歉，现实是完全不同的。比如在汽车工业领域，我们在大约100年前看到了一批突如其来的创新，而这些创新创造出了今天我们所看到的整个汽车行业，而之后的创新绝大多数是演化型和增量型的创新。在航空工业领域情况也同样如此。个人电脑领域到现在已经挣扎求存了好几年，这个行业正等待着下一次万众瞩目的创新和全新的应用案例。而移动通信行业则开始进入稳定的平台期。

我认为物联网现在正通过刺激那些传统的和并不是那么传统的行业，以此激发出新的创新和新的价值诉求（见图11–2）。由芯片、材料或者软件行业所带来的新的能力的一致性，以及在垂直市场中不断出现的新的应用案例、商业模式和市场结构，所有这些正互相为对方提供新的养料，并用很多人们从未预料到的方式创造出了新的价值。想一想物联网是如何转变制造业、交通运输业、零售业以及医疗保健业的，而所有这些行业直到最近还依然和其他很多行业一样步履蹒跚。更好的例子是那些正在被创造出来的新兴的行业，如无人机——这些新行业只需等待相关的能力、应用案例以及政策法规的出现就能迅猛发展。数十年前，银行业、金融业以及新技术已经开始融合。现在高科技和制造业也在快速地融合，而物联网就是所有这些融合背后的原因。

总的来讲，通过几年的炒作、混乱以及试验之后，物联网行业正在不断地成熟，与此同时也在变得更为现实和复杂。在行业会议上我们已经不太关注那些大的数字和“物联网的未来”等演讲，而更关注实际的结果。我们互相之间分享的不仅仅是共同的愿景，还

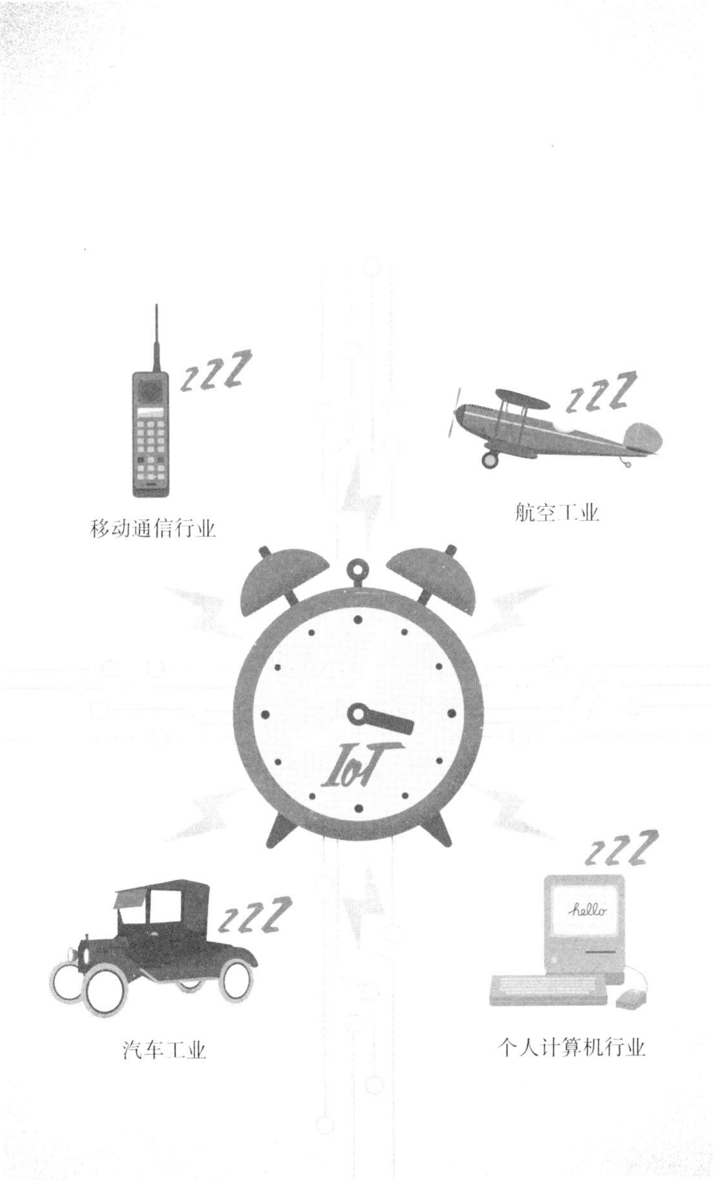

图 11-2　物联网激发行业创新

包括最佳实践、成功的故事以及失败的案例。每一个行业分类都反映了这一转变：

- **大中型企业：**那些低挂在树上的果实已经成熟，随时可以采摘。成千上万的企业已经开始踏上他们的物联网之旅，它们最初所关注的是节约成本、提升效率、改善生产率。如果你是这些企业中的一员，请和你的同行一起分享你的经验和教训。如果你还没有开始你的物联网之旅，那么现在正是描绘你的愿景、构想试验性项目的时候，然后编写你自己的成功故事和经验教训。
- **小型企业：**的确，物联网最初的动力来自大企业，而且大企业还引领着物联网的方向。但是小企业也同样可以从物联网中获益，这就像它们在过去 20 年里在电子商务、云计算、移动计算以及数据分析中不断获得好处一样。你只需要利用已经获得证实的应用案例（比如远程操作）然后进行尝试。很多拥有横向技术能力、垂直解决方案能力或者业务流程能力的集成商和服务供应商会非常迫切地想要帮助你部署最为成熟的、标准化的、非常容易实施的，以及具有高成本效益的解决方案。
- **供应商：**这些企业正在对物联网技术、平台、垂直营销策略以及服务等进行投资，这就好像加利福尼亚的淘金热又再次出现一样。市场正在开始整合（思科公司收购 Jasper 公司或者软银收购 Arm 公司只不过是其中最新的例子罢了）。横向供应商和垂直供应商正在形成战略联盟，还有一些企业已经构建了广泛的合作伙伴生态系统。我很欣喜地看到横跨多个不同类别的供应商之间的合作已经到了十分密切的程度。早期我对于物联网的一个担忧是（类似于 20 年前在商业互联网刚刚开始的时候所发生的现场总线之争和浏览器之争），这一市场也会变得“巴尔干化”，供应商们会过早地关注经营的差别并开始攫取市场份额，而不是一起合作把整个行业向前推进并使物联网能被大家所采用。到目前为止，当你去参加一些主要的行业活动如物联网全球论坛时，你就会发现大多数的参与者都做出了正确的抉择，他们贡献了自己的知识和专业技能、共同学习和分享。让我们期待这样的风气能一直持续下去。

虽然还是会有一些很明显的例外（尤其是那些在它们各自的行业作为一家大型的有着悠久历史的企业，它们往往会选择维持老的业务结构、商业模式以及技术方法），但好消息是过去 5 年，我已经看到了不愿意采用物联网的人数在急剧地减少。有些供应商通过自上而下的董事会级别的决策加入物联网的革命，有些雇用了外部的变革顾问（常常来自其他的行业），还有些从草根型项目开始启动却获得业务部门的领导或者企业最高管理层的支持，有些供应商甚至设立了独立的物联网业务单位。改变一家拥有百年以上历史和成千上万员工的企业肯定不是一件简单的事，但是与这些企业有着长期关系的供应商们开始意识到他们可能没有 10 年或者 20 年的时间来经历这样一种转变，物联网正在颠覆他们的行业。因此当你开始考虑选择合作的供应商时，你会有很多非常好的可供选择的对象。不过你需要尽可能地避开那些不愿意真正接受开放的基于标准的解决方案的供应商。如果某一家供应商不与任何主要的“供应商中立”的标准团体合作的话，那么你就需要避开这家供应商。

- **咨询公司**。我和很多非常杰出的咨询公司一起合作过，这些公司有大有小，它们关注的是物联网的不同方向（本书中有些关键的洞见就来自它们中的一些公司）。合适的咨询公司能够帮助你的企业确认需要首先处理的问题、构建业务案例、评估风险、组建一个物联网解决方案的生态系统（甚至可以为你的公司推荐合作伙伴）、将解决方案和业务工作流程进行集成，并且在这个过程中避开一些主要的陷阱。我唯一的建议是你应该寻找那些能为你的物联网项目带来真实的经验，并且拥有被你的同行们所证实的良好记录的咨询公司。
- **系统集成商和服务提供商**。这两类企业正在把自身转换成物联网生态系统中的关键成员。很多横向的技术经销商已经构建了垂直技术能力，储备了业务专业知识，并且拥有复杂的集成能力。他们和传统的垂直领域中的专家结成了联盟以便能随时获取针对某一个特定行业的具体需求的洞见，访问那些业务线的决策者，并积累如何集成老旧系统的专业知识。那些垂直集成商也在做着同样的事情，很多企业招募了现代技术、开发工具以及最佳实践案例等方面的专业人才，其中有些甚至已经采用了开放系统。尽管我看到很多企业对于基于标准的方式非常抵触，但这种抵触的情绪主要来自思维惯性、错误的信息、害怕将他们的客户数据向竞争对手开放，以及沉迷于自定义的、一次性的方案部署可能给他们带来的高额利润。正如我们在第 3 章中所讨论的，在经过了几年的试错后，服务供应商在物联网的生态系统中将扮演一个关键的角色，他们不但是联网的供应商，而且还将成为提供复杂的管理服务的集成商。你应该把他们看作你的物联网旅途中的合作伙伴。

- **开发商**。直到最近，绝大多数参与物联网的开发商是在具体的应用案例、陈旧的基础设施以及如何进行实际部署等方面具有深厚专业知识的垂直领域专家。但是在过去两三年里，物联网开发商的生态系统已经发生了翻天覆地的变化。物联网真实的商业机会，加上对于物联网的炒作，已经吸引了主流的横向领域开发商。有些企业（尤其是大型企业）甚至已经设立了垂直领域和物联网开发小组。与此同时，我们还看到有越来越多传统的和新的设备以及基础设施供应商开放了他们的平台、提供了现代应用开发环境和接口，并采用了合作经济的方式。正如我们在上一章中所讨论的，这个行业正在就数据格式和接口进行标准化（尽管我们还没能做到这一点）。所以你至少需要做到：在你的下一个物联网项目中，你应该广结人脉并同时考虑将传统 / 非传统的应用开发商作为你的合作伙伴。其中有些开发商会真正给你带来惊喜。

- **供应商**。与你的供应商沟通你的公司方向和计划，假如合适的话，将你的供应商引进来并成为你的物联网生态系统的一部分。他们中的绝大多数会很积极地思考并和你一起部署物联网。他们想为你提供更多的价值并和你一起进行创新。
- **客户**。无论你的客户是企业、政府，还是消费者，不要忘记与他们进行充分的沟通。今天的物联网的价值创造绝大多数是围绕着效率以及对现有流程的改善。而明天的物联网将会涉及消费者新的价值诉求和企业新的营收来源。客户并不想仅仅购买你的产品和服务，他们还想参与获得结果的整个过程并对项目的成功有所贡献。他们想和你一起创新并共同开发数字化的未来。毕竟，客户最了解他们自己的业务。所以从现在开始就与他们进行战略性的沟通，考虑把客户引入你的物联网生态系统并参与到你的合作经济中的可能性（在后面会有更详细的阐述）。

物联网和合作经济

你已经在前文中读到了合作经济。合作经济是如下两个事实所带来的必然结果：首先是物联网内在的通信能力已经得到了极大的改善，其次是物联网实在太复杂了，无论你的企业有多大，世界上还没有任何一家企业有能力单独解决所有相关的问题。合作经济还是物联网获得成功的必要元素。合作经济是一种思想观念、业务流程以及价值诉求，在这种经济模式下企业相互之间将结成合作伙伴，并通过融合他们各自的技能、人才以及资源来推进任何可能的

图 11–3 物联网带来的合作经济

项目，无论那是某个一次性的项目还是一个可能会不断演变发展的倡议。

你可以把合作经济看作一种民俗活动或者广场舞，在那样的场景中，合作伙伴们会走到一起共同起舞，然后他们又会分开各自走向其他的合作伙伴。有些合作伙伴会一次又一次地回到这个广场，而有些在跳完一支舞曲后就离开了。合作经济将把协同、合作甚至竞合都推向极致。那些不但把这一经济模式作为他们企业内部的主流，而且还将那些外部的项目、网络和人际关系与他们企业内部的流程、文化以及关键绩效指标集成的企业，将在物联网 / 合作经济中真正得到持续的发展和壮大。

合作经济的有些方面已经存在了很多年（例如，我记得竞合这个概念在 20 世纪 90 年代就已经出现了）。现在这一概念已经成为主流，并正在改变关于如何才能做成一件事情的基本设想。合作经济不但重新定义了企业该如何制造它们的产品，而且还在定义它们的文化和业务流程。它还要求我们重新定义对员工技能的要求以及我们衡量成功的标准。最后合作经济还涉及如何来重新定义彼此的商业关系。它实际上正在影响我们判断谁可以是我们的供应商、谁将是我们的客户以及谁能够成为合作伙伴。

在合作经济中想要具备左右逢源所需要的技能是很复杂的。新的共同开发的模式是以客户为中心的。在这里并不仅仅是客户的 IT 部门想要进行共同创新，他们的 LOB 同样希望能够在提供具体商业结果的解决方案中成为合作伙伴。供应商们需要构建合作伙伴关系生态系统，这一生态系统将主要关注客户的业务挑战而不是他们自己的技术方案。我们需要和客户、其他的供应商以及初创企业共同创新，他们中的每一家企业都可以带来独有的技能、专业知识以及人际关系。当客户成为这个生态系统关注的焦点时，整个生态系统都将获益。

物联网和合作经济正在重塑整个行业。开发一项改变游戏规则的创新（比如自动驾驶汽车），将使制造业、交通运输业以及技术行业之间的界限模糊化。这些行业原本处于完全独立的世界中，现在他们却开始在同一个人才库中寻找能够在同一项创新的不同方向上发挥作用的人员。对合作经济进行统筹需要你有一个人际关系网络、能够对合约的执行做出安排，以及有一份能处理一系列常见问题的正式或非正式的协议，这些协议还将用于控制从知识产权到独家代理关系，再到像婚前协议这样的东西。

随着你的企业开始物联网之旅，你接受与采纳共同创新和共同开发的模式越早越好。作为一个物联网 / 合作经济的拥护者，你的企业的旅程就将从你这里开始。你需要围绕着共同开发对企业的业务流程和文化做出改变，拆除企业间互相封闭的隔墙，并发展出一种强有力的合作伙伴生态系统，在这一生态系统中所有的企业均能用自身的强项与合作伙伴进行互补。当你开始这样做的时候，你需要彻底地放弃“非我发明”的思维模式。那些自我孤立、仅仅关注于某一家企业的端对端解决方案的公司在创新和运营上将会面临被其他企业超越的风险。而那些能够理解合作经济力量的企业将在一个由物联网和数字能力所驱动的世界中成为新的赢家。

10 年后，合作经济将是我们工作的方式。至于物联网，我们到时候甚至不会再谈论它，物联网将成为你的业务本身。你会有不同的合作伙伴，他们来了又走了，然后又再回来，而这一切都将依赖于每家企业不断变化的需求，这也将成为我们开展业务的方式（我已经在撰写一本深度探讨合作经济的新书，所以如果你想对此了解更多的话，还请耐心等待）。和物联网一样，合作经济将意味着不同的思维和工作方式。合作经济正在以一种非常宏大的方式出现在这个世界里，所以请继续关注。

生活中不可回避的现实

如果你不是一个技术迷的话，那么你完全可以不用关注技术以及更多涉及物联网的技术细节。如果你对于业务不感兴趣，那么你同样可以绕开物联网的业务细节，但你无法回避的是改变。在采用物联网的世界中，改变（尤其是巨大的、带有颠覆性的变革）既是物联网引发的，也是你的生活中无法回避的现实。

弗洛伦丝·赫德森（Florence Hudson）是 Internet2[①] 的高级副总裁和首席创新官，她曾经说过这样一段令我印象非常深刻的话："物联网提供了颠覆或者被颠覆的机会。我们每个人都需要判断物联网这一机会对于我们的行业、商业模型、企业以及客户意味着什么，是你主动去颠覆他人还是被他人所颠覆。新的商业模型以及新的利用技术的方式能够创造出新的营业收入的来源。"她继续说道："但是，我们还必须有一个计划，使我们所创造的系统能确保互信、身份和隐私得到保护、网络的安全得到维护、系统本身还具有一定的安全防护措施，只有做到这些才能保护在整个解决方案组合中所涉及的人和物。"

赫德森简短地总结了物联网中两个非常重要的方面：颠覆性的变革所具有的力量以及对于安全防护的深刻关注。一旦你将所有的东西互联在一起，你就能构想并实施之前根本不可能的新的流程和创新战略，而这又必然会推动最佳的商业创意和创新的出现。这就是你想采用物联网的关键原因之一。不过，全身心地投入物联网革命并不需要你是那个最具创意或创造力的人或企业。你只需要尽一切可能做到具有创造力和创造性，然后让你的其他合作伙伴们接手，并确保最终任何因此而被创造出来的价值将在你和你的合作伙

① Internet2 是一个成立于 1996 年，由美国教育和科研团体组成的先进网络技术联盟。——译者注

伴之间共享。如果我们没有对安全性采取一种全面性的、架构化的方式，那么所有这一切都不会发生。所以从你的第一个物联网项目开始，安全性就应该是你首先需要处理的问题，安全性应该与你的解决方案的核心组件、业务流程以及职位功能等进行集成。过去 5 年，物联网行业对于安全性问题的思考以及具体的处理方式很明显已经成熟起来，但是安全措施的复杂性和普遍性还远远不够。安全性依然是在采用物联网的过程中所需面对的主要风险。

"随着物联网获得越来越强的推动力，毋庸置疑的是物联网正在给我们带来巨大的变化并且这一变化的步伐还在不断地加速。对于我们这样的观察者来讲，真正的挑战是，无论是物联网所展现的机会还是它所创造的风险都是前所未有的。尤其是对于相关的风险，尽管安全性和隐私是参与者的头脑中最为重要的事情，但一个更加全面的能够涵盖各种网络功能、数据处理位置、数据管控等领域的风险评估体系必须成为物联网部署方案的组成部分。"毕马威旗下的数字风险咨询公司的负责人桑佳亚·克里希纳（Sanjaya Krishna）这样评述道。

克里希纳说的一点没错。在推进物联网的过程中，在很多方面我们实际上还处于未知的领域。我们根本无法知道在今后 10 年或更久的时间里物联网会给我们带来怎样的影响。与此同时，我们能够知道的是现在有很多企业正在报告它们在实施物联网的过程中所获得的实实在在的价值。物联网让我们感到这就是我们所需要的东西。确实，还有非常严重的风险需要我们去考虑和回避，这其中就包括物联网本身所具有的风险，以及因为你没有恰当地实施物联网或者没有及时地开启你的物联网之旅而造成的风险。但我还相信，如果你没有为物联网经济和合作经济的到来做好准备的话，那么风险同样是极其巨大的——可能你根本无法想象。重新回到我们在本章开始的时候所做的练习，当时我们简单计算了从一个每周节省200美元或者每年节省10 400美元的远程控制项目中所获得的回报。确实，这些数字还不足以影响一家企业的盈亏底线。但如果我们所谈论的是每年35个项目或者173个项目，那么其累计的节省金额将达到每年180万美元或者2 370万美元，甚至更多。毫无疑问，这样的数字肯定会影响你的盈亏底线。所以，从一个项目开始做起，但绝对不要停滞在那个项目上。你应该不断地前行。

图 11-4 欢迎加入“物联网一代”

那么你还在等什么呢？重新阅读第7章中的那些练习，然后为你的企业构建一个相应的可用的物联网的版本。利用在第1章你所看到的成功秘诀来应对你的基本需求，在第5章中选择任意一种可获得快速回报的场景，接着打造你自己的业务案例以及虚拟团队，并以此来获得公司最高管理层的支持。至此，你实际上已经可以开始你的第一个小型的很容易获取成果的物联网项目。请用开放的眼光来开启你的物联网之旅，学习并和你的同行们进行分享，用你当下就能看到的结果来管理你的风险。

我坚信对于我们很多人来讲，物联网代表着一个“一生只有一次”的机会，这个机会将重新定义我们的行业、企业以及工作。我可以向你保证的是，10年以后，你会对自身的影响力感到惊讶。你准备好了吗？很好，欢迎加入“物联网一代”的行列。

注 释

BUILDING THE INTERNET OF THINGS

第 1 章 超越喧嚣——你真正需要了解的商业物联网

1. Trefis Team, Harley-Davidson's Success Story in the U.S., *Forbes*, December 19, 2014. http://www.forbes.com/sites/greatspeculations/2014/12/19/harley-davidsons-success-story-in-the-u-s/#58c40745550fc
2. Reeves, Martin, and Lisanne Pueschel. "Die Another Day: What Leaders Can Do About the Shrinking Life Expectancy of Corporations." The Boston Consulting Group's *bcg.perspectives*, July 2, 2015. https://www.bcgperspectives.com/content/articles/strategic-planning-growth-die-another-day/
3. Manyika, James, and Michael Chui. "By 2025, Internet of things applications could have $11 trillion impact." McKinsey Global Institute, repurposed in *Fortune*, July 22, 2015. http://fortune.com/2015/07/22/mckinsey-internet-of-things/
4. Vernon Turner, Carrie MacGillivray, Marcus Torchia, Madeleine Cinco, Milan Kalal, Monika Kumar, Roberto Membrila, Andrea Siviero, Yuta Torisu, Nigel Wallis. Worldwide Internet of Things Forecast Update, 2016–2020, #US40755516/IDC, May 31, 2016. https://www.idc.com/getdoc.jsp?containerId=US40755516
5. *Ibid.*
6. LeHong, Hung, Jackie Fenn, and Rand Leeb-du Toit. "Hype Cycle for Emerging Technologies, 2014." Gartner, July 28, 2014. https://www.gartner.com/doc/2809728/hype-cycle-emerging-technologies-

7. Noronha, Andy, Robert Moriarty, Kathy O'Connell, and Nicola Villa. "Attaining IoT Value: How to Move from Connecting Things to Capturing Insights." Cisco Systems, 2014. http://www.cisco.com/c/dam/en_us/solutions/trends/iot/docs/iot-data-analytics-white-paper.PDF
8. *Ibid.*

第 2 章 物联网就是改变和转换

1. Surface World 2015. http://www.rosler.com/uploads/media/RoslerUK_OpenDay_2015.pdf
2. Wallbank, Paul. "A geek's tour of Barcelona." *Decoding the New Economy*, November 1, 2013. http://paulwallbank.com/2013/11/01/touring-barcelona-smart-city-internet-of-things/
3. Vernon Turner, Carrie MacGillivray, Marcus Torchia, Madeleine Cinco, Milan Kalal, Monika Kumar, Roberto Membrila, Andrea Siviero, Yuta Torisu, Nigel Wallis. Worldwide Internet of Things Forecast Update, 2016 -2020, #US40755516/IDC, May 31, 2016. https://www.idc.com/getdoc.jsp?containerId=US40755516
4. Manyika, James, and Michael Chui. "By 2025, Internet of things applications could have $11 trillion impact." McKinsey Global Institute, repurposed in *Fortune*, July 22, 2015. http://fortune.com/2015/07/22/mckinsey-internet-of-things/

第 3 章 物联网的前景真实不虚

1. Cisco Case Study 2015: IoE-Driven Smart City Barcelona Initiative Cuts Water Bills, Boosts Parking Revenues, Creates Jobs, & More
2. Vernon Turner, Carrie MacGillivray, Marcus Torchia, Madeleine Cinco, Milan Kalal, Monika Kumar, Roberto Membrila, Andrea Siviero, Yuta Torisu, Nigel Wallis. Worldwide Internet of Things Forecast Update, 2016–2020, #US40755516/IDC, May 31, 2016. https://www.idc.com/getdoc.jsp?containerId=US40755516
3. Digital Transformations with Internet of Everything, Cisco 2016.
4. *Ibid.*
5. *Ibid.*
6. *Ibid.*
7. "IoT Application Enablement ScoreCard," MachNation, 2015, and "IoT Platform-Enabled Solutions ScoreCard," MachNation, 2016.

第 4 章 物联网的商业价值

1. LeHong, Hung, Jackie Fenn, and Rand Leeb-du Toit. "Hype Cycle for Emerging Technologies, 2014." Gartner, July 28, 2014. https://www.gartner.com/doc/2809728/hype-cycle-emerging-technologies-
2. PepsiCo Infrastructure as a Service Profile, Rockwell Automation.
3. Macaulay, James, Kathy O'Connell, Chet Namboodri, and Kevin Delaney. "The Digital Manufacturer, Resolving the Service Dilemma, "Cisco Systems, November 2015.
4. Mining Firm Quadruples Production, with Internet of Everything. Cisco Case Study, 2014. www.cisco.com/c/dam/en/us/solutions/collateral/data-center-virtualization/unified-computing/dundee-precious-metals.pdf

第 5 章 看得见的收益：如何从物联网获得回报

1. Lewotsky, Kristin. Industrial Internet of Things: Sifting Reality from Hype. Motion Control Online, January 15, 2015. http://www.motioncontrolonline.org/content-detail.cfm/Motion-Control-Technical-Features/Industrial-Internet-of-Things-Sifting-Reality-From-Hype/content_id/291
2. Shimel, Alan. "The real cost of downtime." DevOps.com, February 11, 2015. http://devops.com/2015/02/11/real-cost-downtime/
3. Harnessing the Internet of Things for Global Development, Cisco and ITU, 2016.
4. "Smart Handpumps" to bring a reliable water service to rural Africa. University of Oxford, July 2, 2015.

第 6 章 "物联网一代"的工作岗位

1. Greenough, Josh. "The manufacturing industry is being revolutionized by the Internet of Things." *Business Insider*, March 11, 2016. http://www.businessinsider.com/internet-of-things-in-manufacturing-2016-2?utm_content=buffer34155&utm_medium=social&utm_source=twitter.com&utm_campaign=buffer
2. Siemens. "Siemens' first class of U.S. apprentices graduates, national model for skills-based learning." Press release, August 12, 2015. http://news.usa.siemens.biz/press-release/siemens-usa/siemens-first-class-us-apprentices-graduates-national-model-skills-based-l

3. Federal Trade Commission. "Internet of Things, Privacy, and Security in the Connected World." Staff Report, January 2015.
4. Gartner Report: The Top 10 Strategic Technology Trends for Government in 2016, Bettina Tratz-Ryan co-authoring with Rick Howard, Cathleen E. Blanton, Rick Holgate, and Neville Cannon, June 2016

第 7 章　在企业中引入物联网——变革管理

1. PricewaterhouseCoopers. "Industrial Manufacturing M&A Records 10 Year High in Deal Volume Despite Recent Declines in Value, According to PwC US." Press release, February 9, 2016. http://www.pwc.com/us/en/press-releases/2016/pwc-q4-industrial-manufacturing-ma-press-release.html
2. CB Insights. "The New Manufacturing: Funding to Industrial IoT Startups Jumps 83% In 2015." Blog post, March 3, 2016. https://www.cbinsights.com/blog/industrial-iiot-funding/

第 8 章　如何避免犯错

1. AlphaWise. "The Internet of Things and the New Industrial Revolution." Morgan Stanley-Automation World Industrial Automation Survey, April 18, 2016. http://www.morganstanley.com/ideas/industrial-internet-of-things-and-automation-robotics?cid=sm_corp_lnk_may_04_2016
2. Press release: Gartner Says by 2020, More Than Half of Major New Business Processes and Systems Will Incorporate Some Element of the Internet of Things, Gartner, January 14, 2016.
3. Gartner. "Why Integration Is Critical to IoT Success." March 9, 2016. http://www.gartner.com/smarterwithgartner/iot-integration-questions/

第 9 章　物联网安全性

1. ISACA and RSA Conference 2016 survey. http://www.isaca.org/About-ISACA/Press-room/News-Releases/2016/Pages/Survey-82-percent-of-Boards-Are-Concerned-about-Cybersecurity.aspx

2. Chiang, Mung, Bharath Balasubraman, and Flavio Bonomi. *Fog for 5G and IoT,* John Wiley & Sons, April 2017. Zhang, Tao, Yi Zheng, Raymond Zheng, and Helder Antunes in the chapter "Securing the Internet of Things: Need for a New Paradigm and Fog Computing."
3. Kerner, Sean Michael. "IDC: Specialized Threat Analysis Is Hot." *eSecurity Planet*, March 8, 2016. http://www.esecurityplanet.com/network-security/idc-specialized-threat-analysis-is-hot.html
4. Gartner. "Gartner Says Worldwide IoT Security Spending to Reach $348 Million in 2016." Press release, April 25, 2016. http://www.gartner.com/newsroom/id/3291817

第 10 章　标准和技术

1. Kranz, Maciej. "Number of Access Technologies and IoT Deployments Is Skyrocketing." LinkedIn blog post, July 7, 2015. https://www.linkedin.com/pulse/number-access-technologies-iot-deployments-maciej-kranz?trk=mp-author-card
2. Kranz, Maciej. "IoT Meets Standards, Driving Interoperability and Adoption." Cisco Digital Transformations blog post, July 21, 2015. http://blogs.cisco.com/digital/iot-meets-standards-driving-interoperability-and-adoption
3. *Forrester Report,* "Don't Get Confused by the Blockchain Hype in Banking." Martha Bennett and Jost Hoppermann, June 16, 2016.

第 11 章　未来 10 年：物联网将成为主流

1. Green, Chloe. "The IoT to make up almost half of IT budgets by 2020." *Information Age*, June 8, 2016. http://www.information-age.com/it-management/finance-and-project-management/123461579/iot-make-almost-half-it-budgets-2020
2. The Internet of Things Has Finally Arrived. The MPI Group, 2016. www.mpi-group.com/wp-content/uploads/2016/01/IoT-Summary2016.pdf

词汇表

BUILDING THE INTERNET OF THINGS

（以下词汇的定义均基于物联网的语境）

5G：第五代移动通信技术，是拟议中的下一代蜂窝通信标准，其设计的最初目的就是用于关键的物联网应用案例。

Actuator：机械传动装置，这是一种用于移动或控制机械系统的设备。

Analytics：数据分析，发现、解释并沟通数据中有意义的模式，而这些模式能为我们提供商业情报并预测可能的未来场景。

Anti-Spoofing：反电子欺骗，这是一种反网络攻击的技术，这种技术可以让某个人或者某个程序设想另一个人的身份或另一个程序具有某种非法的目的。

Application Programming Interface（API）：应用程序接口，可以被应用软件用来与其他实体交互的一组程序、协议和工具。

Autonomous Vehicle: 自动驾驶汽车（也称无人驾驶汽车、自驾驶汽车、机器人汽车），可以在没有人的干预下进行操作和导航的车辆，对车辆的自动化已经有了多个不同层次的定义。

AVnu Alliance: 这是一个由多个公司所组成的联盟，其目的是让大家能一起合作建立并验证开放的音视频链接以及时间敏感网络的互操作性标准。

Big Data：大数据，意指以各种形式呈现的极其庞大的数据集合，对这种庞大的数据集合进行恰当和及时的数据分析需要采用全新的技术。

Blockchain：区块链，一种分布式的公众或私有数据库，这种数据库为了防止对其中的数据进行篡改和修订而对其自身进行了强化，这使得不同实体间进行价值的安全交换成为可能。

Bluetooth Low Energy：低功耗蓝牙，这是一种短距离的无线个人局域联网技术，并针对物联网的低功耗应用做了优化。

Brownfield：棕地，意指一个原本就已经部署了旧技术的生产环境，在这样一个环境中如果你要采用新的技术，你的新技术就不得不与留存下来的旧系统进行集成。相对应的词语是绿地。

Building Automation：楼宇自动化，通过一个楼宇自动化系统对该建筑内的供热、通风、空调、照明、安全以及其他的系统实行自动化的中央控制。

Cloud Computing：云计算，一种基于互联网的计算方式，能够为各种设备提供数据处理的资源以及相关的数据。

Common Industrial Protocol（CIP）：通用工业协议，一种工业用的面向对象的协议，主要应用于工业自动化领域并由标准组织开放式设备网络供应商协会提供支持。

Connected Vehicle：互联车辆，具有接入互联网能力的车辆，这种能力使得该车辆、车辆内的系统和设备能够进行沟通，并与外界的服务进行互动。

Cyber Security：网络安全，一组能够保护信息系统和电子数据免于被非法或未经授权使用的工具和流程。

Data Processing：数据处理，一系列对数据进行检索、变换，或对有意义的信息进行分类的操作。

Datacenter：数据中心，用于存放计算机系统以及相关的组件，如远程通信和存储系统的设施或部门。

Drone: 无人机，一种通过遥控或者随机携带的计算机进行操作的无人驾驶飞行器。

Ethernet：以太网，一组用于构建局域网的计算机联网技术。

Event Stream Processing：事件流处理，一组设计用来对数据进行实时处理的技术。

First Phase of Internet：互联网的第一阶段，商业互联网的早期阶段，这个阶段的互联网主要关注人与信息的连接，以及人与人之间的连接。

Fog Computing：雾计算，位于靠近数据源的网络边缘，通过提供一层计算、存储、联网以及数据处理的服务，雾计算将云计算的能力扩展到了网络边缘。

Gateway：网关，在多个不同的网络中，可能会存在多种基于标准的以及过去存留下来的主要用于访问和组建各种域网络的设备，网关就是一种能够把所有这些设备都连接在一起的互联设备。它常常还是将多种不同的传感器以及边缘设备与网络连接在一起的最基本的网络元素，由此构建起来的网络才能实施一致性的 IP 服务。

Greenfield：绿地，一个不会受到前期工作约束的项目开展环境，与之相对应概念是棕地。

Identity：身份（特性），与某个人、某件设备或者某个人与设备的组合相关联的一组属性，计算机系统可以利用这样一组属性来识别某个人或某件设备。

Industrial Automation：工业自动化，运用工业流程技术使工业流程更有效率和更安全。

Industrial Internet Consortium（IIC）：工业互联网联盟，这是一个开放的联盟，这个联盟的任务是设定工业互联网架构的框架并确定工业互联网发展的方向。这个联盟的使命就是协调构建一个庞大的生态系统的方案，这个方案将利用通用的架构、互操作性以及开放的标准把人、流程、数据与各种设备互联并集成在一起。

Industry 4.0：工业 4.0，这是德国的产业界和政府的一个方案，旨在推动对智能工厂或未来工厂的定义和采用，这一方案是围绕着互操作性、信息透明度、技术支持以及去中心化决策而展开的。

Institute of Electrical and Electronics Engineers（IEEE）：电气和电子工程师协会，这是一个全球性的专业技术团体，它的任务之一是推动关键的联网标准。

International Organization for Standardization（ISO）：国际标准化组织，一个国家化的标准设定团体，由来自多个不同的国家标准组织的代表组成。

International Telecommunication Union（ITU）：国际电信联盟，联合国的专属机构，负责处理涉及信息和通信技术的相关问题。

Internet Engineering Task Force（IETF）：互联网工程任务组，这是一个开放的标准组织，该组织开发并推广自发的互联网标准，尤其是包含 TCP/IP 的各种标准。

Internet of Everything（IoE）：万联网，这种联网的方式将人、流程、数据以及其他各种事物连接在一起，这使得这样网络连接相比之前更有价值和意义。

Internet Protocol（IP）：互联网协议，这是互联网最基础的协议之一，这种通信协议为在网络中的计算机提供了一种身份识别和定位的系统以及在整个互联网中的流量路由。

Internet of Things（IoT）：物联网，这是互联网的下一波浪潮，在这一网络中所有的设备都与其他的设备以及云相连接，通过分析由这些设备所产生的数据，物联网的解决方案以及对业务流程进行优化的各种应用程序正在为我们带来新的价值。

IPv6: 第 6 版的 IP 协议，也是物联网协议的最新版本，这是物联网得以实施的一个关键，因素它极大地增加了 IP 地址的数量并使得每一件设备都能互联。

ISA100：这是一种由国际自动化学会开发的无线联网技术标准，这种技术标准为无线传感器和其他的终端设备提供了联网的技术。它的官方描述是“用于工业自动化的无线系统：流程控制和相关应用”。这也是基于 IEEE 802.15.4 无线技术的标准之一。

Line of Business（LOB）：业务线，在一家企业内部负责运营或者实际操作核心业务的功能单位。

Long-Term Evolution（LTE）：长期演进，一种手机和数据终端的高速无线通信标准。在本书中，LTE 和 4G 蜂窝网络可以互相替代。

LoRa：这是一种低功率广域网的标准，其主要应用于由电池供电的物联网无线设备。

Machine Learning：机器学习，这是一种人工智能，这种技术可以让计算机具有自我学习的能力而无须事先进行明确的编程，是提供先进的预测性数据分析能力和维护保养能力的关键技术。

Machine to Machine（M2M）：机器对机器，在服务供应商的世界中，将设备与设备而不是与手机互联的通信系统。

Mobile Network Operator：移动网络运营商，也被称作无线服务供应商、无线运营商、蜂窝网络公司或者移动网络提供商，为客户提供无线语音和数据通信服务，或者控制所有可用于销售和提供这种服务的基本元素。

Mobile Virtual Network Operator（MVNO）：移动虚拟网络运营商，也被称为移动其他许可运营商（MOLO），没有自己的无线网络基础设施，依靠租用相关设施来为其客户提供无线通信服务的运营商。

National Institute of Standards and Technology（NIST）：国家标准和技术协会，这是一个测量标准的实验室，也是美国商务部下属的非管理型机构。

ODVA：一个工业自动化领域中开放系统的先驱，一个进行标准开发和贸易的组织机构，其目标是促进工业自动化和推广开放的、可互操作的信息和通信技术。

Open Connectivity Foundation（OCF）：开放互联基金会，这个基金会正在创立一种规格并资助一个开源项目以使数亿万互联设备能互相沟通，无论其出自哪个生产商、使用的是什么操作系统、芯片或者物理载体。

OpenFog Consortium（OFC）：开放雾联盟，这个联盟主要关注雾计算架构、试验床的开发，以及多种可互操作和可组合的产品，以此推动产业和学术机构成为此领域的领导者，其目标是所有上述这些元素能无缝地利用云和边缘架构来支持端到端的物联网场景。

Operational Technology（OT）：运维技术，运营生产流程和工业控制系统的组织和相关技术。

Power-Line Communication（PLC）：输电线通信，一种利用输电线缆同时完成数据传输以及交流电的传输和分配的通信协议。

Predictive Maintenance：预测性维护，一种设计用来判断使用中的设备情况并预测什么时候该对设备进行维护和保养的技术。

Programmable Logic Controller（PLC）：可编程逻辑控制器，

一台用于自动化工业流程的计算机，自动化的工业流程包括对工厂组装生产线上的机器进行控制、对游乐园大型游戏设备的控制，或者对照明器具的控制等。

Radio-Frequency Identification（RFID）：无线射频识别，即利用无线电波来读取预先储存在某种标签上的信息，该标签会被附着在某件物体上。

Real Time（Analytics, Processing）：实时（数据分析、数据处理），一种没有延迟地对所输入的数据进行处理或分析的能力。

Remote Asset Management：远程资产管理，使工程师能做到远程控制、监测、故障排查，并纠正物理设备操作的一组工具。

Self-Learning Network：自我学习网络，一种将数据分析和机器学习混合在一起的解决方案，这种解决方案能使网络变得聪明、有适应能力、具有主动性和预测能力。

Service Provider：服务供应商，为客户提供互联网接入服务的公司。

Shadow IT：影子 IT，主要用来描述在没有获得企业 IT 部门明确批准的情况下，在企业内部构建和使用的 IT 系统和解决方案。

Smart City：智能城市，在一座城市中如果对技术基础设施和解决方案的投资极大地推动了该城市的经济发展并提升了生活的品质，这样一座城市就可以被称为智能城市。

Sensor: 传感器，一种用于探测周围的环境所发生的事件或出现的变化，并输出相应信息的设备。

Uptime：设备在线时间，一台机器或者一组机器处于运行状态的时间。

Virtual Private Network（VPN）：虚拟专用网络，这种虚拟专用网络具有这样一种能力，你可以利用公共互联网将一台计算机接入一家企业的私有网络，并完成一定的任务，就好像这台计算机直接与该企业的内部网络相连接。

Wearable：可穿戴设备，集成了计算机和先进电子技术的服饰，这种服饰通常直接与网络相连。

Wi-Fi：一种无线联网技术，能够允许相关设备与局域网相连接。

WirelessHART: 一种基于可寻址的远程变换器高速通道通信协议，以及用于连接无线传感器和其他终端设备的 IEEE 802.15.4 通信协议的无线联网技术。

ZigBee：一套基于 IEEE 802.15.4 规范的高层通信协议，这套协议主要利用小型的、低功耗数字化无线设备来构建个人局域网。

致谢

BUILDING THE INTERNET OF THINGS

没有如此多物联网社区成员的指导、建议，并为我提供专业的意见和热心的支持，我不可能完成本书的写作。我衷心地感谢他们鼓励我完成这本物联网指南，并分享他们的经验、案例以及最佳实践。我尤其感谢以下各位对本书内容的贡献：Helder Antunes，Steve Banks，João Barros，Douglas Bellin，Ravi Belani，Martha Bennett，John Berra，Kevin Block，Flavio Bonomi，James Buczkowski，Lionel Chocron，Sujeet Chand，Paul Didier，Barry Einsig，Wim Elfrink，Rick Esker，Dave Evans，Bruce Frederick，Biren

Gandhi，Paul Glynn，Asit Goel，Cheri Goodman，Alex Goryachev，Jos Gouw，David Gutshall，Kathy Haley，Steve Hilton，Richard House，Florence Hudson，Ram Jagadeesan，Tim Jennings，John Kern，Serhii Konovalov，Georg Kopetz，Sanjaya Krishna，Chris Lewis，Oleg Logvinov，Leah McLean，Jorge Magalhaes，James Manyika，Brian McGlynn，Chris Melching，Max Mirgoli，Rama Naageswaran，Chet Namboodri，John Nesi，Keith Nosbusch，Larry O'Connell，Fazil Osman，Aleksander Poniewierski，Balaji Prabhakar，Whitney Rockley，Hilton Romanski，Bola Rotibi，Mark Schulz，Thorsten Schaefer，Tony Shakib，Pavan Singh，Siva Sivakumar，Carly Snyder，Steve Steinhilber，Gary Stuebing，Dima Tokar，Bettina Tratz-Ryan，Vernon Turner，JP Vasseur，C. Prasanna Venkatesan，Paul Verkuyl，Nicola Villa，Padmasree Warrior，MarkWatson，Alex West，Chris White，Zia Yusuf，Arkady Zaslavsky，Tao Zhang。特别感谢 Alan Radding 在内容上的协助，还有 Alice Shimmin 对稿件的校对和编辑。感谢 Jo Anne Alvarado Dominguez 不知疲劳地工作并安排所有那些电话。非常感谢 Lindy Bartell 以及来自杜阿尔特的由 Amanda Holt，Nate Hernandez，Ed Jones，Jessica Savage 和 Meredith Suarez 所组成的不可思议的团队——感谢你们在图片方面所给予的帮助。我由衷地感谢 Malee Dharmasena 帮助我与那些行业思想领袖们进行沟通。最后我要感谢来自 Wiley 出版社的 Richard Narramore 和 Tiffany Colon 给予我的指导和建议。